U0038574

仕途之外

先秦至西漢不仕之士研究

白品鍵 著

三民書局

謝　辭

漢代士人與其身處時代的互動，是我自博士論文以來長期關注的議題。2013 年博士論文口考時，論文初稿中有一個簡短的論斷，提到東漢士人常有拒絕官職之事，是因為士族興起，為拒絕官職提供了抗拒政府的基礎。當時擔任口試委員的邢義田老師給了我一個提示：能否將東漢拒仕之士人做一個統計？看看其中具有士族背景的數量有多少，為論文中這樣的論斷提供證據。

後來獲得了一些計畫補助，我便將研究的主要課題放在這裡。首先是「HKR 人文及社會科學博士論文改寫專書暨編纂主題論文集計畫」（MOE-104-3-3-A024，2015/08/01 至 2016/07/31），這個計畫幫助我初步統計了幾部重要史書中的不仕之士，並完成了博士論文的修改。可惜後來因各種不可抗的因素干擾，博士論文延遲至今未能出版。接著經過了幾年流浪求職的旅程，一直覺得不仕之士還有許多值得展開探究的部分，因此當我落腳於母校世新大學中文系任教時，便以此為題申請科技部計畫案，並且連續獲得了兩次計畫補助。分別是「秦漢時期不仕之士的社會基礎研究」（107-2410-H-128-001-MY2，2018/08/01 至 2020/07/31），與「東漢時期不仕之士的社會基礎研究」（MOST 109-2410-H-128-034，2020/08/01 至 2021/07/31）。本書的大部分內容（第一、二、三、五、六章），便是這兩個科技部計畫案的成果。

本書的付梓，除了感謝科技部豐沛的資源投入之外，還包含

了許多支持的力量。如二位恩師張蓓蓓老師、劉文起老師，不但是我學術工作的引導者，這十數年來更時時刻刻關心我的身、心與家庭健康。任教於清華大學的同學好友林保全，在求職與申請計畫給了我極大的幫助。而目前任教臺大歷史系的傅揚，則曾經在部分篇章發表時給予寶貴意見。還有許多可能被我遺漏的師友們，很抱歉難以一一言謝。

此外，感謝世新大學研發處的阿蒹學姐與諸位同仁，還有中文系的祕書與助理小綠、阿宅、給勒，以及不少幫我扛著一箱又一箱書的系辦工讀生。一件事情的完成，與這些細碎小事能被順利處理不無關係。感謝三民書局願意承擔我這本著作的出版工作，在學術出版風雨飄搖之際，仍鼎力相助出版了這本學術專書。

當然還要感謝我這幾年的研究助理郭鎮奇、劉鴻毅、姜皓桓、粘謹欣。他們細心的為我翻檢眾多史料原書校對資料，極大程度的節省了我不少工夫。特別是最有小聰明、最調皮搗蛋，我第一個助理郭鎮奇（也就是「奇天大聖-aka 世新海王類學妹收割機」，他本人堅持要這樣稱呼他，但我所認識的奇奇某種程度上應該是個純情少年），他負擔的工作量最大，後來的助理工作都延續著他建立的工作流程。讓我在這裡多讚美他一番，希望這本書送到他手上時，他已經順利完成碩士論文準備畢業了。

感謝我親愛的妻子，這幾年與我一起奮鬥。這本書沒有一個字是她寫的，但也沒有一個字與她無關，猶如我與她相遇之後二十年的人生一樣：她無法幫我度過任何一分鐘，但我的每分鐘人生都不只是我自己。

　　這本書完成於臺灣疫情最嚴峻的三級警戒期間。因此有太多無法感謝的，是那些在疫情當中犧牲奉獻的醫、護，以及被捲入其中的所有人。

白品鍵

2022.06.01

仕途之外　先秦至西漢
不仕之士研究　目次

第一章　「隱」與「不仕」之間：
隱士傳統的建立與變遷

一、前言：「隱」的研究探索

「仕」與「隱」是中國士人一個長久以來的課題。作為一種人生抉擇，「隱」往往被放在為「仕」的對立面，在古代中國，凡拒絕入仕者，不論其拒仕的理由是什麼，拒仕之後處於什麼狀態，大多都被稱之為「隱」，或稱隱士、隱者、逸民、隱逸、處士、高士等其他別名。[1] 從早期的文獻史料來看，隱士之身分與形象起源相當的早，《論語》中有荷蓧丈人、長沮、桀溺等耦耕的潔身避世之士[2]；至莊子則高尚「虛而待物」的人生觀[3]，大量真實或虛構的隱士皆現身《莊子》書中。整體來說，隱士除了拒絕出仕之外，大多還擁有志節清高，安於貧賤，避世等特質，形成中國士人的另一項源遠流長的傳統。

在正式進入本書所要討論的「不仕」問題之前，這裡要先簡單耙梳一下關於「隱」的問題。隱士的傳統其來有自，而且源遠流長，乃熟悉中國史者皆知的事情，只是如要溯源，最早能推源

---

[1] 隱士名稱的考論者不少，可參見蔣星煜著：《中國隱士與中國文化》（上海：生活·讀書·新知三聯書店，1988年），頁1-5。洪安全著：〈兩漢儒士的仕隱態度與社會風氣〉，《孔孟學報》第42期，1981，頁115-118。較新且全面的考察，則有參見胡翼鵬著：《中國隱士：身份建構與社會影響》（北京：社會科學文獻出版社，2011年），頁25-35。

[2] 《論語·微子》，見南宋·朱熹集注：《四書章句集注》（臺北：大安出版社，1999年），《論語集注》，卷9〈微子〉，頁258-259。

[3] 《莊子·人間世》，見戰國·莊子等著；王叔岷校詮：《莊子校詮》（臺北：中央研究院歷史語言研究所，1988年），頁130。

至何處?「隱」的對立面是否就是「仕」?隱士有許多不同樣貌,要具備什麼要素,才能被稱為隱士?

　　近代以「隱」為題的相關研究論著不算少,不過大多為通論中國隱逸文化。如早期關於隱士的代表著作,蔣星煜:《中國隱士與中國文化》等等。蔣星煜此書序於 1943 年[4],受到時代的影響,蔣星煜對於隱士有相當的惡感,可以說其寫作的目的便是為了反對隱士,認為隱士來自於個人主義與失敗主義[5],因此書末結論直稱「勇敢地生活,不做隱士」[6]。書中對於隱士有相當大量的負面批評,諸如「隱士這種自私而萎縮的人生是不合理的病態的人生」,或「中國社會受了隱士『孤高自賞』的流毒,所以人各行其是,苦難不能共當,歡樂不能同享,這是值得我們猛省的」[7],等等。

　　蔣星煜此書主要陳述隱士文化的共通性,並以不同時代的個案作為例證,帶有強烈民國早期的時代主觀意識。由於蔣星煜對古代隱逸文化頗多批判,因此無深入古代社會,依不同時代所面對的課題去探索「隱」的起源的企圖。其多次以巢父作為古代隱士的開端,應該是受到了《高士傳》的影響[8],多少有藉此推遠

---

[4] 蔣星煜:《中國隱士與中國文化》,〈序〉末自署時間為民國三十二年十月。
[5] 蔣星煜:《中國隱士與中國文化》,頁 6。
[6] 蔣星煜:《中國隱士與中國文化》,頁 94。
[7] 蔣星煜:《中國隱士與中國文化》,頁 12、44。
[8] 蔣星煜舉例多用皇甫謐《高士傳》,而非嵇康版本,見蔣星煜:《中國隱士與中國文化》,頁 3。按:「巢父」並不見於先秦典籍,直至漢初司馬遷作《史記》亦不見其號,現存典籍可能直到西漢末年揚雄《法言》才有「巢父」二

隱士起源的用意。蔣星煜於〈序〉中對於隱士的定義為：「『隱士』
的含意，是清高孤介，潔身自愛，知命達禮，視富貴如浮雲。」[9]
雖然蔣星煜以品格內涵來定義隱士，但行文中則明顯將「不仕」
與隱士做連結：「他們為什麼不願意做國家的領袖？為什麼不願意
做官吏，他們的思想和行為那一點值得我們喝采和拍掌？卻很少
有人去研究。」[10]除此之外，又在〈中國隱士的政治生活〉一章
中，將隱士的政治生活分為「以在野之身應在朝之命」、「以在野
之名務在朝之實」、「以在野之法求在朝之位」三類，並說明：「隱
士既一旦從政，即失去隱士身份，故於此不擬贅述」[11]。諸如此
類，皆可見蔣星煜實際上是以「仕」、「隱」為基礎來開展其關於
隱士討論的。

　　總而言之，《中國隱士與中國文化》企圖通貫整個中國歷史去
討論「隱」，卻無法深入探討「隱」或「不仕」現象的歷史成因、
變遷，以及仕途之外士人的不同樣貌。

　　若要在各種通論古代中國隱士的書籍當中[12]，舉出一本較能

字正式登場。見西漢・揚雄著，汪榮寶義疏：《法言義疏》（北京：中華書局，
1987 年），卷 8〈問神〉，頁 204。又按：一說巢父即許由，見汪榮寶義疏，頁
205-206。即令巢父即許由，此名亦後起，蔣星煜書時而「巢父許由」連稱，
似併為一人討論，然而〈中國隱士的地域分布〉又並列二人於「嵩山歷代隱
士表」中，或有不能辨別的可能。見蔣星煜：《中國隱士與中國文化》，頁 1、
6、50。

[9] 蔣星煜：《中國隱士與中國文化》，頁 1。
[10] 蔣星煜：《中國隱士與中國文化》，頁 6。
[11] 蔣星煜：《中國隱士與中國文化》，頁 24-27。
[12] 隱士之著作繁多，知識性的通俗著作尤其多，如張立偉：《歸去來兮：隱逸的

挖掘隱士在各種情況之下的不同樣貌者，則當以胡翼鵬著：《中國隱士：身份建構與社會影響》一書為例。胡翼鵬在緒論中便標明了「隱士」此一稱號定義之困難：「藏與不藏、仕與不仕、宗教與世俗，矛盾對立的行動和人生都可以被納入隱士的範疇，因而，『隱士是什麼』似乎不存在一個確切的答案。」[13]簡言之，胡翼鵬發現隱士在不同時代表現出不同的歷史樣貌，無論是內涵與形式，或時代對於甄別隱士的標準都有相當的不同。[14]因此胡翼鵬此書的主要問題意識在於討論「隱士是什麼」，而不以某個確切而簡單的答案來定義隱士。

　　儘管如此，胡翼鵬在德行之外，仍不得不以「不仕」作為隱士的「本質根據」、「根本特徵」、「關鍵立場」，認為社會辨識隱士的焦點，以及史家甄別隱士的特徵，皆以不仕為首選，仕宦中人則被排除在隱士行列之外。[15]整體來說，胡翼鵬以「不仕」作為隱士的某種基礎，並且承認在此基礎之上，隱士可以有各種變化樣貌，乃至於某些個案可以跳脫仕與不仕之間。

　　本書原則上同意胡翼鵬對於「隱」與「不仕」的關連性，在後續的章節當中，所論述的「不仕之士」也有大量的隱士位列其中。然而《中國隱士：身份建構與社會影響》畢竟企圖在整個古

文化透視》（北京：生活・讀書・新知三聯書店，1995年）、許建平：《山情逸魂：中國隱士心態史》（北京：東方出版社，1999年）、韓兆琦：《中國古代隱士》（北京：商務印書館，1996年）等等，為節篇幅，本書不能一一介紹。

[13] 胡翼鵬著：《中國隱士：身份建構與社會影響》，頁4-5。

[14] 胡翼鵬著：《中國隱士：身份建構與社會影響》，頁50。

[15] 胡翼鵬著：《中國隱士：身份建構與社會影響》，頁66。

代中國中挖掘「隱士」身分的建構模式，對於中國早期「隱」與
「不仕」的起源、關連性以及更加細緻的演變過程，無法有太多
的著墨，此則是本書寫作可以發揮之處。

　　通貫整個中國歷史來討論「隱」，早期隱逸的溯源便難以深
入。而以先秦兩漢時期的隱士、隱逸為論題的，這裡再舉三本專
書為例。其一是 Aat Vervoorn（文青雲）:《巖穴之士：中國早期
隱逸傳統》[16] 一書。此書有不少精彩的見解，對先秦至東漢隱逸
傳統的建立有十分仔細的論述，對於政治社會的變化以及特定思
想家的影響都有相當的著墨。特別值得注意的是，Aat Vervoorn
仔細的耙梳了《尚書》與《易》卦中時常被後世引為隱逸起源的
部分，認為其中並未發現隱逸思想。此外，藉由《詩經》的相關
討論，Aat Vervoorn 意識到世襲貴族與官員職位的關係，由於君
王未必符合理想，但君王統治的權威與合法性往往來自於理想賦
予，因此世襲貴族若要拒絕履行個人對於統治者的職責，需要有
其他理由。透過這樣的推論，Aat Vervoorn 認為「中國的隱逸真
正始於孔子」[17]，亦即由於孔子賦予了拒絕官職可依循的某種道
德原則，使得隱逸變成了可能，而隱士也因此出現於古代中國。

　　除此之外，Aat Vervoorn 對於隱逸的定義也相當的具有一貫
性：他強調隱逸的關鍵要素是「自由選擇」，而非「迫於環境的壓
力」，因此在 Aat Vervoorn 理解中，拒絕官職是一種隱逸展現自

---

[16] Aat Vervoorn（文青雲）:《巖穴之士：中國早期隱逸傳統》（濟南：山東畫報
　　出版社，2009 年）。
[17] Aat Vervoorn（文青雲）:《巖穴之士：中國早期隱逸傳統》，頁 23。

我原則的表現，是重要而未必是絕對的因素。[18]由此可知，Aat Vervoorn 對於「隱」的定義全然是思想意義上的，而非生活形態或其他物質層面上的理由，也因此能將「隱」與「仕」從對立的層面解放出來，在論述上避免了許多顧此失彼的弊病。

雖然如此，Aat Vervoorn 的論述仍不得不面對幾個缺點。首先 Aat Vervoorn 否定了孔子之前存在著「可以被確切稱為隱逸的事情」[19]，但其論證的方法往往是透過質疑史料的可信度，或是主觀的認為其事蹟「離奇」、「相當不可能」而被排除。即便是伯夷、叔齊、介子推等著名的早期人物事蹟，乃至於《論語》的記載，都被其排除在外。[20]這種疑古過甚的態度，多少也帶給了這本經典著作一些理念先行的陰影。此外，Aat Vervoorn 的論述多半透過個案的例證來開展，對於時代的面貌無法有更具說服力的論證，也有待後續的研究予以補充。

《巖穴之士：中國早期隱逸傳統》之外，第二本關於先秦兩漢隱逸而值得介紹的專著則是王仁祥：《先秦兩漢的隱逸》[21]。此書除去頭尾的敘論與結論，正文四章分別探討隱逸的起源、先秦諸子的隱逸觀、從春秋到新莽的隱逸與政治，以及東漢時期的隱逸風氣。四章又可分為前後兩部分，前兩章主要探討隱逸思想的起源與發展，後兩章則觸及了隱逸風潮與政治社會的關係。王仁

---

[18] Aat Vervoorn（文青雲）：《巖穴之士：中國早期隱逸傳統》，頁 3。
[19] Aat Vervoorn（文青雲）：《巖穴之士：中國早期隱逸傳統》，頁 17。
[20] Aat Vervoorn（文青雲）：《巖穴之士：中國早期隱逸傳統》，頁 27–30。
[21] 王仁祥：《先秦兩漢的隱逸》（臺北：國立臺灣大學出版委員會，1995 年）。

祥論述戰國後期至兩漢的篇幅不少，又能廣蒐史料，將可見的資料並列討論，對隱士的處境與思想都盡力做到同情的理解，堪稱早期隱士相關研究的奠基之作。

王仁祥對隱逸起源的耙梳頗具啟發性，他繼承了 Aat Vervoorn 對於《易》卦不具有隱逸思想的說法，但卻不排除《詩經》中已可見隱逸的存在，並引了西周青銅器為例證，認為早在西周時期便有隱士的出現。王仁祥並且透過《詩經》中詩人所表達的憂愁與勞瘁，為封建貴族社會出現隱逸動機做出了相對應的詮釋。[22] 整體來說，王仁祥對於隱逸思想的出現以及社會背景的掌握，比起 Aat Vervoorn 的論述更符合社會思潮漸進發展的面貌。

不過王仁祥在書中仍預設了「隱」與「仕」的對立，因此不得不將「隱」的討論置放於政治社會組織的基礎之上。[23]這將牽涉到一個 Aat Vervoorn 略有處理，而被王仁祥輕輕放過的一個關乎士人的重大問題：即「仕」在春秋以前的世襲社會當中，是否能作為一種「自由選擇」？如果作為世襲官員的貴族並無是否「仕」的自由選擇的話，「仕」與「隱」仍然是一種對立的概念嗎？

再介紹第三本關於早期隱逸的著作，蔣波：《秦漢隱逸問題研究》[24]。蔣波以秦漢為斷代來討論隱逸問題，並且對於史料所見的隱逸做了相當程度的耙梳與整理，同時繪製了表格。雖然斷代的區段以及選題的目標都與本書有所差異，本書論述「不仕之士」

[22] 王仁祥：《先秦兩漢的隱逸》，頁 13–57。
[23] 王仁祥：《先秦兩漢的隱逸》，頁 2、9。
[24] 蔣波：《秦漢隱逸問題研究》（湘潭：湘潭大學出版社，2014 年）。

而非「隱逸」，主要討論戰國至兩漢之際而非秦漢，但整體而言
《秦漢隱逸問題研究》與本書的討論範圍相當接近。

　　整體來說，蔣波此書在秦漢隱逸方面可謂後出轉精，對秦漢
的隱逸現象有了相當細緻且深入的探討，分析了以往研究較少的
部分。不但將「暫時隱逸」的現象納入討論，對於隱士們立足於
社會的基礎也作了初步的探索，包含第四章所探討的隱士經濟來
源，第六章秦漢社會尊隱風尚的影響等等。除此之外，蔣波費心
收集了大量隱士案例，並完成了〈西漢後期隱士統計表〉、〈兩漢
之際隱士統計表〉與〈東漢隱士統計簡表〉三表，某種程度上為
本書提供了部分基礎工作。[25]

　　蔣波書雖以「秦漢」為斷代，但亦花了一些篇幅回顧先秦的
隱逸問題，且對於「隱士」有相當明確的定義：「那些具備一定文
化素養、有機會或有條件出仕，卻因為各種原因一生或人生某個
階段選擇不仕或暫時不仕，或曾經出仕為官卻因故主動去官不仕
的人」[26]。蔣波顯然將「不仕」與「隱」做了明確的連結，甚而
可以說是以「不仕」作為「隱」的定義。如此一來，與王仁祥《先
秦兩漢的隱逸》一書一樣，這樣的定義是否符合先秦社會的樣貌？
是一相當值得繼續討論的議題。

---

[25] 蔣波所統計的〈西漢後期隱士統計表〉共計有9例，〈兩漢之際隱士統計表〉
　　共計有75個案例，〈東漢隱士統計簡表〉則有113個案例，見蔣波：《秦漢隱
　　逸問題研究》，頁48–49、232–255。按：蔣波對於「隱士」的定義略同於本書
　　的不仕之士，但本書所統計秦漢案例遠超過蔣波。

[26] 蔣波：《秦漢隱逸問題研究》，頁5。

此外，蔣波討論秦漢隱逸現象時，雖然能扣緊政治、社會的演變脈絡，但回顧先秦隱逸現象時，並未追隨 Aat Vervoorn 與王仁祥對於先秦文獻所作出的還原解釋（如《易》卦爻辭的解析），也未能針對先秦貴族世襲政治下的隱逸現象做出回應。由於此書以秦漢為斷代，不能在回顧先秦的部分有過多的深責，也代表了此論題還有更多討論空間。

近三十年來關於隱逸的研究論文十分豐富[27]，對於秦漢的不仕現象也多少有些論述。然而或由於其問題意識與本書頗有差異，或所論之完整度不如前述專書，故此處不費篇幅作文獻回顧。[28]

---

[27] 諸如洪安全：〈兩漢儒士的仕隱態度與社會風氣〉，《孔孟學報》第 42 期，1981 年 9 月 28 日，頁 115-139。章義和：〈試論漢魏六朝的隱逸之風〉，《中國文化月刊》第 170 期，1993 年，頁 88-101。晁福林：〈戰國時期隱士生活狀況及隱逸理念考析——《莊子‧讓王》篇發微〉，《中華文化論壇》，2002 年 1 月，頁 50-53。郜積意：〈漢代隱逸與經學〉，《漢學研究》第 20 卷第 1 期，2002 年 6 月，頁 27-54。王繼訓：〈試論兩漢隱逸之風〉，《青島大學師範學院學報》第 22 卷第 1 期，2005 年 3 月，頁 73-80。朱錦雄：〈東漢末年「黃憲現象」所展現的隱逸型態與理想人格〉，《嘉大中文學報》第 3 期，2010 年 3 月，頁 43-66。亦有學位論文如魏敏慧：《東漢隱逸風氣探析》（臺北：國立政治大學中文研究所碩士論文，1990 年 6 月）。

[28] 除了隱逸之士的研究之外，另一個與本書密切相關的論題，則是「士」的研究。僅以二書為例略述於此。如余英時的經典之作：《士與中國文化》影響深遠，其中諸篇探討兩漢與魏晉時期士人、士族的論文，對於古代士人的特質有十分深入且精闢的闡發。又如于迎春：《秦漢士史》一書，將秦漢時期的士人與政治社會的互動論述得十分詳盡，其中第十二章：〈東漢中後期的不仕、隱逸之風與士人的人生安頓〉專章討論不仕的現象。整體來說，學界對「士」的研究多半偏重於政治，偏重於政治則多論其仕官，而罕言其不仕。余英時：《士與中國文化》（上海：上海人民出版社，2003 年）。于迎春：《秦漢士史》（北京：北京大學出版社，2000 年）。

　　綜論歷來對於「隱」的看法，大多數仍將其與「仕」對立，並以「不仕」作為「隱」的主要定義。然而就字義而言，「隱」為蔽、藏之意，而「不仕」是拒絕官職，二者不可互訓。將其用於「士」，則「隱士」與「不仕之士」也不必然能等同，「隱」有隱於卑職小吏者[29]，亦有隱於朝市者[30]，未必不仕；「不仕」有畏罪自退而未曾藏身者[31]，亦有居家卻時時高論政事者[32]。

　　本書主要談論「不仕」，但由於其與「隱」之間有太多的牽連與混淆，不論是字義、歷史脈絡或具體的案例，都需要加以釐清區別，且理當從歷史發展的源頭談起。

---

[29] 如侯嬴隱於夷門監，《史記》：「魏有隱士曰侯嬴，年七十，家貧，為大梁夷門監者。」漢・司馬遷著，日・瀧川資言會注考證：《史記會注考證》（上海：上海古籍出版社，2015 年），卷 77〈魏公子列傳〉，頁 3089。

[30] 西晉詩人王康琚〈反招隱詩〉：「小隱隱陵藪，大隱隱朝市。」南朝梁・蕭統編，唐・李善等六臣注：《文選》（臺北：藝文印書館，2003 年 3 月，初版 14 刷），卷 22，頁 317。

[31] 如董仲舒以「恐久獲罪」而去位歸居，但「仲舒在家，朝廷如有大議，使使者及廷尉張湯就其家而問之」顯無藏匿、隱避之意。東漢・班固等著，清・王先謙補注：《漢書補注》（上海：上海古籍出版社，2008 年），卷 56〈董仲舒傳〉，頁 4054。

[32] 此類多以君王、公子賓客為主。亦有居家而多上言者，如西漢末年梅福：「去官歸壽春，數因縣道上言變事，求假軺傳，詣行在所條對急政。」雖居家而時時上言，毫無「隱」之企圖。見清・王先謙補注：《漢書補注》，卷 67〈楊胡朱梅云傳〉，頁 4593–4594。

二、「隱」與「見」以及「仕」與「不仕」

不論是「隱」還是「不仕」，所描述的都是「士」的某種狀態。首先必須釐清的是：「士」原為上古時期低級的貴族[33]，能被稱為「士」者，皆為本有封建政府職位者。顧炎武云：「謂之士者大抵皆有職之人矣」，在職位與身分皆為世襲的封建時代，士並無所謂「仕」、「不仕」的問題。[34]「仕」作為「士」的人生選擇，要等到春秋晚期才出現。在禮壞樂崩，封建階級的固定性被破壞之後，貴族與庶民的界線變得模糊，介於二者之間士階層大幅增加，使得游士興起，「仕」逐漸形成一種專業，並且有了「仕」與「不仕」的抉擇問題。[35]

「不仕」，如其詞義所見，即沒有在政府組織擔任官職的人。若「仕」作為一種選擇，此觀念起源於春秋後期之後，那麼在此之前既無所謂的「仕」，自然亦無所謂的「不仕」者。如前所述，

---

[33] 顧頡剛語，見〈武士與文士的蛻化〉，收錄於《史林雜識初編》（北京：中華書局，《顧頡剛全集》冊31，《顧頡剛讀書筆記》，卷16，2010年），頁331。余英時認為這是正確的論斷，亦有相關的討論，見余英時：〈古代知識階層的興起與發展〉，《士與中國文化》，頁7–10。

[34] 游士興起於春秋以後，故顧炎武云：「春秋以後，游士日多。齊語言：『桓公為游士八十人，奉以車馬衣裝，多其資幣，使周游四方，以號召天下之賢士。』而戰國之君，遂以士為輕重。文者為儒，武者為俠。嗚呼，游士興，而先王之法壞矣。」見明・顧炎武著：《原抄本日知錄》（臺北：明倫出版社，1970年三版），卷10〈士何事〉，頁215–216。

[35] 余英時著：《士與中國文化》，〈古代知識階層的興起與發展〉，頁11–16。

傳統上有「仕」與「隱」相對的說法，因此有不少以「不仕」來
定義「隱」者。[36]如果「不仕」必須出現於春秋後期之後，那麼
在春秋中期之前，是否已經有了「隱」的觀念或具體行為呢？

　　如前 Aat Vervoorn 所述，雖然其並不以「不仕」定義「隱」，
但其否定孔子以前存在隱士這樣的論點，反而符合了「仕」觀念
後起的歷史脈絡。然而 Aat Vervoorn 以近乎疑古的態度幾乎否定
了包含《論語》在內所有記載隱逸的論證方式，恐怕還有不少討
論空間。如《左傳》中的介之推，便是一個 Aat Vervoorn 無法排
除，卻又無法做出合理解釋的例子。[37]《左傳》僖公二十四年：

> 晉侯賞從亡者，介之推不言祿，祿亦弗及，推曰：「獻公之
> 子九人，唯君在矣。惠、懷無親，外內弃之。天未絕晉，
> 必將有主。主晉祀者，非君而誰？天實置之，而二三子以
> 為己力，不亦誣乎？竊人之財，猶謂之盜，況貪天之功以
> 為己力乎？下義其罪，上賞其姦；上下相蒙，難與處矣。」
> 其母曰：「盍亦求之？以死，誰懟？」對曰：「尤而效之，

---

[36] 除前引文之外，可再舉二例如劉紀曜：〈仕與隱：傳統中國政治文化的兩極〉，
見黃俊傑主編：《中國文化新論思想篇一：理想與現實》（臺北：聯經出版社，
1982 年），頁 293。許尤娜：〈隱者、逸民、隱逸概念內涵之釐清——以東漢
之前為限〉，見氏著：《魏晉隱逸思想及其美學意涵》（臺北：文津出版社，
2001 年），頁 256。

[37] Aat Vervoorn 對介子推故事評論為：「如果能原諒其中所包含的一定程度的美
化和意識形態淨化，則沒有理由認為這個故事不真實而將其排除。」 見 Aat
Vervoorn（文青雲）：《巖穴之士：中國早期隱逸傳統》，頁 28–29。

罪又甚焉。且出怨言，不食其食。」其母曰：「亦使知之，若何？」對曰：「言，身之文也，身將隱，焉用文之？是求顯也。」其母曰：「能如是乎？與女偕隱。」遂隱而死。晉侯求之不獲。以綿上為之田。[38]

　　以目前的學界共識來說，《左傳》普遍被接受為一本可信的春秋時期史料，且在許多層面忠實的表現出封建制度開始走向毀壞的歷史樣貌。介之推故事正好表現出幾層意涵：第一，在介之推的理想中，扶持晉文公回國主晉祀，是理所當然的天意，這是貴族士大夫本分內的工作。「從亡」者透過扶持國君上位受賞，是「下義其罪，上賞其姦」，違背了介之推維護傳統的理想，故稱「難與處矣」。相對的，晉文公賞從亡之作為，正表現出春秋時期封建質變的樣貌，當「祿位」變成了士君子功勞之酬賞，從天命世襲當中解放出來時，如介之推這般傳統價值的維護者，只好以「隱」來表達堅持。

　　第二層意涵，由於封建時代擁有某種名位不但是世襲，更是一種天意，因此介之推云：「主晉祀者，非君而誰」，而二三子之從亡也是一種職責上的必然，而非一種值得獎賞的功勞，猶如《莊子》書中所言之「臣之事君，義也，無適而非君也」[39]的君臣之

[38] 楊伯峻注：《春秋左傳注》（臺北：洪業出版社，1993 年），僖公二十四年，頁417–419。
[39] 清・郭慶藩集釋：《莊子集釋》（臺北：萬卷樓圖書公司，2007 年再版），卷2中〈人間世〉，頁172。

義。在這樣的情況之下，士君子並無退出官場居家而「不仕」的選擇，因其「家」也是封建制度的一部分。如有「難與處」的情況，便必須逃離一切，不但要放棄其名位，甚至連居家之位址、宗族之身分等等，也必須一併拋棄。

換言之，戰國以後士人可以透過「不仕」，依舊保留著自我的身分地位，乃至於財產；但春秋時期，以及春秋以前的封建貴族，在不得已的情況之下，只能選擇逃離封建地位而「避世」。而原本透過各種封建特權而生存的貴族，如拋棄了一切，往往也一併失去了生活的所有憑藉，陷入窮困潦倒的情況。此即介之推所謂的「身將隱」，或「隱而死」背後的文化意涵。

《左傳》之外，《論語‧微子》中的記載時代稍晚，但同樣代表著封建價值毀壞的某種面向：

> 逸民：伯夷、叔齊、虞仲、夷逸、朱張、柳下惠、少連。子曰：「不降其志，不辱其身，伯夷、叔齊與！」謂：「柳下惠、少連，降志辱身矣，言中倫，行中慮，其斯而已矣。」謂：「虞仲、夷逸，隱居放言，身中清，廢中權。我則異於是，無可無不可。」[40]

即使《論語》此章完成的時間可能晚至戰國時代，然而孔子

---

[40] 程樹德集釋：《論語集釋》（北京：中華書局，1990 年），卷 37〈微子〉下，頁 1279–1287。

以春秋末期的歷史角度向前評論早期人物，亦非極不可信之事。
所謂「逸民」，何晏云：「節行超逸也」，皇侃則云：「民中節行超
逸，不拘於世者也」，是取「逸」為擁有超出世道之外節行之意。
朱熹則云：「逸，遺。逸民者，無位之稱」，朱子說雖後起，但後
多從其說，如劉寶楠引《說文》云「逸民」即「佚民」之假借[41]，
錢穆先生亦云：「逸者，遺佚於世。民者，無位之稱。」[42]逸民是
否無位？綜合史料來看，伯夷、叔齊為孤竹君之子，柳下惠為魯
大夫，一說「柳下」為其食邑，雖三黜而不去[43]，此三人是記載
較為清楚的。虞仲疑有二人，一為吳太伯之弟吳仲雍，亦為吳伯，
又稱虞仲；另一為仲雍曾孫周章之弟，亦稱虞仲，周武王封於周
之北故夏虛。其餘諸人史料缺乏，然歷來亦疑諸位逸民皆是有位
貴族。[44]以孔子的時代而論，孔子既申論古逸民之志行，則逸民
皆為貴族，是較合理的推測。如虞仲者，既為吳伯，則不可謂之
「無位」之民，又如柳下惠者，其三黜而不去父母之邦，又豈能
以「遺佚於世」稱？因此所謂「逸民」，仍依何晏之說，解為「超
逸」更為妥當。

---

[41] 《論語》原文以及歷代諸說參見程樹德集釋：《論語集釋》，卷37下〈微子〉，
頁 1279–1284。或見黃懷信等彙校集釋：《論語彙校集釋》（上海：上海古籍出
版社，2008 年），卷 18〈微子〉，頁 1639–1643。

[42] 錢穆：《論語新解》（臺北：東大圖書公司，2021 年四版 2 刷，頁 581。

[43] 柳下惠事參見程樹德集釋：《論語集釋》，卷 32 下〈衛靈公〉，頁 1094–1095；
卷 37 下〈微子〉，頁 1254–1256。

[44] 劉寶楠考之甚詳，參見劉寶楠正義：《論語正義》（北京：中華書局，1990
年），卷 18〈微子〉，頁 727–728。

　　孔子將逸民分為三種,「不降其志,不辱其身」是其一,「降志辱身」而言行中理是其二,「隱居放言」則是其三。無論何種,都是身心言行與同時之世俗有所不同者,「逸」也就是「超逸」:在某種程度上逸於世道之外,堅定的採取自我所欲施行的道。孔子又云:「賢者辟世,其次辟地,其次辟色,其次辟言。」[45]正好表現出在理想堅持之下,封建貴族針對其君主或所處環境,各種不同程度的反抗或不合作。

　　因此,世襲封建的社會之中,雖然無所謂的「仕」與「不仕」,但貴族卻仍擁有各種不合作的選擇,可以「降志辱身」的選擇辟色、辟言;可「隱居放言」的藏匿自我,維持清高;更可如長沮、桀溺等這般,在無所逃於天地之間的封建秩序中,成為安於與鳥獸同群的「辟世之士」[46]。乃至於如伯夷、叔齊或介之推這般,不但辟世、辟地,甚至來到了無所可辟的地步,而以死亡為自我的某種生存理念做結。

　　由此可知,在春秋以前依其不同的程度,或志,或言,或行之不同於他人,而有所謂「逸」。在逸民當中有所謂的「隱」,是更進一步的藏其身,匿其名,或拋棄、逃避原有之地位。在封建政治當中,「隱」的相對詞當為「見」,或「顯」。如孔子云:「天下有道則見,無道則隱」[47],或前述介之推之「身將隱,焉用文

---

[45] 南宋・朱熹:《論語集注》,卷7〈憲問〉,頁220。

[46] 南宋・朱熹:《論語集注》,卷9〈微子〉,頁258。按:孔子之時已有「仕」的觀念,然傳統之隱逸觀念未必隨之劇烈扭轉,故此處仍舉長沮、桀溺等與孔子同時之隱者為例。

之？是求顯也」等等。貴族賢者「不降其志」而「辟世」，即是「隱」，不必等待戰國禮壞樂崩之後才出現。[48]

　　相對於「隱」具有隱辟之意，「不仕」則未必如此。司馬遷記載孔子云：「魯自大夫以下皆僭離於正道。故孔子不仕，退而脩《詩》《書》《禮》《樂》」[49]，又孟子：「天下方務於合從連衡，以攻伐為賢，而孟軻乃述唐、虞、三代之德，是以所如者不合。退而與萬章之徒，序《詩》、《書》，述仲尼之意」[50]。二大儒皆以修道立教為己任，孔子甚而主張「不仕無義」[51]，可見孔、孟之「不仕」，在於求能行道者，故邦無道則去，毫無隱辟、潛藏之意。與此相反的，孔子乃求善賈而沽之待仕者，二聖皆有強烈的以道明志用世之心，無論如何難以稱之為「隱士」。

　　在社會流動較為停滯的封建時代，本有名位而辟逃之隱逸者，欠缺春秋後期之後周遊求仕的選擇，於是或入山林巖穴、或荷蓧耦耕，形成後世對於隱逸的重要想像，亦即《後漢書‧逸民列傳》所言「甘心畎畝之中，憔悴江海之上」[52]。戰國以後，「不仕」與「隱逸」在意義上仍並非全然等同[53]，如《禮記‧王制》所見：

[47] 南宋‧朱熹：《論語集注》，卷4〈泰伯〉，頁142。
[48] 錢穆先生認為「隱」風氣之先驅，遠在春秋之前，見錢穆：〈論春秋時代人之道德精神（下）〉，收錄於《中國學術思想史論叢（一）》（臺北：東大圖書公司，2021年三版1刷），頁294-316。
[49] 西漢‧司馬遷著；日‧瀧川資言會注考證：《史記會注考證》，卷47〈孔子世家〉，頁2422。
[50] 日‧瀧川資言會注考證：《史記會注考證》，卷74〈孟子荀卿列傳〉，頁3037。
[51] 南宋‧朱熹：《論語集注》，卷9〈微子〉，頁259。
[52] 南朝宋‧范曄：《後漢書》，卷83〈逸民列傳〉，頁2755。

「大夫廢其事，終身不仕，死以士禮葬之」，此處之「不仕」，僅稱其「不任大夫」之事[54]，未必有隱居之意。

就語意來說，戰國時代以後逃離名位之士，多半亦逃離了原本的仕宦之職，因此「隱」與「不仕」出現了較為具體且明顯的共通性。但若更進一步區分，則各自仍有對方所無法涵蓋的部分，「隱」的現象要比「不仕」來得早，其「志」則往往明確，乃至於只要有隱蔽自我，逃辟功名之意，即使有官職在身，亦可為「隱」。而「不仕」的出現時代較晚，在戰國時代還伴隨著周遊的可能性，不仕於此，可求仕於彼，甚而必須更加努力的以著作、講授、遊說等方式「見」於世，以求得用而「顯」。

以形式而言，「仕」與「不仕」在定義上相對比較容易[55]，但「隱」的典範從伯夷、叔齊到戰國時期成書的《莊子》一書之間，仍隨著時代變遷而有所變化。

---

[53] 許尤娜認為，「隱逸」在春秋、戰國之時又可區分為「隱者」與「逸民」，意義略有區別，與本書所論有所差異。詳見許尤娜著：〈隱者、逸民、隱逸概念內涵之釐清——以東漢之前為限〉，頁 245。

[54] 鄭玄注云：「以不任大夫也。」又孔穎達疏曰：「以經云大夫廢其事，故知不堪任大夫也。」見東漢·鄭玄注；唐孔穎達疏：《禮記正義》（上海：上海古籍出版社，2008 年），卷 19〈王制〉，頁 553。

[55] 此為與隱、見相對而言，事實上戰國時代的「不仕」頗有各種多樣的可能性，本書後文還會討論。

三、《莊子》書中有道之士及道家型隱逸

如前文所述，在春秋以前的封建時代，因無所謂仕，故無所謂不仕，「隱」不與「仕」相對，當為「見」或「顯」的對詞。因此伯夷、叔齊、介之推不受君祿是辟世，是隱者；而長沮、桀溺等無名之耦耕者也是辟世，也是隱者。然而伯夷、叔齊之隱，與長沮、桀溺之辟世，於理念上有相當明顯的差異。

自蔣星煜以下，近代研究者多企圖為隱士分類，有複雜至七、八種類型者。[56] 然而總而言之，則略可區分為儒家與道家兩種傳統，劉紀曜依其隱的態度稱之為「時隱」與「身隱」，前者與孔、孟、荀的「道仕」連結，而後者則與莊子的「反仕」連結。[57] 許尤娜則透過皇甫謐《高士傳》序文與傳主選擇之分析，將傳統隱逸分為「伯夷型」與「許由型」兩種典型，並論述伯夷型屬於孔、孟的儒家型隱逸，而許由型則屬於《莊子》書所見的道家型隱逸。[58] 許尤娜的論述雖然偏向使用更多三國以下的資料作為基礎，

---

[56] 關於隱士的不同分類方式，較新的整理可參見謝承論：《《莊子・內篇》中的隱逸人物之研究》（臺中：國立中興大學中國文學系碩士論文，指導教授：林文彬，2015 年），頁 19-27。諸說繁瑣，不一一具引。

[57] 參見劉紀曜著：〈仕與隱：傳統中國政治文化的兩極〉，見黃俊傑主編：《中國文化新論思想篇一：理想與現實》（臺北：聯經出版社，1982 年），頁 293-313。按：莊子並非「反仕」，劉紀曜對於莊子之思想或有誤解。此外，劉紀曜此文並論仕與隱，因此分類中尚有韓非的「祿仕」、「反隱」，此處論隱，故不述之。

[58] 許尤娜著：《魏晉隱逸思想及其美學意涵》，頁 36-43。

但也相當程度的表現出隱逸可區分為兩大典範類型：儒家「伯夷型」以孔子所表彰的伯夷、叔齊為主；道家「許由型」則以《莊子》書中所見的許由等有道之士為主。更進一步說，從《論語》中的逸民與隱者型態來看，伯夷、叔齊自然可列為儒家型隱逸，但長沮、桀溺、荷蓧丈人、接輿[59]等，則頗接近所謂的道家型隱逸，兩種典範在思想與作為上，於孔子的時代都已經有所呈現了。

　　雖然在《論語》中已經可見兩種隱逸典範，但考察隱逸起源以及分類的前輩學者們，其諸多論述往往在此處忽略了一個關乎時代變遷的細節：如果孔子對於「逸民」七人的討論是相對可信的，代表著春秋時期隱逸典範的樣貌，那麼《莊子》書所見的有道之士，則應該代表著戰國中期以下隱逸典範的樣貌。從孔子到《莊子》之間，除了文獻資料的篇幅長短差異、儒道思想上的區別之外，是否還因時代變遷而推動著人們對於隱逸的想像產生變化？

　　更具體地說，孔子的時代屬於貴族世襲的封建時代尾聲，而《莊子》成書的時代則是國君求賢若渴，士人周遊求用的戰國鼎盛時期。孔子時代所見的逸民、隱者，儘管因資料不全無法有更多證據判斷，但依時代背景推敲，則當以貴族或沒落貴族為多；而《莊子》成書時代所想像出來的有道之士，其身分背景以及行為，與《論語》或《左傳》所見的隱逸是否有所異同？

　　今傳的《莊子》全書經郭象的整理，可分為內篇、外篇、雜

---

[59] 南宋・朱熹：《論語集注》，卷9〈微子〉，頁 257-258。

篇三部分，除了內篇普遍被視為表達了莊子本人的思想之外，外篇與雜篇較為駁雜，但大體而言是莊子後學陸續完成於戰國末年之前的作品。[60]換言之，即使《莊子》一書的作者不一，諸篇所呈現的內涵多有歧異甚至彼此矛盾，但書中所記載了大量真假參半的有道之士，正好呈現出戰國中後期對於隱逸、不仕人物的想像。

　　由於《莊子》書多寓言與重言，其故事不以歷史的真實為依歸，因此以下整理《莊子》書中的有道之士，不以人物的真實所處時代來篩選。亦即只要出現於《莊子》書中，即使是上古傳說，虛構人物，只要能進一步考察其社會背景者一概列入。不過本書所論為「士」，基本上依舊是以「人」為主，因此《莊子》書中所記載的諸多神仙、精怪等，便不在討論之列。此外，明確有職在身的貴族仕宦者，即非隱逸或不仕者，亦不列入討論當中；單純表達思想而無其他值得論析之身分背景者，同樣將其排除，以避免出現大量無法分類的情況。

　　此外，由於戰國時代有以技藝或市井鄙業為社會基礎的不仕之士，亦有如侯贏、酈食其這般隱於小吏的案例，因此《莊子》書中所見擁有特殊技藝的基層庶民或小吏等，若有實際作為，或以言語表明「隱」或「不仕」的態度的，也都列入其中。

　　依這樣的原則對《莊子》中的人物加以篩選，共揀得 57 例如下：

---

[60] 劉笑敢：《莊子哲學及其演變》（北京：中國人民大學出版社，2010 年），頁 50–103。

	稱呼	出處	相關記載	分類
1.	南伯子綦	齊物論、人間世、徐無鬼、寓言	吾嘗居山穴之中矣。[61]	01 隱居
2.	子桑	大宗師	吾思乎使我至此極者而弗得也。父母豈欲吾貧哉？天無私覆，地無私載，天地豈私貧我哉？求其為之者而不得也。[62]	01 隱居
3.	魏牟	讓王、秋水	中山公子牟謂瞻子曰：「身在江海之上，心居乎魏闕之下，奈何？」……魏牟，萬乘之公子也，其隱巖穴也，難為於布衣之士，雖未至乎道，可謂有其意矣。[63]	01 隱居
4.	列禦寇（列子）	讓王、至樂	子列子窮，容貌有飢色。客有言之於鄭子陽者曰：「列禦寇，蓋有道之士也，居君之國而窮，君無乃為不好士乎？」鄭子陽即令官遺之粟。子列子見使者，再拜而辭。[64]	01 隱居
5.	單豹	達生	魯有單豹者，巖居而水飲，不與民共利，行年七十而猶有嬰兒之色，不幸遇餓虎，餓虎殺而食之。[65]	01 隱居
6.	扁慶子	達生	若夫以鳥養養鳥者，宜棲之深林，浮之江湖，食之以委蛇，則平陸而已矣[66]	01 隱居
7.	林回	山木	林回棄千金之璧，負赤子而趨。[67]	01 隱居

[61] 清‧郭慶藩集釋：《莊子集釋》，卷8中〈徐無鬼〉，頁928-929。
[62] 清‧郭慶藩集釋：《莊子集釋》，卷3上〈大宗師〉，頁314-316。
[63] 清‧郭慶藩集釋：《莊子集釋》，卷9下〈讓王〉，頁1072-1074。
[64] 清‧郭慶藩集釋：《莊子集釋》，卷9下〈讓王〉，頁1065-1066。
[65] 清‧郭慶藩集釋：《莊子集釋》，卷7上〈達生〉，頁706-708。
[66] 清‧郭慶藩集釋：《莊子集釋》，卷7上〈達生〉，頁727-730。
[67] 清‧郭慶藩集釋：《莊子集釋》，卷7上〈山木〉，頁749-751。

8.	大公任	山木	孰能去功與名而還與眾人？道流而不明居，得行而不名處；純純常常，乃比於狂；削跡捐勢，不為功名。[68]	01 隱居
9.	孔子（仲尼）	山木	孔子曰：「善哉！」辭其交遊，去其弟子，逃於大澤；衣裘褐，食杼栗[69]	01 隱居
10.	庚桑楚	庚桑楚	老聃之役，有庚桑楚者，偏得老聃之道，以北居畏壘之山。……庚桑子曰：「小子來！……夫全其形生之人，藏其身也，不厭深眇而已矣。……」[70]	01 隱居
11.	鄰有夫妻臣妾登極者	則陽	其鄰有夫妻臣妾登極者，子路曰：「是稷稷何為者邪？」仲尼曰：「是聖人僕也。是自埋於民，自藏於畔。其聲銷，其志無窮……」[71]	01 隱居
12.	王子搜	讓王	越人三世弒其君，王子搜患之，逃乎丹穴[72]	01 隱居
13.	原憲	讓王	原憲居魯，環堵之室，茨以生草，蓬戶不完，桑以為樞……原憲應之曰：「憲聞之：『無財謂之貧，學而不能行謂之病。』今憲，貧也，非病也。」[73]	01 隱居
14.	曾子	讓王	曾子居衛，縕袍無表，顏色腫噲，手足胼胝。三日不舉火，十年不製衣，正冠而纓絕，捉衿而肘見，納履而踵決[74]	01 隱居

[68] 清・郭慶藩集釋：《莊子集釋》，卷 7 上〈山木〉，頁 744–749。
[69] 清・郭慶藩集釋：《莊子集釋》，卷 7 上〈山木〉，頁 744–751。
[70] 清・郭慶藩集釋：《莊子集釋》，卷 8 上〈庚桑楚〉，頁 842–848。
[71] 清・郭慶藩集釋：《莊子集釋》，卷 8 下〈則陽〉，頁 979–982。
[72] 清・郭慶藩集釋：《莊子集釋》，卷 9 下〈讓王〉，頁 1060–1061。
[73] 清・郭慶藩集釋：《莊子集釋》，卷 9 下〈讓王〉，頁 1068–1070。
[74] 清・郭慶藩集釋：《莊子集釋》，卷 9 下〈讓王〉，頁 1070–1071。

15.	北人無擇	讓王	舜以天下讓其友北人無擇，北人無擇曰：「……欲以其辱行漫我。吾羞見之。」因自投清泠之淵。[75]	01 隱居
16.	卞隨	讓王	湯遂與伊尹謀伐桀，剋之，以讓卞隨。卞隨辭曰：「……吾生乎亂世，而無道之人再來漫我以其辱行，吾不忍數聞也。」乃自投稠水而死。[76]	01 隱居
17.	瞀光（務光）	讓王	湯又讓瞀光……瞀光辭曰：「……吾聞之曰：『非其義者，不受其祿；無道之世，不踐其土。』況尊我乎！吾不忍久見也。」乃負石而自沈於盧水。[77]	01 隱居
18.	伯夷	盜跖	伯夷、叔齊辭孤竹之君而餓死於首陽之山，骨肉不葬。[78]	01 隱居
19.	叔齊	盜跖	餓死於首陽之山[79]	01 隱居
20.	介子推	盜跖	介子推至忠也，自割其股以食文公，文公後背之，子推怒而去，抱木而燔死。[80]	01 隱居
21.	顏闔	人間世、讓王、達生、列禦寇	魯君聞顏闔得道之人也，使人以幣先焉。顏闔守陋閭，苴布之衣而自飯牛。……故若顏闔者，真惡富貴也。[81]	02 農漁牧

[75] 清・郭慶藩集釋：《莊子集釋》，卷9下〈讓王〉，頁1078。

[76] 清・郭慶藩集釋：《莊子集釋》，卷9下〈讓王〉，頁1079–1080。

[77] 清・郭慶藩集釋：《莊子集釋》，卷9下〈讓王〉，頁1080。

[78] 清・郭慶藩集釋：《莊子集釋》，卷9下〈盜跖〉，頁1093。

[79] 清・郭慶藩集釋：《莊子集釋》，卷9下〈盜跖〉，頁1093。

[80] 清・郭慶藩集釋：《莊子集釋》，卷9下〈盜跖〉，頁1093。

[81] 清・郭慶藩集釋：《莊子集釋》，卷9下〈讓王〉，頁1063。

22.	顏淵	人間世、大宗師、讓王、山木、天運、至樂、達生、盜跖、田子方、知北遊、漁父	顏回曰：「回之家貧，唯不飲酒、不茹葷者數月矣。……」[82] 孔子謂顏回曰：「回，來！家貧居卑，胡不仕乎？」顏回對曰：「不願仕。回有郭外之田五十畝，足以給飦粥；郭內之田十畝，足以為絲麻……回不願仕。」[83]	02 農漁牧
23.	伯成子高	天地	堯治天下，伯成子高立為諸侯。堯授舜，舜授禹，伯成子高辭為諸侯而耕。禹往見之，則耕在野。[84]	02 農漁牧
24.	漢陰丈人	天地	子貢南遊於楚，反於晉，過漢陰，見一丈人方將為圃畦，鑿隧而入井，抱甕而出灌，搰搰然用力甚多而見功寡。[85]	02 農漁牧
25.	莊周	秋水、山木、外物	莊子釣於濮水，楚王使大夫二人往先焉，曰：「願以境內累矣！」莊子持竿不顧。 惠子相梁，莊子往見之。……惠子恐，搜於國中三日三夜。……莊子往見之，曰：「……今子欲以子之梁國而嚇我邪？」[86] 莊子衣大布而補之，正緳係履而過魏王。[87] 莊周家貧，故往貸粟於監河侯。[88]	02 農漁牧
26.	百里奚	田子方	百里奚爵祿不入於心，故飯牛而牛肥。[89]	02 農漁牧

[82] 清・郭慶藩集釋：《莊子集釋》，卷 2 中〈人間世〉，頁 161–162。

[83] 清・郭慶藩集釋：《莊子集釋》，卷 9 下〈讓王〉，頁 1071–1072。

[84] 清・郭慶藩集釋：《莊子集釋》，卷 5 上〈天地〉，頁 464–465。

[85] 清・郭慶藩集釋：《莊子集釋》，卷 5 上〈天地〉，頁 475–477。

[86] 清・郭慶藩集釋：《莊子集釋》，卷 6 下〈秋水〉，頁 662、663。

[87] 清・郭慶藩集釋：《莊子集釋》，卷 7 上〈山木〉，頁 753。

[88] 清・郭慶藩集釋：《莊子集釋》，卷 9 上〈外物〉，頁 1012。

27.	臧丈人	田子方	文王觀於臧，見一丈夫釣，……文王於是焉以為大師，北面而問曰：「政可以及天下乎？」臧丈人昧然而不應，泛然而辭，朝令而夜遁，終身無聞。[90]	02 農漁牧
28.	牧馬童子	徐無鬼	至於襄城之野，七聖皆迷，無所問塗。適遇牧馬童子，問塗焉……小童曰：「夫為天下者，亦奚以異乎牧馬者哉？亦去其害馬者而已矣。」[91]	02 農漁牧
29.	公閱休	則陽	彭陽曰：「公閱休奚為者邪？」曰：「冬則擉鱉於江，夏則休乎山樊。……」[92]	02 農漁牧
30.	善卷	讓王	舜以天下讓善卷，善卷曰：「余立於宇宙之中，冬日衣皮毛，夏日衣葛絺；春耕種，形足以勞動；秋收斂，身足以休息；日出而作，日入而息，逍遙於天地之間而心意自得。吾何以天下為哉？悲夫！子之不知余也！」遂不受。於是去而入深山，莫知其處。[93]	02 農漁牧
31.	石戶之農	讓王	舜以天下讓其友石戶之農，石戶之農曰：「捲捲乎后之為人，葆力之士也。」以舜之德為未至也，於是夫負妻戴，攜子以入於海，終身不反也。[94]	02 農漁牧

[89] 清‧郭慶藩集釋：《莊子集釋》，卷7下〈田子方〉，頁787。
[90] 清‧郭慶藩集釋：《莊子集釋》，卷7下〈田子方〉，頁789–792。
[91] 清‧郭慶藩集釋：《莊子集釋》，卷8中〈徐無鬼〉，頁908–912。
[92] 清‧郭慶藩集釋：《莊子集釋》，卷8下〈則陽〉，頁959–962。
[93] 清‧郭慶藩集釋：《莊子集釋》，卷9下〈讓王〉，頁1058。
[94] 清‧郭慶藩集釋：《莊子集釋》，卷9下〈讓王〉，頁1059。

32.	鮑焦	盜跖、韓詩外傳	鮑焦飾行非世，抱木而死。[95]	02 農漁牧
33.	漁父	漁父	有漁父者下船而來，……客曰：「吾聞之：可與往者與之，至於妙道；不可與往者，不知其道，慎勿與之，身乃無咎。子勉之！吾去子矣，吾去子矣。」乃刺船而去，延緣葦間。[96]	02 農漁牧
34.	庖丁	養生主	庖丁為文惠君解牛[97]	03 技藝
35.	支離疏	人間世	挫鍼治繲，足以餬口；鼓筴播精，足以食十人[98]	03 技藝
36.	匠石	人間世	弟子厭觀之，走及匠石，曰：「自吾執斧斤以隨夫子，未嘗見材如此其美也。……」[99]	03 技藝
37.	伯樂	馬蹄	我善治馬[100]	03 技藝
38.	陶者	馬蹄	我善治埴[101]	03 技藝
39.	匠人	馬蹄	我善治木[102]	03 技藝
40.	輪扁	天道	桓公讀書於堂上，輪扁斲輪於堂下，釋椎鑿而上，問桓公曰：「……是以行年七十而老斲輪。……」[103]	03 技藝
41.	痀僂者承蜩	達生	仲尼適楚，出於林中，見痀僂者承蜩，猶掇之也。[104]	03 技藝

---

[95] 清・郭慶藩集釋：《莊子集釋》，卷9下〈盜跖〉，頁1093。
[96] 清・郭慶藩集釋：《莊子集釋》，卷10上〈漁父〉，頁1121–1124。
[97] 清・郭慶藩集釋：《莊子集釋》，卷2〈養生主〉，頁130–137。
[98] 清・郭慶藩集釋：《莊子集釋》，卷2中〈人間世〉，頁199。
[99] 清・郭慶藩集釋：《莊子集釋》，卷2中〈人間世〉，頁187–193。
[100] 清・郭慶藩集釋：《莊子集釋》，卷4中〈馬蹄〉，頁364。
[101] 清・郭慶藩集釋：《莊子集釋》，卷4中〈馬蹄〉，頁364。
[102] 清・郭慶藩集釋：《莊子集釋》，卷4中〈馬蹄〉，頁364。
[103] 清・郭慶藩集釋：《莊子集釋》，卷5中〈天道〉，頁537–539。
[104] 清・郭慶藩集釋：《莊子集釋》，卷7上〈達生〉，頁701–703。

42.	津人	達生	顏淵問仲尼曰:「吾嘗濟乎觴深之淵,津人操舟若神。吾問焉,曰:『操舟可學邪?』曰:『可。善游者數能。若乃夫沒人,則未嘗見舟而便操之也。』」[105]	03 技藝
43.	紀渻子	達生	紀渻子為王養鬥雞[106]	03 技藝
44.	蹈水丈夫	達生	孔子……見一丈夫游之,以為有苦而欲死也,使弟子並流而拯之。數百步而出,被髮行歌而游於塘下。孔子從而問焉。[107]	03 技藝
45.	梓慶	達生	梓慶削木為鐻,鐻成,見者驚猶鬼神。魯侯見而問焉,曰:「子何術以為焉?」對曰:「臣工人,何術之有!……」[108]	03 技藝
46.	東野稷	達生	東野稷以御見莊公,進退中繩,左右旋中規[109]	03 技藝
47.	工倕	達生	工倕旋而蓋規矩,指與物化,而不以心稽,故其靈臺一而不桎。[110]	03 技藝
48.	市南宜僚	山木、徐無鬼、則陽	市南子曰:「君之除患之術淺矣。夫豐狐文豹,棲於山林,伏於巖穴,靜也;夜行晝居,戒也;雖飢渴隱約,猶且胥疏於江湖之上而求食焉,定也。然且不免於罔羅機辟之患,是何罪之有哉?其皮為之災也。今魯國獨非君之皮邪?吾願君刳形去皮,洒心去欲,而遊於無人之野……」。[111]	03 技藝

[105] 清・郭慶藩集釋:《莊子集釋》,卷7上〈達生〉,頁703–704。
[106] 清・郭慶藩集釋:《莊子集釋》,卷7上〈達生〉,頁718–719。
[107] 清・郭慶藩集釋:《莊子集釋》,卷7上〈達生〉,頁719–721。
[108] 清・郭慶藩集釋:《莊子集釋》,卷7上〈達生〉,頁722。
[109] 清・郭慶藩集釋:《莊子集釋》,卷7上〈達生〉,頁724–725。
[110] 清・郭慶藩集釋:《莊子集釋》,卷7上〈達生〉,頁725。

		市南宜僚弄丸而兩家之難解[112] 自埋於民，自藏於畔。……是其市南宜僚邪？[113]	
49.	郢人	徐無鬼	郢人堊慢其鼻端若蠅翼，使匠石斲之。匠石運斤成風，聽而斲之，盡堊而鼻不傷，郢人立不失容。[114]	03 技藝
50.	匠石	徐無鬼	匠石運斤成風，聽而斲之，盡堊而鼻不傷[115]	03 技藝
51.	屠羊說	讓王	楚昭王失國，屠羊說走而從於昭王。昭王反國，將賞從者，及屠羊說。……屠羊說曰：「……說不敢當，願復反吾屠羊之肆。」遂不受也。[116]	03 技藝
52.	季咸	應帝王	鄭有神巫曰季咸，知人之生死存亡，禍福壽夭，期以歲月旬日，若神。[117]	04 巫相 小吏
53.	老子（老聃）	天道、天運、田子方	孔子西藏書於周室，子路謀曰：「由聞周之徵藏史有老聃者，免而歸居。夫子欲藏書，則試往因焉。」[118]	04 巫相 小吏
54.	巫咸祒	天運	巫咸祒曰：「來！吾語女。天有六極五常，帝王順之則治，逆之則凶。……」[119]	04 巫相 小吏
55.	畫者	田子方	宋元君將畫圖。眾史皆至，受揖而立；舐筆和墨，在外者半。有一史後至者，……君曰：「可矣，是真畫者也。」[120]	04 巫相 小吏

---

[111] 清‧郭慶藩集釋：《莊子集釋》，卷7上〈山木〉，頁735–739。

[112] 清‧郭慶藩集釋：《莊子集釋》，卷8中〈徐無鬼〉，頁930。

[113] 清‧郭慶藩集釋：《莊子集釋》，卷8下〈則陽〉，頁979–980。

[114] 清‧郭慶藩集釋：《莊子集釋》，卷8中〈徐無鬼〉，頁922。

[115] 清‧郭慶藩集釋：《莊子集釋》，卷8中〈徐無鬼〉，頁922。

[116] 清‧郭慶藩集釋：《莊子集釋》，卷9下〈讓王〉，頁1067–1068。

[117] 清‧郭慶藩集釋：《莊子集釋》，卷3下〈應帝王〉，頁328。

[118] 清‧郭慶藩集釋：《莊子集釋》，卷5中〈天道〉，頁523–531。

[119] 清‧郭慶藩集釋：《莊子集釋》，卷5下〈天運〉，頁544。

56.	捶鉤者	知北遊	大馬之捶鉤者，年八十矣，而不失豪芒。大馬曰：「子巧與？有道與？」曰：「臣有守也。臣之年二十而好捶鉤……」[121]	04 巫相小吏
57.	徐無鬼	徐無鬼	徐無鬼因女商見魏武侯，武侯勞之曰：「先生病矣！苦於山林之勞，故乃肯見於寡人。」……徐無鬼曰：「嘗語君，吾相狗也。……吾相狗，又不若吾相馬也。……」 徐無鬼見武侯，武侯曰：「先生居山林，食芧栗，厭蔥韭，以賓寡人，久矣夫！今老邪？其欲干酒肉之味邪？其寡人亦有社稷之福邪？」徐無鬼曰：「無鬼生於貧賤，未嘗敢飲食君之酒肉，將來勞君也。」[122]	04 巫相小吏

　　以上人物依其社會生活之背景分為四類。首先是 01 隱居類：即逃離名位利祿，隱身山澤巖穴，以貧窮或極端簡約的方式生活，而無其他經濟來源描述者。此類包含了南伯子綦、子桑、魏牟、列禦寇、單豹、扁慶子、林回、大公任、孔子、庚桑楚、鄰有夫妻臣妾登極者、王子搜、原憲、曾子、北人無擇、卞隨、瞀光、伯夷、叔齊、介子推等，共 20 例。

　　這 20 例中多數都有隱身山林巖穴或生活困頓而不以為苦等文字，少數如林回只言其棄璧負子的想法，未進一步提到棄千金之璧之後，是否同時棄絕仕宦之路。不過這種逃離俗世價值的思

---

120. 清・郭慶藩集釋：《莊子集釋》，卷 7 下〈田子方〉，頁 788。
121. 清・郭慶藩集釋：《莊子集釋》，卷 7 下〈知北遊〉，頁 832–833。
122. 清・郭慶藩集釋：《莊子集釋》，卷 8 中〈徐無鬼〉，頁 895–904。

想與其他諸例並無差別，因此也列入其中。此外，逃避居官或利益未必窮居巖穴，如介子推、伯夷、叔齊皆入山而死，〈讓王〉中北人無擇、卞隨、瞀光三人則直接投水自殺。逃避利祿與堅持某種理想是一體的兩面，餓死、燔死或投水，是比貧窮困頓更極端的表現，因此也一併列入。

《莊子》書提到孔子或仲尼的篇章極多，且內篇與外雜篇對孔子的態度頗有差別，然而多數或尊崇或貶抑，只有〈山木〉篇直接使孔子遁身大澤，因此此處取此篇為證。

其次是 02 農漁牧，即以農、漁或牧為社會生活之基礎的有道之士。此類包含了顏闔、顏淵、伯成子高、漢陰丈人、莊周、百里奚、臧丈人、牧馬童子、公閱休、善卷、石戶之農、鮑焦、漁父，共 13 例。

隱逸而從事農、漁、牧等活動，或許應該視為隱居類別的延伸來看待，畢竟藏身山澤巖穴不能吸風飲露。此處分類乃就《莊子》的文字而定，部分例子也有隱身山澤的記錄。如善卷，雖有具體的耕種、收斂等農事文字，但最後亦為了逃避舜讓天下而「入深山」。又如公閱休：「冬則擉鱉於江，夏則休乎山樊」，不只是隱遁於山澤而已，亦有「擉鱉」這般維持經濟生活的記錄。此外，或許可兼為第一類的還有石戶之農，既稱為「農」，當以農事生活，但石戶之農因舜讓天下而舉家「入於海」，此番逃亡是否依舊務農，則沒有進一步的說明。隱居山林巖穴與從事農漁牧等生產工作本不衝突，因此將有進一步紀錄的案例劃入此類。

再其次 03 技藝，即擁有特出技藝以維持生活者。包含了庖、

屠、畫、御、渡人、養鬥雞以及各類工匠等等。諸案例有庖丁、
支離疏、匠石、伯樂、陶者、匠人、輪扁、痀僂者承蜩、津人、
紀渻子、蹈水丈夫、梓慶、東野稷、工倕、市南宜僚、郢人、匠
石、屠羊說等，共 18 例。

　　某些技藝者並不為特定人群服務，如支離疏、匠石、蹈水丈
夫、屠羊說之類。另外更多的如伯樂、輪扁、梓慶、東野稷等，
則明顯是為諸侯國的王公大臣提供技藝或服務，可以說是依附於
貴族的基層百工，某些人物甚至可能具有小吏的身分。道家思想
不以禮制名位來決定人的價值高度，《莊子》書特多技藝者，這一
方面反映著戰國時代都市工商業發達的盛況，另一方面代表莊子
以及莊子後學特別重視基層庶民的生活，並藉此彰顯那些藏身卑
職賤位的有道之士。

　　最後則是 04 巫相小吏，是比起技藝者更多與貴族互動，甚至
在官府中有固定編制的巫者、知曉相術之士，或明白記載為小吏
的人物。包含了季咸、老子、巫咸袑、畫者、捶鉤者、徐無鬼，
共 6 例。

　　其中畫者、捶鉤者亦為技藝者，但因明確記載其為「史」或
具有官銜「大馬」，屬小吏，因此特別移至第四類。老子為「周之
徵藏史」，與《史記》的記載相同[123]，因老子為道家鼻祖，因此將
其列入。巫或相術者本為貴族之學，若第三類的技藝屬於庶民生

---

[123]　「周守藏室之史也。」見日・瀧川資言會注考證：《史記會注考證》，卷 63〈老
　　子韓非列傳〉，頁 3748。

活之必須而受到貴族的供養，那麼第四類的巫或相則屬於將知識流動傳播至於社會基層的類型。季咸與巫咸袑都是巫者，徐無鬼則近乎游士，只是因通相術而不仕。

以上諸例，簡單整理如下：

其一：逃離利祿隱身山澤，透過貧窮甚至死亡來表達理想，而無其他經濟來源描述者，共有 20 例。

其二：以農、漁、牧為一部分生活憑藉的有道之士，共有 13 例。

其三：各類型的技藝者，且往往能透過技藝掌握道術，共有 18 例。

其四：身分為巫、相，或小吏的官府基層人員，共有 6 例。

《莊子》書中的隱居之士，有不少出身貴族卻棄功名而藏身山澤巖穴，與前文所引《左傳》、《論語》所見之春秋時期相似，如則陽「自埋於民，自藏於畔。其聲銷，其志無窮」等等。如比較《左傳》之介之推與《論語》中的逸民隱者，不難發現《莊子》對於有道之士的想像，明顯的繼承了或再現了春秋時期隱逸生活的樣貌。其中有改造過的已知人物，也有依春秋隱逸典範樣貌而編造出的新人物，有辟逃而死者，亦有無名安居之隱者。

然而《莊子》畢竟是一本道家之書，多數案例皆突顯出道家養生或自得其樂的隱逸思想，其隱居所遂之「志」與《論語》中的「士志於道」[124]，有相當明顯的差異。事實上如以思想層面來

整理《莊子》書中的隱逸案例的話，則所見何止數百例？歷來對於莊子的隱逸思想已多論述，此處不再贅述其思想上的差異，只是思想的變化如與時代變遷息息相關，則是本書所要留意者。如《莊子》借魏牟之口所道出的名句：「身在江海之上，心居乎魏闕之下，奈何？」可見士人除了在「隱」與「見」之間的理念差異之外，還必須面對理想與現實之間的拉扯。貴族可由其志而隱，隱士亦可能隨種種原因而心向朝堂。這種例子在後世並不罕見，亦可見戰國時代豐富而多元的士人樣貌。

貴族若辟逃名位，遠離原有之生活供養，多少代表著必須以不熟悉的農耕、漁釣、畜牧等生產事業為生，如〈讓王〉所云：萬乘之公子，難為於布衣之士。在這樣的情況之下，農、漁、牧等活動也多帶有貧窮之意，如顏淵有田足以給飦粥、為絲麻，但在《莊子》書中仍不得不維持著家貧的形象。然而若與春秋前期的隱者、逸民相比，則另一種情況在戰國時代已然出現：所謂的有道之士未必皆來自於貴族，即使是庶民，甚至是奴僕，亦可與聖人談論天道，而其本業或許便是這些萬乘公子所「難為」者，如牧馬童子之類。

這種情況在技藝類的諸多案例中尤其明顯。如〈達生〉所見的眾多技藝者，其手藝之高超，已由技而入道，而其原始的身份恐怕皆非貴族公子，而是日復一日於基層社會從事此類活動的庶

---

[124] 南宋・朱熹集注：《四書章句集注》（臺北：大安出版社，1999 年），《論語集注》，卷 2〈里仁〉，頁 95。

民或奴僕。此類例子之所以在《莊子》中特別多見，一方面與莊子不以貴族為高，也不以庶民為賤的思想有關，另一方面亦與戰國時代整體社會氛圍對知識與技藝的容納度極高不無關係，可謂百家爭鳴之餘緒。因此雞鳴狗盜之徒能成為孟嘗君之客[125]，並於關鍵時刻對於時局有所幫助。莊子與其後學不存偏見，因此更多以其事作論。

　　庶民透過技藝，或巫卜之事，或畫技，或捶鉤，從民間走向宮廷堂下，如第四類的巫相小吏之流，能在某種程度上提供上層王侯某些建言或道理，但卻無野心獲得更多權力，甚至甘居貴族眼中所謂的「苦於山林之勞」。此類人物加上棄名隱於民間或山林的貴族，在戰國時代正好匯流於士與庶民之間的模糊地帶。前文述逸民之「逸」，乃志、言、行不同程度上超逸於他人之外者，在春秋時期，逸民主要對比的對象是封建社會的其他貴族，但到了戰國時代，對比的對象也包含了眾多的庶民。當「隱」士潛藏自我，居於市井或隴畝時，其知識、德行或所懷抱之理想，明顯不同於其他屠販耕釣者，則其「逸」亦從此間表現出來。換言之，同樣是困頓於山澤巖穴，同樣是隱藏其智慧名聲，由於隱逸的出身背景以及與隱逸相對比的俗眾，在戰國時代因此各自有了不一樣的意義，形成了內涵更為豐富的樣貌。

　　《論語》中所見的隱逸形象，在《莊子》書中多半有所重現，不論是人物的變形，或隱居的具體樣貌。但除了儒家與道家在隱

---

[125] 日・瀧川資言會注考證：《史記會注考證》，卷 75〈孟嘗君列傳〉，頁 3055。

逸思想的差別之外,《莊子》書中對於隱逸的想像,也頗具有時代特色。在《莊子》書中,隱逸為有道之士高尚的生活表現,而有道之士除了來自於上層貴族之辟逃名位,也來自於基層庶民透過觀察人生,或透過技藝而體察天道。這兩種類型使得《莊子》所創造的隱逸形象,表現出春秋之前所未見的庶民特色。更進一步的說,本書此節以《莊子》為中心論述士人對於隱逸的想像,而《莊子》立足於戰國時代,其想像中的隱逸是否也具體的影響了戰國時代其他史料中所見的隱士,從而創造了一種理想與現實一致的先秦隱逸典範?對此問題,本書的答案是肯定的。在第二章中,本書將具體考察戰國時代的不仕之士,並發現戰國時代的不仕之士與《莊子》書中所見的有道之士有相當程度的相似性,可見《莊子》的想像並非純然空想,某種程度上也是戰國士人對「隱逸」的實踐方式。

四、「不仕之士」:士人的政治抉擇及其社會基礎

相對於隱逸內涵的複雜,「不仕」的定義相對容易的多。前文引述將「隱」與「不仕」等同的諸家研究者,實際上其所定義的「隱士」,往往都是本書所定義的 「不仕之士」。如蔣波的 「隱士」:「具備一定文化素養、有機會或有條件出仕,卻因為各種原因一生或人生某個階段選擇不仕或暫時不仕,或曾經出仕為官卻因故主動去官不仕的人」。又如許尤娜如此定義「隱逸」:「隱逸的基本意涵,可謂:面對時代處境,主動逃開仕宦機會,藏身不出

仕的政治態度；或具有此種態度的個人、群體」[126]。

　　由於「隱」有各種多樣的面貌，如蔣波或許尤娜這樣的定義，或許可謂隱士的最大公約數，可以符合數量最多的隱逸情況。然而如同前面幾節所論：「不仕」未必便是「藏身」，亦即未必能稱為「隱」。逃開仕宦機會而不出仕，直稱為「不仕」，或許更加精確。因此本書所謂「不仕」，便借許尤娜之說定義為：「主動逃開仕宦機會，亦即其必須有拒絕仕宦的意願，並且至少有過一段時間處於無職在身的情況。」

　　不過由於古代史的史料記載未必如此詳盡，常有語焉不詳之處，因此多數時候本書不得不採取較寬鬆的案例收錄標準：若史書有明確的「不仕」、「不宦」、「隱」等文字記載，且無法判斷其離開官場並非迫於無奈，或無法判斷該案例無職在身實際上是「不得仕」而非不仕，則將其列入討論之中，以廣見古代士人之樣貌。

　　除此之外，在戰國以下的不同時代當中，仕與不仕之間，也未必是整整齊齊一刀切開的斷面，可能存在著不少游離兩端的狀態。如賓客、遊俠、私劍等身分，可能某種程度上為王公所用，卻未承擔官職，未必能稱之為「仕」。如有此類現象，則本書各章會於開始討論案例之前，先行釐清該時代可能出現的模糊空間，並為該章節的案例取材，找出一些討論的原則。

　　本書不擬深入探討隱逸思想變遷的內在理路，一方面因為學界在隱逸思想方面的研究已然不少，二方面本書企圖透過「不仕」

---

[126] 許尤娜：〈隱者、逸民、隱逸概念內涵之釐清──以東漢之前為限〉，頁 255。

此一現象向二層面挖掘更多的歷史文化變遷脈絡：第一層面主要討論時代變遷的問題，亦即政治社會的變化，與士人仕或不仕的政治抉擇，是用什麼樣的方式互動？大環境的變化如何影響士人的去就決定？或者倒過來說，士人如何透過其自身的去就，為政治社會的變化施加壓力？第二層面則要討論士群體的組成問題，什麼樣的士人會更加留心於仕與不仕之間的抉擇？「不仕」現象主要興盛於東漢，而本書主要討論的時代範圍是戰國至兩漢之際，在這段時間當中，士群體發生了什麼變化，導致於東漢大量出現不仕之士？

　　為了釐清更多士與政治社會的互動，本書自然必須採取更加注重外緣條件的考察方式。進入戰國時代之後，士人若選擇「不仕」，是什麼樣的力量在支持其選擇呢？過往的研究多半集中於精神層面的論述，如隱逸觀念的形成等等，前文所引述的前輩學者也多採取這樣的切入角度。然而除了個人的抉擇之外，一個社會現象的出現必然也伴隨著時代文化等外緣條件支持，如史料可見漢代的不仕者常有講學事業，漢代士人群體彼此之間對於「不仕」也多有正面的表彰等等。諸如此類，眾多不仕之士所擁有或集體創造出來的社會支持力量，本書將這樣的支持力量稱之為「社會基礎」[127]，在後面的章節當中，會將不仕之士的知識背景、宗族

---

[127] 毛漢光在《中國中古社會史論》中亦有「社會基礎」一詞，其「社會基礎」的主要意義為統治階層維持統治所擁有或塑造的社會勢力，在該書中主要論述士族。本書所論為不仕之士，並非毛先生所談論的統治階層，因此「社會基礎」之概念雖與毛先生所論有相通之處，但內涵差異不小。見毛漢光：《中

互助情況、經濟生活與財富等等，用「社會基礎」來概括，並依此來開展相關的討論。

　　長期以來學界對於不仕之士的研究，多半聚焦於「隱逸」這部分，鮮少討論其拒絕入仕的社會基礎。即使有所觸及，也多半以個案的方式呈現，因此無法妥善的說明各種例外。有鑑於此，本書最主要的研究方法，便是大量蒐集不仕之士的史料，盡可能的將秦漢時期的不仕之士登錄、製表，以量化分析的方式，探討其社會基礎的比例與變化。並將這些從史料當中被蒐集而來的案例，與秦漢之政治、社會、學術文化做對照。

　　量化分析的一大重點，在於將不仕之士的社會基礎分類統整。不同時代的不仕之士會有不同的社會基礎，以經濟生活而論，諸如投靠貴族或達官成為食客，宗族或家庭的支持，通經講學的收入，宗教信仰者的供養，或是依賴田產收租，務農或佃作，以及經商、工藝、幫傭、占卜等其他技能為生等等，都是不仕之士常見的經濟基礎。貧困度日也是不仕之士的選項之一，若經濟基礎極為薄弱，乃至於朝不保夕，其社會基礎便不在於經濟能力，而是在於社會風氣、學術思想以及士人心態的影響。

　　本書討論範圍上起戰國，中跨越秦與西漢，下至兩漢之際。部分兩漢之際的案例可延伸到東漢初年光武帝時期。東漢以後，由於不仕之士的案例急遽增加，且其中又有相當程度的變化。粗

國中古社會史論》（臺北：聯經出版社，1988年），〈中古統治階層之社會基礎〉，頁3–30。

略的說，戰國至兩漢之際的不仕現象演變出了東漢時期的時代樣
貌，而東漢時期的不仕現象則開啟了魏晉南北朝的時代樣貌。因
此或限於篇幅，或因論題選擇，東漢不仕之士的研究都應另開新
編處理。

第二章　爭鳴與無跡：戰國時期的不仕之士

一、戰國時期「不仕」的多樣性

　　戰國時代因列國競爭空前激烈，尚賢、禮賢思想抬頭，因此士與國君之間的關係，既可為君臣，亦可為師友，即使不居官受祿，仍可得到國君或貴族公子的慎重禮遇，其階級關係遠不若封建時代嚴密。戰國時期不少士人甚至以「師」之位自居，而自高於國君之上。[1] 因為如此，戰國士人能以游士、賓客以及任俠、劍客等不同型態，遊走在仕與隱之間。[2] 在正式進入探討不仕之士之前，不得不說這些不同型態的士人也各自有其「不仕」的樣貌，以下將依次論之。

　　先說游士。易天任在《先秦知識分子──「士」階層研究》書中如此界定游士：「無知識者不得為游士，無從政之企圖與行為者亦不得為游士；未任官前可稱游士，但已進入官僚體系後不稱游士。」因此除了周遊、遷徙求仕之外，易天任再以「知識性」以及「政治性」來加強定義，亦即具有政治主張且周遊以主動求

---

[1] 余英時著：《士與中國文化》（上海：上海人民出版社，2003 年），〈古代知識階層的興起與發展〉，頁 35–43。

[2] 錢穆先生認為戰國士人將其注意的精神「自貴族身上轉移到自己一邊來」、「可見貴族與遊仕在社會上地位之倒轉」，此意見為余英時論述戰國士人之起點。此外，錢先生將士人約略分為五派，分別為勞作派、不仕派、祿仕派、義仕派、退隱派。本書所論之「不仕」意義大於錢先生所言，不過亦可知錢先生認為「退隱」之外尚有「不仕」一類。見錢穆先生：《國史大綱》（臺北：聯經出版社《錢賓四先生全集》第 27 冊，1994 年），頁 118–121。

仕之士人，方可稱之為遊士。[3]

易天任之論述略過了一個情況，若士人周遊仍不得仕，則其既非仕宦，亦與「無出仕之意願與作為」的「隱士」不同。如孟子，《史記·孟子列傳》云：

> 游事齊宣王，宣王不能用。適梁，梁惠王不果所言，則見以為迂遠而闊於事情。……天下方務於合從連衡，以攻伐為賢，而孟軻乃述唐、虞、三代之德，是以所如者不合。退而與萬章之徒，序《詩》《書》，述仲尼之意，作《孟子》七篇。[4]

孟子之不仕，一方面在於齊、梁諸國不能用，使得本有遊事之心的孟子不得仕。但孟子最終「退而與萬章之徒序《詩》《書》」，而《孟子·滕文公下》云：「古之人未嘗不欲仕也，又惡不由其道」[5]云云，可見孟子多少有主動求去之意。此精神上承孔子之去魯，是欲仕而現實條件無法滿足的不仕。

另一個例子，則是魯仲連：

---

[3] 易天任：《先秦知識分子——「士」階層研究》（高雄：國立高雄師範大學國文學系博士論文，指導教授：周虎林，2010年），頁87。
[4] 日·瀧川資言會注考證：《史記會注考證》（上海：上海古籍出版社，2015年），卷74〈孟子荀卿列傳〉，頁3036。
[5] 南宋·朱熹集注：《四書章句集注》（臺北：大安出版社，1999年），《孟子集注》，卷6〈滕文公下〉，頁372。

魯仲連者，齊人也。好奇偉俶儻之畫策，而不肯仕宦任職，好持高節。游於趙。

平原君欲封魯連，魯連辭讓使者三，終不肯受。……魯連笑曰：「所貴於天下之士者，為人排患釋難解紛亂而無取也。即有取者，是商賈之事也，而連不忍為也。」遂辭平原君而去，終身不復見。

（田單）歸而言魯連，欲爵之。魯連逃隱於海上，曰：「吾與富貴而詘於人，寧貧賤而輕世肆志焉。」[6]

《史記》記載魯仲連在逃隱於海上之前，憑一己之說，牽動了秦、趙、魏、齊、燕的局勢，具有典型的戰國縱橫游士風采。然而魯仲連「不肯仕宦任職」，平原君與田單欲封其爵位也堅決不受，相對於孟子之「惡不由其道」，魯仲連則是從根本上否定了仕宦。就此例子而言，可以說魯仲連先是一個不仕之游士，全憑個人的力量去牽引並改變當時諸國之間的政治局勢，這在戰國時代恐怕並非常見的例子。魯仲連對於政治有自己的看法，卻又不受封且抗拒仕宦任職，最後迫不得已才轉為「隱士」。司馬遷傳云魯仲連「好持高節」，這樣的理念不可不謂東漢節士遙遠的先祖。

　　游士如非本有封邑之貴族，周遊又不得晉用，則不仕之遊士恐難有富裕的生活。孟子論古之君子何如則仕，有「所就三」、

---

[6] 日・瀧川資言會注考證：《史記會注考證》，卷83〈魯仲連鄒陽列傳〉，頁3195、3203、3208。

「所去三」，其中有「朝不食，夕不食，飢餓不能出門戶」、「免死而已矣」的情況。[7]對照《史記》中，蘇秦：「出游數歲，大困而歸」[8]，張儀：「貧無行」[9]，范雎：「家貧無以自資」[10]等記載，「飢餓不能出門戶」恐怕是遊士不得仕的生活常態。

　　再說賓客。由於遊士生活多數貧苦，在「免死而已矣」的條件下若仍得不到遊說國君的機會入仕，亦可進入貴族、權臣之門，成為其賓客。賓客與仕宦並不相同，仕宦得任國政軍事，賓客則為權貴之儲備人才，若權貴掌有國政大權，則客便能透過貴族，進一步進入政府任官。換言之權貴之門異於公家，乃屬私門。這對本書的論題來說，有一大難處：封建時代的貴族各有封地，戰國時代豢養賓客的貴族公子勢力之大，幾乎相當於小國封君，那麼其下賓客的仕與不仕，又該如何看待？

　　首先，私門賓客多半不會拒絕進入宦途，如李斯本為呂不韋舍人，後秦王拜為長史，後又接連升為客卿、廷尉、丞相，非但無拒仕之心，甚至極為戀棧。另一個著名的例子則是《史記》、《戰國策》中的馮驩（《戰國策》作馮諼），馮驩與李斯正好相反，似乎始終都是孟嘗君的賓客，只是史料並未記載馮驩是否有機會入仕齊、魏，因此是否拒仕不得而知。從史料當中並未看到戰國時期有私門賓客明確拒絕為國所用者，因此私門賓客是否可稱為

7　南宋・朱熹集注：《孟子集注》，卷12〈告子下〉頁486。
8　日・瀧川資言會注考證：《史記會注考證》，卷69〈蘇秦列傳〉，頁2892。
9　日・瀧川資言會注考證：《史記會注考證》，卷70〈張儀列傳〉，頁2945。
10　日・瀧川資言會注考證：《史記會注考證》，卷78〈范雎蔡澤列傳〉，頁3117。

「仕」，或尚有疑問，但私門賓客之「不仕」，若得見則當以個案處理。

　　戰國時期以養客著名的私門，莫過於齊之孟嘗君，魏之信陵君，楚之春申君以及趙之平原君等四公子。游士能至公卿者，固然為士之翹楚，然而戰國時期士群體膨脹，人數既多，流品亦雜，中下階層的游士乃至於更低的流品，在維持生活與遷徙求用的過程中，只能以賓客的方式寄食於這些權貴私門。再以馮驩為例，馮驩「以貧身歸」孟嘗君，先後由「食無魚」、「食有魚」升級到「出入乘輿車」。當馮驩再彈劍長歌「無以為家」時，《史記》記載了「孟嘗君不悅」，《戰國策》則言「左右皆惡之」，顯然超出了當時擁權勢者招待賓客的極限。[11]余英時認為，私門養士以「足衣足食」為主，因此史書以「食客」通稱這些賓客，此外似別無經常性的薪給。[12]

　　成為賓客是游求仕過程中的一種選擇，但賓客未必皆為士。信陵君評論平原君曰：「平原君之游，徒豪舉耳，不求士也。」[13]言中頗有譏諷之意，可謂對平原君門下賓客相當直接的否定。余英時亦言：「有些所謂『士』如狗盜、雞鳴之輩根本不是知識份子」[14]。狗盜、雞鳴之輩特指孟嘗君之賓客，在《戰國策》中已

---

[11] 日・瀧川資言會注考證：《史記會注考證》，卷75〈孟嘗君列傳〉，頁3062。謝祖耿編撰：《戰國策集注匯考》（南京：鳳凰出版社，2008年），卷11〈齊四〉，頁591。關於此故事二段文獻記載差異不大，《戰國策》多了一段孟嘗君使人給馮諼老母食用，「無使乏」的文字。

[12] 余英時著：《士與中國文化》，〈古代知識階層的興起與發展〉，頁46–48。

[13] 日・瀧川資言會注考證：《史記會注考證》，卷77〈魏公子列傳〉，頁3095。

有魯仲連譏孟嘗:「君之好士未也」[15],後又有王安石論其為「特雞鳴、狗盜之雄耳」[16]。顯然這些賓客們良莠不齊,在當代便頗受譏刺。《史記》述孟嘗君列雞鳴、狗盜於賓客時,便已有「賓客盡羞之」的情況:

> 始孟嘗君列此二人於賓客,賓客盡羞之,及孟嘗君有秦難,卒此二人拔之。自是之後,客皆服。[17]

雞鳴、狗盜之輩被賓客所羞,可見其素質低落。但後來又因有此一技,能助主君脫難而獲得「客皆服」的肯定,顯見其他賓客徒列位而未能有所貢獻,則整體素質可想而知。孟嘗君號稱「食客三千人」[18],實際上所招致之「諸侯賓客及亡人有罪者」距離「天下之士」的標準,實在有段距離。錢穆先生云:「四公子門下,真士少,偽士多」[19],良有以也。

在戰國四公子中,孟嘗君極端下士,因此賓客水準頗為參差,儘管如此,其中依舊有馮驩之類的縱橫策士。平原君可能得賢最

---

[14] 余英時著:《士與中國文化》,〈古代知識階層的興起與發展〉,頁 48。

[15] 謝祖耿編撰:《戰國策集注匯考》,卷 11〈齊四〉,頁 603–604。

[16] 王安石〈讀孟嘗君傳〉,見北宋·王安石:《王臨川集》(臺北:臺灣商務印書館,1968 年)第七冊,卷 71〈雜著〉,頁 91。

[17] 日·瀧川資言會注考證:《史記會注考證》,卷 75〈孟嘗君列傳〉,頁 3055–3056。

[18] 日·瀧川資言會注考證:《史記會注考證》,卷 75〈孟嘗君列傳〉,頁 3065。

[19] 錢穆先生:《國史大綱》,頁 122。

多，賓客中趙奢、虞卿、公孫龍等皆為良士。信陵君門下賓客無足稱者，但賓客之外，諸如侯嬴、毛公等民間隱士卻樂於相助，甚而以命相從，亦不可不謂之能得士。春申君門下最為闇淡，雖有朱英而不能避李園之禍，賓客三千餘人徒有「上客皆躡珠履以見趙使」[20]這樣的豪奢之舉可稱道而已。[21]就《史記》、《戰國策》所見，私門食客當中固然有些不向上爭取仕宦的士人，但其中具有智慧或德行的「士」已然不多，「不仕之士」恐怕更是少之又少。

不過，如果不以「仕」來看待這些飽受譏評的賓客，而是以道家式的有道者，如上一章所見的《莊子》書中特殊技藝者等，來重新審視戰國時期的這些特出人才的話，換個視野，或許更能看出戰國四公子何以如此豪舉養客。戰國公子的養士之風，與君王不斷的企圖從民間獲取更多的知識、技能一樣，都致力於更大機會地去得到人才。換言之，戰國時代的特殊情況使得上層社會努力的去擴大「士」與「庶民」之間的模糊地帶，猶如增加沙中淘金的範圍一樣。這一方面使百家爭鳴的趨勢越演越烈，另一方面也催生了如莊子般不求聞達的知識人，深思無跡於世的可能性。戰國時期的不仕之士與上一章《莊子》書中所見的有道者，後文還會詳論。

回到賓客的議題。私門能養賓客，國君自然亦能養客，只是

---

[20] 日・瀧川資言會注考證：《史記會注考證》，卷78〈春申君列傳〉，頁3111。

[21] 錢穆先生：《國史大綱》，頁121-122。

以君王之高度，其賓客之流品與學識，自然非私門食客可以比擬。
其中最著名的，莫過於齊國的稷下學士，《史記》記載：

> 宣王喜文學游說之士，自如騶衍、淳于髡、田駢、接子、
> 慎到、環淵之徒七十六人，皆賜列第為上大夫，不治而議
> 論。是以齊稷下學士復盛，且數百千人。[22]
> 於是齊王嘉之，自如淳于髡以下，皆命曰列大夫，為開第
> 康莊之衢，高門大屋尊寵之。覽天下諸侯賓客，言齊能致
> 天下賢士也。[23]

所謂「賜列第為上大夫」乃供養比同上大夫之意，稷下學士
為國君之客，並非仕宦，因此稱「不治而議論」。余英時云這些士
人依舊「保持著自由知識份子的身份」[24]，如稷下學士中的淳于
髡，必要的時候，齊王可請之使他國，[25]作為正式的使者，或可
稱為任務性的擔任官職。但淳于髡應無長期任官，多數時候可能
更享受作為不治而議論的國君之客，而抗拒仕宦。在《史記》中，
梁惠王「卑禮厚幣以招賢者」[26]而淳于髡至，最終又以「終身不

---

[22] 日・瀧川資言會注考證：《史記會注考證》，卷46〈田敬仲完世家〉，頁2385。
[23] 日・瀧川資言會注考證：《史記會注考證》，卷74〈孟子荀卿列傳〉，頁3044。
[24] 余英時著：《士與中國文化》，〈古代知識階層的興起與發展〉，頁44。
[25] 《史記・滑稽列傳》稱淳于髡：「滑稽多辯，數使諸侯，未嘗屈辱」、「齊王使淳于髡之趙請救兵」。見日・瀧川資言會注考證：《史記會注考證》，卷126〈滑稽列傳〉，頁4187、4188。
[26] 日・瀧川資言會注考證：《史記會注考證》，卷44〈魏世家〉，頁2310。

仕」離開：

> 淳于髡，齊人也。博聞彊記，學無所主。其諫說，慕晏嬰
> 之為人也，然而承意觀色為務。客有見髡於梁惠王，惠王
> 屏左右，獨坐而再見之，終無言也。……後淳于髡見，壹
> 語連三日三夜無倦。惠王欲以卿相位待之，髡因謝去。於
> 是送以安車駕駟，束帛加璧，黃金百鎰。終身不仕。[27]

如此段記載，淳于髡見梁惠王自始便是游士本色，可以議論
進說，又具有稷下學士的習性，不受任官盡責之束縛。[28]而梁惠
王除了禮賢之外，本身亦如當時王侯之傳統養客，因此方有「客
有見髡於梁惠王」之事。

淳于髡之外又有田駢，其不仕頗受齊人之譏。《戰國策》記
云：

> 齊人見田駢，曰：「聞先生高議，設為不宦，而願為役。」
> 田駢曰：「子何聞之？」對曰：「臣聞之鄰人之女。」田駢

---

[27] 日‧瀧川資言會注考證：《史記會注考證》，卷74〈孟子荀卿列傳〉，頁3042-
3043。

[28] 《呂氏春秋‧壅塞》中有淳于髡拒傅齊太子之記錄：「齊王欲以淳于髡傅太
子，髡辭曰：『臣不肖，不足以當此大任也，王不若擇國之長者而使之。』」
此事僅見於《呂氏春秋》，未必可信，但或許側面表現出淳于髡拒抗拒承擔官職
的一面。見戰國‧呂不韋，陳奇猷校釋：《呂氏春秋新校釋》（上海：上海古
籍出版社，2002年），卷23〈壅塞〉，頁1579。

曰：「何謂也？」對曰：「臣鄰人之女，設為不嫁，行年三
十而有七子，不嫁則不嫁，然嫁過畢矣。今先生設為不宦，
誊養千鍾，徒百人。不宦則然矣，而富過畢也。」田子
辭。[29]

　　淳于髡、田駢皆有不仕的記錄，卻常與王侯來往，名滿天下，
是戰國游士不仕的典型例子。二人與孟子的情況十分類似，都是
國君之客，生活受國君之供養，而報答以學識或政治建言。此類
不仕的淵源遠比私門養士更早，或者說，私門養士乃貴族僭越仿
效國君禮賢而來，二者當有直接的關連。

　　私門養客除了仿效國君禮賢之外，又與當時的任俠風氣有關。
所謂俠，或稱游俠，是戰國時期以信諾待士風氣下的產物，其代
表人物便是戰國四公子。《史記・游俠列傳》為記載古代遊俠最重
要的文獻：

今游俠，其行雖不軌於正義，然其言必信，其行必果，已
諾必誠，不愛其軀，赴士之阨困，既已存亡死生矣，而不
矜其能，羞伐其德，蓋亦有足多者焉。
古布衣之俠，靡得而聞已。近世延陵、孟嘗、春申、平原、
信陵之徒，皆因王者親屬，藉於有土卿相之富厚，招天下
賢者，顯名諸侯，不可謂不賢者矣。比如順風而呼，聲非

[29] 謝祖耿編撰：《戰國策集注匯考》，卷 11〈齊四〉，頁 624–625。

加疾，其執激也。至如閭巷之俠，修行砥名，聲施於天下，莫不稱賢，是為難耳。然儒、墨皆排擯不載。自秦以前，匹夫之俠，湮滅不見，余甚恨之。[30]

「俠」為古代中國極為迷人的一種特殊身分，能「不愛其軀，赴士之阸困」，且具有「言必信，其行必果，已諾必誠，不愛其軀」之特質。從司馬遷的記載來看，古代遊俠可分為「有土卿相之俠」以及「閭巷布衣之俠」兩種，其作為原則上是一致的，差別在於是否有招天下賢者之「富厚」的資本。為何遊俠赴士之阸困需要「有土卿相之富厚」呢？原因在於所謂「言必信、行必果」的作為，與護持「私劍」有關。錢穆先生云：

> 俠乃養私劍者，而以私劍見養者非俠。故孟嘗、春申、平原、信陵之謂「卿相之俠」，朱家、郭解之流謂「閭巷布衣之俠」；知凡俠皆有所養，而所養者則非俠。[31]

所謂私劍與養私劍者，《韓非子》有如此形容：

> 行劍、攻殺，暴憿之民也，而世尊之曰：「磏勇之士」；活

---

[30] 日・瀧川資言會注考證：《史記會注考證》，卷124〈遊俠列傳〉，頁4164、4166–4167。

[31] 錢穆：〈釋俠〉，收錄於《中國學術思想史論叢（二）》（臺北：東大圖書公司，2021年二版1刷），頁144。

賊、匿姦，當死之民也，而世尊之曰：「任譽之士。」[32]

　　盧文弨曰：「譽」，疑是「俠」[33]，與《史記》等文獻合而觀之，任俠就是「活賊」、「匿姦」的養私劍者。因此戰國後期號稱食客三千的四公子，其手下除了游士之外，當然也聚集了不少私劍之民。私劍所奉行的並非政府的法令，而是個人的承諾；而養私劍亦相當於以個人的能力，最大程度的保護私劍能不受政治或其他勢力的干擾。換言之，私劍與養私劍者，是雙方皆以生命去承諾彼此，並在有需要時做出「不愛其軀，赴士之阨困」的奉獻。

　　遊俠既非游士，也非賓客。《史記‧遊俠列傳》所見皆非仕宦之士，而韓非子更是以「俠以武犯禁」[34]表達遊俠與政治權力互斥的情況。孟嘗君與信陵君皆有挾封邑養士自重的情況，並藉此依違於列強之間。信陵君留趙十年之間「趙王以鄗為公子湯沐邑，魏亦復以信陵奉公子」[35]，而孟嘗君引外敵共伐破齊，之後又「中立於諸侯，無所屬」[36]。這些有土卿相的社會基礎相當於一小國君主，因此其與一般士人之「仕」與「不仕」，不可等而視之。此

[32] 戰國‧韓非；清‧王先慎集解：《韓非子集解》（北京：中華書局，1998年），卷18〈六反〉，頁416。

[33] 清‧王先慎集解：《韓非子集解》，卷18〈六反〉，頁416。案：「任譽」未必字誤，然此處猶言任俠，參見戰國‧韓非；陳啟天校釋：《增訂韓非子校釋》（臺北：臺灣商務印書館，1969年），卷1〈六反〉，頁88。

[34] 清‧王先慎集解：《韓非子集解》，卷19〈五蠹〉，頁449。

[35] 日‧瀧川資言會注考證：《史記會注考證》，卷77〈魏公子列傳〉，頁3094。

[36] 日‧瀧川資言會注考證：《史記會注考證》，卷75〈孟嘗君列傳〉，頁3061。

外，不論是「顯名諸侯」或「聲施於天下，莫不稱賢」的閭巷遊俠，即令其「不仕」，亦與「隱」之隱身埋名有所區別。

見養於遊俠之下的劍客，所謂「磏勇之士」，未必純屬武士，亦有如荊軻這等：「好讀書擊劍」，兼有學術與勇力文武全才之士。[37]若客純以武力為雄，是否亦能稱之為「不仕之士」？首先磏勇之士不論被稱為勇士或力士，在戰國時期被視為「士」當無可懷疑。然而「仕」指進入官僚組織擔負國政，劍客報答知己而獻身，所肩負的則未必是國政。如《史記‧刺客列傳》中的聶政：

> 聶政者，軹深井里人也。殺人避仇，與母、姊如齊，以屠為事。
>
> 久之，濮陽嚴仲子事韓哀侯，與韓相俠累有卻。嚴仲子恐誅，亡去，游求人可以報俠累者。至齊，齊人或言聶政勇敢士也，避仇隱於屠者之間。……
>
> 乃遂西至濮陽，見嚴仲子曰：「前日所以不許仲子者，徒以親在；今不幸而母以天年終。仲子所欲報仇者為誰？請得從事焉！」[38]

聶政殺人避仇而「隱於屠者之間」，其「隱」本非拒絕仕宦，此為其一。嚴仲子奉金遊求報仇者，而聶政拒絕的理由是「親在」

---

[37] 日‧瀧川資言會注考證：《史記會注考證》，卷86〈刺客列傳〉，頁3285。
[38] 日‧瀧川資言會注考證：《史記會注考證》，卷86〈刺客列傳〉，頁3278–3280。

故不以身許人。若嚴仲子是求其為國所用，那麼聶政當可稱為「不仕」，但嚴仲子所求乃因私怨，因此聶政之不許仲子，並非「不仕」，之後為知己所用，也不能稱為「仕」，此為其二。

與聶政略有差別的，則有朱亥。《史記‧魏公子列傳》記載：

> 侯生謂公子曰：「臣所過屠者朱亥，此子賢者，世莫能知，故隱屠間耳。」公子往數請之，朱亥故不復謝，公子怪之。
>
> 公子行，侯生曰：「將在外，主令有所不受，以便國家。公子即合符，而晉鄙不授公子兵而復請之，事必危矣。臣客屠者朱亥可與俱，此人力士。晉鄙聽，大善；不聽，可使擊之。」
>
> 於是公子請朱亥。朱亥笑曰：「臣乃市井鼓刀屠者，而公子親數存之，所以不報謝者，以為小禮無所用。今公子有急，此乃臣效命之秋也。」[39]

此段資料表現朱亥有多重身分，既是「屠者」，又是「賢者」，且為「力士」。依內容來看，所謂賢者之「賢」，應該不離行劍攻殺之能。再從朱亥之言語來看，早先「公子親數存之」而不報謝，可視為對於仕宦、遊食的主動拒絕，並非犯罪不見容於官府而逃亡隱身。之後為信陵君效力，亦非滿足信陵君之私利，而是為了

國家。然而朱亥是否應信陵君之請，則與仕宦無關。〈魏公子列傳〉記載：「魏王畏公子之賢能，不敢任公子以國政」[40]，顯見信陵君私募賓客乃為己用，朱亥之不奉請，是拒絕成為賓客。為信陵君效力，亦非王命，同樣與仕宦無關。雖然如此，朱亥之於信陵君，或許不能稱為拒仕，但在侯生為信陵君引見之前，已經先有「此子賢者，世莫能知」的評價了。何以身為賢者卻世莫能知？從其後對信陵君的態度來看，朱亥多少有刻意隱匿名聲之企圖，因此其未遇信陵君之前「隱屠閒」的情況，或可視為不仕。

　　磄勇之士勉強有仕或不仕之抉擇的，史籍中當以田光與荊軻為代表：

> 秦王之遇燕太子丹不善，故丹怨而亡歸。歸而求為報秦王者，國小，力不能。其後秦日出兵山東以伐齊、楚、三晉，稍蠶食諸侯，且至於燕，燕君臣皆恐禍之至。太子丹患之……
>
> 太子逢迎，卻行為導，跪而蔽席。田光坐定，左右無人，太子避席而請曰：「燕秦不兩立，願先生留意也。」田光曰：「臣聞騏驥盛壯之時，一日而馳千里；至其衰老，駑馬先之。今太子聞光盛壯之時，不知臣精已消亡矣。雖然，光不敢以圖國事，所善荊卿可使也。」
>
> ……久之，荊軻曰：「此國之大事也，臣駑下，恐不足任

---

[40] 日・瀧川資言會注考證：《史記會注考證》，卷77〈魏公子列傳〉，頁3088。

使。」太子前頓首，固請毋讓，然後許諾。[41]

　　此段故事耳熟能詳，其中值得注意的是，燕太子丹求刺客入秦，所謀固然有其私心，但燕亡國在即，刺秦亦不得不為燕君臣之意向。因此太子丹之請田光與荊軻，皆為委任國事。田光以衰老拒絕，當為不仕；與其相對的，荊軻奉燕之命入秦獻地，則背負著燕國使臣之名。儘管這類使臣多半是任務型的職位，但仍可稱之為仕。那麼荊軻在此之前並未擔任官職，是否能稱之為不仕？細讀〈刺客列傳〉，荊軻「以術說衛元君，衛元君不用」，是不得仕，此後遊歷趙、燕等地，雖與「賢豪長者相結」，卻未有仕宦機會，如非田光引見，太子丹亦不識荊軻。此後允諾使秦，則不能以不仕之士視之。

　　值得注意的是，田光與荊軻，皆非純然的劍客或力士。〈刺客列傳〉稱荊軻「好讀書擊劍」，也曾經「以術說衛元君」，顯然是兼擁道術與劍術的游士。至於田光，太子丹之太傅鞠武對其有如此評價：「燕有田光先生，其為人智深而勇沈，可與謀」，同樣也是智勇兼備的人物，與秦舞陽之流不可相提並論。[42]

　　「不仕」未必為「隱」，史料記載士人為「隱」時，也未必「不

---

[41] 日・瀧川資言會注考證：《史記會注考證》，卷86〈刺客列傳〉，頁3286、3288、3290。

[42] 皆見〈刺客列傳〉。案：荊軻以刺客之名為後世所知，然蓋聶曰：「曩者吾與論劍有不稱者。」又魯句踐云：「惜哉其不講於刺劍之術也！」當世劍客顯然並不認同他的劍術。作為游士，荊軻當以「為人沈深好書」為主。見日・瀧川資言會注考證：《史記會注考證》，卷86〈刺客列傳〉，頁3285–3295。

仕」，已如本書上一章所論。如侯嬴之「隱」，乃隱於小吏之職：

> 魏有隱士曰侯嬴，年七十，家貧，為大梁夷門監者。公子
> 聞之，往請，欲厚遺之。不肯受，曰：「臣修身絜行數十
> 年，終不以監門困故而受公子財。」[43]

　　侯嬴雖為魏之隱士，同時也是「夷門監」。「夷門」是魏國首
都大梁其中一道城門，侯嬴為夷門的「監門」，是相當低賤的職
位，而侯嬴高士，故因此自稱「以監門困」。出任監門能否稱之為
「仕」？由於六國史料湮滅，無法確認「大梁夷門監」在魏國的官
僚體系中是否有明確的位置，但若以秦的情況來看，里監門是具
有官方吏職身分的。《史記》記酈食其「為里監門吏」[44]，又張
耳、陳餘「為里監門以自食」時，曾經有「里吏嘗有過笞陳餘」
的情況。[45]可見「里監門」在秦時是基層小吏中最卑賤的，從屬
於其他里吏之下。「里」是秦地方行政組織中的基本單位，若秦里
的「里監門」在秦為官僚體系中的「吏」，那麼魏大梁城的「夷門
監」或許也屬魏的基層小吏。
　　小吏既屬政府的官僚群體之一，那麼侯嬴之隱便不能稱之為
「不仕」。事實上他若棄夷門監而從信陵君為賓客，雖然生活改善
了，身分地位提高了，反而可以說他放棄了「仕」。戰國時期由於

[43] 日・瀧川資言會注考證：《史記會注考證》，卷77〈魏公子列傳〉，頁3089。
[44] 日・瀧川資言會注考證：《史記會注考證》，卷97〈酈生陸賈列傳〉，頁3495。
[45] 日・瀧川資言會注考證：《史記會注考證》，卷89〈張耳陳餘列傳〉，頁3344。

官僚體系的膨脹，「仕」固然有富貴尊顯之位，也有卑賤窮困之
職，如認為郡小吏為「卑賤之位」而求為呂不韋賓客的李斯，便
是明顯的例子。[46]由於有這樣的情況，如李斯這般拋棄郡吏之職
是為了追求更高位者，本書不視其為不仕之士，因為他實際上並
沒有拒絕仕宦，反而是追求升遷。而侯嬴這種雖隱於小吏者，由
於依舊接受了政府微薄的供養，同樣將其從不仕之士中排除。

　　不論是侯嬴，或秦末幾位擔任里監門的游士說客，在戰國秦
漢時期往往被視為隱士，這種隱於宦途的情況令人想起六朝時期
常見的「朝隱」現象。西晉詩人王康琚〈反招隱詩〉有名句云：
「小隱隱陵藪，大隱隱朝市」[47]；又如郭象注《莊子》所言：「夫
聖人雖在廟堂之上，然其心無異於山林之中」[48]等等。朝隱非六
朝時期所獨有，漢武帝時東方朔亦云：「如朔等，所謂避世於朝廷
間者也」、「宮殿中可以避世全身，何必深山之中，蒿廬之下」[49]
云云。[50]若追溯朝隱的源頭，或許又應當從莊子談起。在較能體

---

[46] 日・瀧川資言會注考證：《史記會注考證》，卷 87〈李斯列傳〉，頁 3300-3301。

[47] 南朝梁・蕭統編，唐・李善等六臣注：《文選》（臺北：藝文印書館，2003 年，初版 14 刷），卷 22，頁 317。

[48] 戰國・莊子，清・郭慶藩集釋：《莊子集釋》（臺北：萬卷樓圖書公司，2007年再版），卷 1 上〈逍遙遊〉，頁 32。

[49] 日・瀧川資言會注考證：《史記會注考證》，卷 126〈滑稽列傳〉，頁 4197。

[50] 關於包含朝隱在內的各種「隱」類型，林育信、謝承諭有完整的整理，參見林育信：《先秦隱逸論及審美意識之形成》（新竹：國立清華大學中國文學系碩士論文，指導教授：蔡英俊，2000 年），頁 19-32；謝承諭：《《莊子》內篇中的隱逸人物之研究》（臺中：國立中興大學中國文學系碩士論文，指導教授：林文彬，2015 年），頁 19-26。又可參見王文進：《仕隱與中國文學──六朝篇》（臺北：臺灣書店，1999 年），頁 30-38。

現莊子本人思想的《莊子》內篇中[51]，有假仲尼之口的明確表示：

> 臣之事君，義也，無適而非君也，無所逃於天地之間。是
> 之謂大戒。……夫事其君者，不擇事而安之，忠之盛也；
> 自事其心者，哀樂不易施乎前，知其不可奈何而安之若命，
> 德之至也。為人臣子者，固有所不得已，行事之情而忘其
> 身，何暇至於悅生而惡死！夫子其行可矣！[52]

在特定情況之下，為人臣子乃「固有所不得已」，因此「安之
若命」方為真正的處世之道。過分的強調隱身逃匿，反落乎是非
成心之芒。《莊子》內篇中亦批評了眾多隱士：

> 若狐不偕、務光、伯夷、叔齊、箕子、胥餘、紀他、申徒
> 狄，是役人之役，適人之適，而不自適其適者也。[53]

極力逃避仕宦或名位，乃「役人之役，適人之適」，而非「自

---

[51] 明末大儒王夫之以內篇「博大輕微之致」為基礎，對應外、雜篇之駁雜，為
學界較普遍接受的意見。如劉榮賢認為「內篇可以代表莊子本人思想體系」，
又劉笑敢以概念以及詞彙的使用佐證，認為「應該大體肯定內篇是莊子的作
品」。參見明・王夫之：《莊子解》（北京：中華書局，《老子衍莊子通莊子解》
合印，2009 年），頁 150、270。劉榮賢：《莊子外雜篇研究》（臺北：聯經出
版社，2004 年），頁 25–39。劉笑敢：《莊子哲學及其演變》（北京：中國人民
大學出版社，2010 年），頁 25–49。

[52] 清・郭慶藩集釋：《莊子集釋》，卷 2 中〈人間世〉，頁 172。

[53] 清・郭慶藩集釋：《莊子集釋》，卷 3 上〈大宗師〉，頁 256。

適其適」之道。人生在世，其命本有所不得已，故莊子認為「乘
物以遊心，託不得已以養中」[54]方為至德。在這樣的思想之下，
莊子所主張的「隱」並非以身辟逃不可避免的處境，而是內心能
做到超然物外，無所粘滯。莊子所述的這般「隱」，或可稱為「心
隱」[55]。六朝時期由於政局混亂，士人立身處世有太多不得已之
處，因此心契莊子之言，所謂「朝隱」也與《莊子》內篇學說有
明顯的相映。在戰國後期至漢初的這段時間裡，莊子思想並非整
體學術思想的主流，隱逸或不仕之士的數量在傳世史料之中也遠
遠算不上多。此時期的隱士所處之位置大體有兩種：隱於山林巖
穴，或藏身卑職賤位。有趣的是，諸子書中，《莊子》書中的有道
高士特多，上一章僅統計了有身分背景記錄的便有 57 例之多，超
過其他史料所見案例之兩倍。這些有道之士，也多有這兩種典型。
今傳《莊子》全書的寫作年代，大約在戰國中期至西漢初年之間，
可見《莊子》書在某種程度上也反映了時代士人的樣貌。

　　本章企圖更完整的整理戰國時期的不仕之士，不論是游士、
賓客、遊俠乃至於力士。由於戰國士人群體不斷的分流與演化，
理論上應該有為數不少「主動拒絕仕宦」的不仕之士在其中。可
惜的是，戰國史料多因秦火而絕，如前引司馬遷〈遊俠列傳〉云
「匹夫之俠，湮滅不見」，又如〈六國年表序〉中司馬遷感嘆諸侯
史記不可得見。[56]先秦士人之史料，多見於諸子之書，真實性難

---

[54] 清・郭慶藩集釋：《莊子集釋》，卷 2 中〈人間世〉，頁 177。
[55] 林育信：《先秦隱逸論及審美意識之形成》，頁 28。
[56] 日・瀧川資言會注考證：《史記會注考證》，卷 15〈六國年表序〉：「秦既得意，

以估量，再加上戰國時人引述古代傳說，本有時代錯置的問題，不得不更小心翼翼。尤其《莊子》書中出現極大量真偽交錯的隱逸有道，若將其與《史記》等所見的不仕之士並列，則史料取材將會出現嚴重的落差，誤以為戰國時代隱逸之多，幾可與魏晉六朝並列。但若全然忽略，卻又相當於放棄了戰國士人對「隱」的想像與投射，因此本書上一章將《莊子》書中的案例獨立論述，以避免這樣的弊病。

　　下面兩節，先就《莊子》書以外，文獻史料所見的不仕之士，來探討早期不仕者的社會基礎；接著再將其與上一章所見的《莊子》書案例相比較，共同探討不仕之士的社會基礎，並比較二者的同與異。

二、戰國時期的不仕之士

　　由於史料缺乏，戰國時期不仕之士的資料不多，筆者以《史記》為主，旁及先秦兩漢子書、《戰國策》等史料，共揀得不仕之士 20 例如下：

	姓名	出處	相關事蹟	分類
1.	公儀僭	孔叢子公儀[57]	魯人有公儀僭者，砥節勵行，樂道好古，恬於榮利，不事諸侯，子思與之友。[58]	01 貧窮

燒天下詩書，諸侯史記尤甚，為其有所刺譏也。詩書所以復見者，多藏人家，而史記獨藏周室，以故滅。惜哉，惜哉！」頁 848。

2.	黔婁先生	列女傳賢明	昔先生君嘗欲授之政，以為國相，辭而不為，是有餘貴也。君嘗賜之粟三十鐘，先生辭而不受，是有餘富也。彼先生者，甘天下之淡味，安天下之卑位。[59]	01 貧窮
3.	顏斶	戰國策齊策四	「……（斶）願得晚食以當肉，安步以當車，無罪以當貴，清靜以自虞。……願得賜歸，安行而反臣之邑屋。」遂再拜而辭去也。[60]	01 貧窮
4.	莊周	史記	周嘗為蒙漆園吏，……楚威王聞莊周賢，使使厚幣迎之，許以為相。莊周笑謂楚使者曰：「……無為有國者所羈，終身不仕，以快吾志焉。」[61]	01 貧窮
5.	鬼谷子	郡齋讀書志	鬼谷子三卷。右鬼谷先生撰。按史記，戰國時隱居潁川陽城之鬼谷，因以自號。長於養性治身，蘇秦、張儀師之。[62]	01 貧窮
6.	魯仲連	史記魯仲連列傳	魯仲連者，齊人也。好奇偉俶儻之畫策，而不肯仕宦任職，……平原君欲封魯連，魯連辭讓使者三，終不肯	01 貧窮、04 游士

[57] 魯有名相稱「公儀休」，疑為公儀休之同族兄弟，《史記・循吏列傳》稱公儀休：「奉法循理，無所變更，百官自正」，近乎黃老。而公儀僣則未可斷定為儒生。日・瀧川資言會注考證：《史記會注考證》，卷119〈循吏列傳〉，頁4044。

[58] 傅亞庶校釋：《孔叢子校釋》（北京：中華書局，2011年），卷3〈公儀〉，頁163。

[59] 西漢・劉向，清・王照圓補注：《列女傳補注》（上海：華東師範大學出版社，2012年），卷2〈賢明傳〉，頁78。

[60] 謝祖耿編撰：《戰國策集注匯考》（南京：鳳凰出版社，2008年），卷11〈齊四〉，頁609。

[61] 日・瀧川資言會注考證：《史記會注考證》，卷63〈老子韓非列傳〉，頁2754。

[62] 南宋・晁公武，孫猛校證《郡齋讀書志校證》（上海：上海古籍出版社，1990年；2006年重印），卷11，頁503。

		受。……歸而言魯連，欲爵之。魯連逃隱於海上。[63]	任俠
7. 許行	孟子滕文公上	有為神農之言者許行，自楚之滕，踵門而告文公曰：「遠方之人聞君行仁政，願受一廛而為氓。」文公與之處，其徒數十人，皆衣褐，捆屨、織席以為食。 陳良之徒陳相與其弟辛，負耒耜而自宋之滕，曰：「聞君行聖人之政，是亦聖人也，願為聖人氓。」陳相見許行而大悅，盡棄其學而學焉。[64]	02 農漁
8. 陳相	孟子滕文公上	陳良之徒陳相與其弟辛，負耒耜而自宋之滕。	02 農漁
9. 陳辛	孟子滕文公上	陳良之徒陳相與其弟辛，負耒耜而自宋之滕。	02 農漁
10. 河上丈人	史記樂毅列傳	樂臣公學黃帝、老子，其本師號曰河上丈人，不知其所出。[65]	02 農漁
11. 段干木	呂氏春秋下賢、淮南子氾論	文侯曰：「段干木官之則不肯，祿之則不受。」[66] 段干木，晉國之大駔也；而為文侯師。[67]	03 市井技藝
12. 陳仲子(於陵子)	孟子滕文公下、史記魯仲連列傳	仲子，齊之世家也。兄戴，蓋祿萬鍾。以兄之祿為不義之祿而不食也，以兄之室為不義之室而不居也，辟兄離母，處於於陵。[68]	03 市井技藝

[63] 日‧瀧川資言會注考證：《史記會注考證》，卷83〈魯仲連鄒陽列傳〉，頁3195、3203、3208。
[64] 南宋‧朱熹集注：《孟子集注》，卷5〈滕文公上〉，頁359。
[65] 日‧瀧川資言會注考證：《史記會注考證》，卷80〈樂毅列傳〉，頁3169。
[66] 陳奇猷校釋：《呂氏春秋新校釋》，卷15〈下賢〉，頁887。
[67] 西漢‧劉安，張雙棣校釋：《淮南子校釋》（北京：北京大學出版社，1997年），卷12〈氾論訓〉，頁1424。

			於陵子仲辭三公為人灌園。[69]	
13.	朱亥	史記魏公子列傳	侯生謂公子曰：「臣所過屠者朱亥，此子賢者，世莫能知，故隱屠閒耳。」[70]	03 市井技藝
14.	毛公	史記魏公子列傳	公子聞趙有處士毛公藏於博徒，薛公藏於賣漿家，公子欲見兩人，兩人自匿不肯見公子。公子聞所在，乃閒步往從此兩人游，甚歡。[71]	03 市井技藝
15.	薛公	史記魏公子列傳	趙有處士毛公藏於博徒，薛公藏於賣漿家。	03 市井技藝
16.	孟子	史記孟子荀卿列傳	天下方務於合從連衡，以攻伐為賢，而孟軻乃述唐、虞、三代之德，是以所如者不合。退而與萬章之徒，序詩、書，述仲尼之意，作孟子七篇。[72]	04 游士賓客
17.	田駢	戰國策齊策四	齊人見田駢，曰：「聞先生高議，設為不宦，而願為役。」……「……今先生設為不宦，訾養千鍾，徒百人。不宦則然矣，而富過畢也。」田子辭。[73]	04 游士任俠
18.	詹何（瞻子）	呂氏春秋審應覽重言、淮南子道應	桓公、管仲雖善匿，弗能隱矣。故聖人聽於無聲，視於無形，詹何、田子方、老耼是也。[74]	04 游士任俠

---

[68] 南宋・朱熹集注：《孟子集注》，卷6〈滕文公下〉，頁382。

[69] 日・瀧川資言會注考證：《史記會注考證》，卷83 〈魯仲連鄒陽列傳〉，頁3216。

[70] 日・瀧川資言會注考證：《史記會注考證》，卷77〈魏公子列傳〉，頁3090。

[71] 日・瀧川資言會注考證：《史記會注考證》，卷77 〈魏公子列傳〉，頁3094-3095。

[72] 日・瀧川資言會注考證：《史記會注考證》，卷74〈孟子荀卿列傳〉，頁3037。

[73] 謝祖耿編撰：《戰國策集注匯考》，卷11〈齊四〉，頁624-625。

[74] 陳奇猷校釋：《呂氏春秋新校釋》，卷18〈重言〉，頁1167。

		楚莊王問詹何曰：「治國奈何？」對曰：「何明於治身，而不明于治國？」[75]	
19.	田光	史記刺客列傳	燕之處士田光先生……田光曰：「臣聞騏驥盛壯之時，一日而馳千里；至其衰老，駑馬先之。今太子聞光盛壯之時，不知臣精已消亡矣。雖然，光不敢以圖國事，所善荊卿可使也。」[76]	04 游士任俠
20.	泄柳（子柳）	孟子滕文公下、告子下	古者不為臣不見。段干木踰垣而辟之，泄柳閉門而不內，是皆已甚。魯繆公之時，公儀子為政，子柳、子思為臣。[77]	05 其他

以上略依時代先後排列。就現有的文獻來看，大約可以將這20例分為幾個類別：首先是 01 貧窮，以恬於榮利的心態自絕於宦途，並承受著因此而來的貧窮的一類，包含公儀僭、黔婁先生、顏闔等。另外還有莊子。莊周故事多見於《莊子》書中，《史記》記載莊子「嘗為蒙漆園吏」，用一「嘗」字表示其為吏並不長久，並說明其志向在於「終身不仕」。《莊子·外物》云：「莊周家貧，故往貸粟於監河侯」[78]，因此莊子與公儀僭三人並列。與此類相似的，則是一併記載了山林巖穴或海上等隱逸地點的鬼谷子與魯

---

[75] 張雙棣校釋：《淮南子校釋》，卷 12〈道應訓〉，頁 1243。

[76] 日·瀧川資言會注考證：《史記會注考證》，卷 86〈刺客列傳〉，頁 3286–3288。

[77] 南宋·朱熹集注：《孟子集注》，卷 6〈滕文公下〉，頁 376–377、〈告子下〉，頁 479。

[78] 清·郭慶藩集釋：《莊子集釋》，卷 9 上〈外物〉，頁 1012。

仲連。史料文獻中並沒有進一步的說明此六人是否具備特定的社會基礎，只述其拒絕官宦的表現，可以說是隱士常見的典型。

其次是 02 農漁，即以務農或捕魚為經濟來源的不仕者。這兩類都是極為常見的庶民生活方式，士人若拒絕出仕，選擇以農、漁為業，是相當順理成章的一種社會基礎。其中許行、陳相、陳辛都是先秦的農家人物，在擁有學識以及得以面見貴族的條件下，依舊選擇「衣褐，捆屨、織席以為食」的生活方式。這裡把他們列入不仕者，是因為其「賢者與民並耕而食，饔飧而治」[79]的思想，本身已具備了「主動拒絕仕宦」的條件。古代中國為農業社會，《論語》中著名的長沮、桀溺以及荷蓧丈人，皆以農事為經濟生活的基礎，因此戰國時期如許行、陳相這般不仕之士應非特例。

河上丈人的例子比較特別，從《史記‧樂毅列傳》的記載來推算，河上丈人應該屬戰國人物；再從「河上丈人」之名來論，其社會基礎可能是漁夫或渡人一類。不過葛洪《神仙傳》中又記載了漢文帝時有「河上公」，其《老子》章句至今流傳，可能是不同人物而有類似之名。士人不仕而為漁夫或渡人，以《楚辭》中能與屈原對談之漁父為著名的顯例。

再其次為 03 市井技藝，是以特殊技藝或市井鄙事為社會基礎的不仕之士。如段干木，《呂氏春秋》記載魏文侯稱其：「官之則不肯，祿之則不受」[80]，雖然是戰國初期，但可視為早期的不仕

---

[79] 南宋‧朱熹集注：《孟子集注》，卷 5〈滕文公上〉，頁 359。
[80] 陳奇猷校釋：《呂氏春秋新校釋》，卷 15〈下賢〉，頁 887。

之士。《呂氏春秋》與《淮南子》皆云段干木為「晉國之大駔」[81]，高注曰：「駔，市儈也。言魏國之大儈也」[82]。戰國時期商業發達，可以合理的推論或許有更多的商人拒絕入仕，而以商業為其社會基礎。

陳仲子「為人灌園」，朱亥為「屠」，毛公藏於「博徒」，薛公藏於「賣漿家」等等，或以技藝謀生，或為小販。其中陳仲子本為齊之世家，但多數的史料都記載著他過著極端困頓的生活，且排斥著原有貴族家庭的經濟生活，因此其社會基礎應當就其辟兄離母而論。

接著則是 04 游士任俠。戰國游士光輝無比，遊而不仕的，除了前述的孟子之外，尚有田駢、詹何、魯仲連三人。孟子、田駢與詹何雖然並未真正仕宦，但多有與君王對話的記載，應該能從諸侯處得到禮遇來維持生活。稷下學者田駢甚至到了可以「訾養千鍾，徒百人」的地步。魯仲連的部分前面已經談論過了，根據《史記》的記載，其出謀遊說不為爵位、俸祿，亦不收受金錢，且始終如一，因此本為游士，最後只好隱於海上成為隱士，與公儀僭等人相類。不過魯仲連在逃隱於海上之前，理當有其他社會基礎支持，方能維持其周遊趙、齊之間的生活，史傳不載不得而知，可能與其他游士一樣，接受著諸侯君王的禮遇。

---

[81] 陳奇猷校釋：《呂氏春秋新校釋》，卷 4〈尊師〉，頁 208。張雙棣校釋：《淮南子校釋》，卷 12〈氾論訓〉，頁 1424。

[82] 張雙棣校釋：《淮南子校釋》，頁 1426。《呂氏春秋》高注略同，見陳奇猷校釋：《呂氏春秋新校釋》，頁 215。

　　前面談過的田光與荊軻也頗特殊。《史記》以「燕之處士」稱田光，顯然並未仕宦，而荊軻在受命刺秦之前，也非宦途中人：

　　　荊卿好讀書擊劍，以術說衛元君，衛元君不用。
　　　荊軻嗜酒，日與狗屠及高漸離飲於燕市，酒酣以往，高漸離擊筑，荊軻和而歌於市中，相樂也，已而相泣，旁若無人者。荊軻雖游於酒人乎，然其為人沈深好書；其所游諸侯，盡與其賢豪長者相結。其之燕，燕之處士田光先生亦善待之，知其非庸人也。[83]

　　荊軻以術說衛元君，當屬游士無疑。但他周遊諸國，在燕國一方面「游於酒人」，另一方面又「盡與其賢豪長者相結」，不知是否能以「賢豪長者」之賓客視之？總之荊軻並非主動拒絕仕宦機會者，因此不列入討論。田光為燕之處士，面對太子丹的懷疑，自云「夫為行而使人疑之，非節俠也」[84]。如前所述，田光能以「俠」自居，顯然本有產業，方能結交荊軻此類劍客，不知是否為輾轉入燕的齊國世家公子？抑或是周遊至燕，因以為家的游士？因為史料缺乏，都無法獲得確切答案，暫時將俠與游士列為同一類。

　　泄柳又稱子柳，孟子言其不為臣而拒見諸侯，不過泄柳也有作為魯穆公臣子的記載，可見其並非長期不仕。泄柳的社會基礎

[83] 日・瀧川資言會注考證：《史記會注考證》，卷86〈刺客列傳〉，頁3285-3286。
[84] 日・瀧川資言會注考證：《史記會注考證》，卷86〈刺客列傳〉，頁3289。

不見記載，因此將其獨立列為 05 其他一類。

以上諸例，可整理為五種不仕之士的類型如下：

01 貧窮：未有任何關於社會基礎的記載，以恬於利祿、貧窮或隱於山林巖穴為典型的，共有 6 人。其中魯仲連與第四類身分重疊。

02 農漁：以農、漁為社會基礎的，共有 4 人。

03 市井技藝：以市井鄙業或技藝為社會基礎的，共有 5 人。

04 游士任俠：游士或是任俠之士，二種身分，可能受到貴族豪強供養，或本身可能是舊貴族而自有產業的，共有 5 人。其中魯仲連與第一類身分重疊。

05：資料太少，無法分類的，僅 1 人泄柳。

以上統計，除了排除上一節所論的荊軻、侯嬴等人，另外還有某些長期被視為隱士的人物沒有列入。如《楚辭》中的漁父，因為其並未有「主動拒絕仕宦」的任何記載，因此不列入其中。除此之外，魏晉之際皇甫謐的《高士傳》中，有屬戰國時期的高士王斗：

> 王斗者，齊人也，修道不仕，與顏歜竝時。曾造齊宣王門，欲見宣王，宣王使謁者延斗入。[85]

---

[85] 西晉・皇甫謐，《高士傳》（上海：商務印書館《叢書集成初編》據《古今逸史》影印，1937 年），卷中〈王斗〉，頁 54。

　　王斗說齊宣王的故事見於《戰國策‧齊策》，但《戰國策》中沒有任何「修道不仕」的記錄，懷疑是後世所編造。本節以史料文獻所見的不仕之士為主，因此若涉及後世依託或偽造者，暫皆不列入。其餘高士，凡見於《莊子》書中的，皆已見於上一章。

三、小結：想像與現實中的戰國不仕之士

　　將上一章所整理的《莊子》書中有道之士，與本章所見的戰國時期不仕之士做一比較，可整理如下表：

	戰國時期 不仕之士	《莊子》書中 有道之士
隱居、貧窮	6	20
農、漁、牧	4	13
市井、技藝	5	18
游士、任俠	5	
巫、相、小吏		6
無法分類	1	
合計	20[86]	57

　　兩部分的整理項目不太一致，《莊子》書中的巫、相或小吏，在討論戰國不仕之士時被排除了；而《莊子》書中原則上沒有看到不仕之游士或俠，此為《莊子》作為一本先秦子書，因思想取材而導致的結果。但除此之外，雖然其他文獻史料中的不仕之士

---

[86]　合計原為 21，刪去魯仲連並列二類之重，實為 20。

資料不算多，但仍可以看出前三類確實具有相當的重疊性。

或許可再更進一步推論，雖然以上的統整將隱身山澤的隱居或貧窮之類，與從事生產的農、漁、牧等區別開來，但隱士之所以隱於山、澤、巖穴，也許正是漁於澤，耕牧於野，取食於山樊，休居於巖穴之意。士逃離原有的名位選擇山澤巖穴，放棄了原本應有的生活模式，也往往導致困頓與貧窮。這樣的說法雖然不能符合所有不仕之士的狀態，但大致上有這樣的趨勢。這也是為何在文獻整理的過程中，隱居貧窮一類與農漁牧一類的案例往往十分相似的原因。

前文曾經提到，戰國時代隱逸或不仕者身處的位置不外乎隱於山林巖穴，或藏身卑職賤位，以本書這兩章對於諸多資料的整理，這樣的論述基本上獲得了相當的證實。

擁有特殊技能的人可能因藏身卑職賤位被視為隱士，亦有可能進入私門成為賓客，但因未有更進一步負擔國政而受到批評。如《莊子》書所見，戰國時代的技藝者著實不少，其中有如庖丁、輪扁這般與貴族生活密切者，也有如「紀渻子為王養鬥雞」或「市南宜僚弄丸」這般看似無用的奇巧技能。若以仕宦而論，養鬥雞與弄丸皆無助於國計民生，可謂之無用之學。然而春秋戰國時期的封建貴族對於技藝與道術的價值認識，未必如後世所認識的這般狹隘。與諸子百家思想一樣，在不同的層面上，游士、賓客、技藝者等人，彼此都不斷的競爭著禮壞樂崩之後持續外溢的貴族資源。孟嘗君門下食客三千，其賓客若以有益國計民生而論，多數恐難逃「偽士」之譏，若非曾經幫助主人於逃離秦國，雞鳴狗

盜恐怕也難以在歷史上留名。儘管如此，眾多的賓客若有一技之長，得以寄食私門生存，不但合乎情理，亦無須苛責。

《莊子・達生》篇中正好有兩個值得對比的例子：仲尼盛讚痀僂者承蜩為「巧」，而痀僂者自云：「我有道也」。〈達生〉篇這個故事之後文，又有另一故事，孔子問蹈水有道乎？而丈夫自稱：「亡，吾無道」。這正代表著戰國時期技藝的地位以及技藝者的自我認知，乃介乎有道與無道的中間。〈養生主〉當中極為著名的庖丁解牛故事，其中文惠君以「技」稱讚庖丁之解牛，與庖丁所對之：「所好者道也，進乎技矣」，也可以放在同樣的脈絡之中來討論。

如果「道」是「士」身分的重要標誌的話，那麼有道、無道之間，或道與技之間的模糊性，也解釋了士與庶民在身分上的界線並沒有那麼確定。戰國時期各國紛紛變法富國強兵，推崇有益於國之士，若純依儒家的說法，士志於道，又不仕無義，則道術將不免止於德行與仕宦之中。但《莊子》隱隱的將技藝視為道術的一部分，或者認為千錘百煉的技藝是通往道術的其中一種方式，再加上信陵君對於隱於卑職中的技藝者特加留意，這些不同的思維取向適足以擺脫儒家或變法圖強者對於道術的狹隘定義，從而正面看待各種有用或無用的技能，因此在不同層面為技藝者保留了空間。這些人物能在歷史長河中被記錄下來，作為戰國時期諸子百家之外，文化蓬勃發展的另一個表現。

除此之外，也因為知識與技能可以有多種樣貌附著於士的身上，雖然大環境依舊以仕宦作為士最佳的出路，但身處仕途之外

的「不仕」者也因此擁有各種不同選擇，未必需要隱身山林，而得以游士、賓客、技藝、俠或私劍等身分，在各國朝廷與市井之間生存。前可與諸子百家於政治或學術舞臺上共同爭鳴，一較高下；退又可隱跡人間，偶爾留下隻言片語，成為無名的方外高士。這些悠游於爭鳴與無跡之間的士，或技藝者，或劍客，甚至可以與諸侯王廷保持著一定程度的互動，可說是介於「不仕」與「仕」、「隱」與「現」之間的狀態。整體來說，在戰國時代，正由於仕與隱之間有著相當多的選擇性，造就了戰國時期極為豐富多元的文化。

其中或有可進一步討論的，其一是戰國時代特有的游士與俠，在進入秦漢之後，逐漸凋零而失去了生命力。其二，戰國時代除了孟子之外，幾乎無以傳授儒家典籍為業的不仕之士，此與西漢中期以後的不仕之士有著天壤之別。其三，戰國時代雖然封建社會崩毀，政治組織劇烈變化，但舊貴族實際上仍保有相當大的權勢。然而戰國士人多半以單士的身分活躍，即使是貴族出身，也未必受父兄庇蔭。在本章所整理的 20 例不仕之士中，只有陳仲子可明確得知是齊之世家，如陳辛、陳相、田駢、田光等，亦有可能為齊之沒落舊貴族，但資料不傳而不可考。漢武帝之後，通經世家出現，兩《漢書》諸傳往往附載傳主之父兄子弟，此亦與秦火之後的戰國文獻資料有所區別。

第三章　「海內為郡縣，法令由一統」：秦至漢初的不仕之士

一、秦至漢初「不仕」的辨別

　　在孔子高舉「士志於道」以及「不仕無義」的旗幟之後，古代士人多以修身治國為人生的重要目標，同時亦視仕宦為改善生活經濟的重要途徑。如果不能仕宦，往往會有生活上的困難。儒士或有「無恆產而有恆心」[1] 之堅忍，但對於守道不堅者，不仕所帶來的生活艱難往往是無法忍受的。這樣的情況從春秋以前的隱逸，一直持續到了西漢初年，如叔孫通之弟子：

> 叔孫通之降漢，從儒生弟子百餘人，然通無所言進，專言諸故群盜壯士進之。弟子皆竊罵曰：「事先生數歲，幸得從降漢，今不能進臣等，專言大猾，何也？」[2]

　　從秦時其他儒生批評叔孫通「何言之諛」，以及為了漢王「變其服，服短衣」[3] 的情況來看，叔孫通以及其身邊弟子百餘人，雖名為儒，卻帶有戰國縱橫游士隨機應變的色彩。因此叔孫通身邊這些「儒生弟子」都期待著能透過其師而進入仕途，一旦不能

---

[1] 南宋・朱熹集注：《四書章句集注》，《孟子集注》，卷1〈梁惠王上〉，頁290。

[2] 日・瀧川資言會注考證：《史記會注考證》（上海：上海古籍出版社，2015年），卷99〈劉敬叔孫通列傳〉，頁3535。

[3] 日・瀧川資言會注考證：《史記會注考證》，卷99〈劉敬叔孫通列傳〉，頁3534。

如願，難免「竊罵其師」。

戰國游士如不能仕，貧困幾乎是必然的結果。如蘇秦出游數歲，大困而歸，其家人竊笑其不懂治產業，蘇秦也因此自傷言：「夫士業已屈首受書，而不能以取尊榮，雖多亦奚以為！」[4] 此類故事在秦末也同樣發生在陳平、韓信身上。陳平家貧好讀書，因此受嫂之譏；韓信貧無行，只好從人寄食飲。由此可知，一直到西漢初年，仕宦不但是士人立身處世的重要目標，對於改善其生活來說，也是極為重要的途徑。

如前面二章所述，「仕」與「不仕」的抉擇起於春秋後期，而戰國時代可見的不仕之士數量實際上並不甚多，其身處的位置不外乎隱於山林巖穴，或藏身卑職賤位兩大類。戰國時代的士人有各種多元的選擇，仕與不仕、隱與現之間，各有不少模糊空間，可謂不仕現象的萌芽期。本章接續討論戰國之後、漢武帝尊儒之前，這個介於封建與大一統王朝之間的過渡期，不仕之士又出現了什麼新變化與新發展。上起於秦始皇平滅六國，因接續戰國，故包含了不少在秦統一天下不得不選擇蟄伏不出的游士們；下至西漢武帝即位初年，包含了武帝初期因竇太后而持續以黃老術治理天下的時候。至於武帝以後，由於尊儒使得大環境有了巨大的扭轉，已經轉入另一階段，將於下一章再討論。

本書所謂的「仕」以承擔政府正式職位為主，而「不仕」則要有主動拒絕仕宦機會的情況。如亡命之徒藏身山澤，並非有仕

---

[4] 日・瀧川資言會注考證：《史記會注考證》，卷 69〈蘇秦列傳〉，頁 2892。

宦機會，因此不能稱之為「不仕」，如彭越[5]。此外，漢初諸侯、權臣多擁賓客，只要這些賓客沒有承擔職位，同樣不能稱「仕」，因此漢初眾多賓客在封國與權臣之間來來去去，皆與仕、不仕無關。另外，本有職位而拒絕升職者，並非離開仕途，因此也不能稱之為不仕，如蕭何[6]。

主動的意願與是否承擔職位都是本書判斷「不仕」的標準，偶爾會出現因不得升遷而產生不仕之心，卻因為現實環境而無不仕之實的情況。此也不在討論之內，如張釋之：

> 張廷尉釋之者，堵陽人也，字季。有兄仲同居。以訾為騎郎，事孝文帝，十歲不得調，無所知名。釋之曰：「久宦減仲之產，不遂。」欲自免歸。中郎將袁盎知其賢，惜其去，乃請徙釋之補謁者。[7]

張釋之「以訾為騎郎」亦即以財產補郎，因久宦不得調，實際上就是減損了兄長資產而欲歸去，但最後得到袁盎惜才而補謁者。換言之張釋之雖有不仕之意，卻反而升遷了。

[5] 〈魏豹彭越列傳〉：「常漁鉅野澤中，為群盜。」見日‧瀧川資言會注考證：《史記會注考證》，卷90，頁3367。
[6] 〈蕭相國世家〉：「秦御史監郡者與從事，常辨之。何乃給泗水卒史事，第一。秦御史欲入言徵何，何固請，得毋行。」見日‧瀧川資言會注考證：《史記會注考證》，卷53，頁2571。
[7] 日‧瀧川資言會注考證：《史記會注考證》，卷102〈張釋之馮唐列傳〉，頁3572。

又如汲黯，本因坐法有罪，後會赦免官。由於汲黯耿直不得人緣，因此被迫「隱於田園」：

> 黯坐小法，會赦免官。於是黯隱於田園。居數年，會更五銖錢民多盜鑄錢，楚地尤甚。上以為淮陽，楚地之郊，乃召拜黯為淮陽太守。黯伏謝，不受印，詔數彊予，然後奉詔。……黯居郡如故治，淮陽政清。

汲黯坐法免官，並非有機會仕而主動選擇不仕，因此不得算是「不仕」。其後雖然企圖拒絕擔任淮陽太守，但也因「詔數彊予」而上任，因此也沒有不仕之實，不在本章討論之內。

此外，史料中多有因為年老或真有疾病，無法勝任職位而有「乞骸骨」、「謝病免」等記載，若果真年老病篤，則將其從不仕之士中排除。[8]不過史料中常見「稱病」而免官者，有時看似主動不仕，但實際上受到政治逼迫。如果政治逼迫才是其「謝病免」不仕的原因，而不是其他主動意願，那麼本章也不予討論，如陸賈：

> 孝惠帝時，呂太后用事，欲王諸呂，畏大臣有口者。陸生自度不能爭之，迺病免家居。以好畤田地善，可以家焉。[9]

---

[8] 典型的例子如昭帝時的杜延年：「以老病乞骸骨，天子優之，使光祿大夫持節賜延年黃金百斤、牛酒，加致醫藥。延年遂稱疾篤。賜安車駟馬，罷就第。後數月薨。」見東漢・班固，清・王先謙補注：《漢書補注》（上海：上海古籍出版社，2008 年），卷 60〈杜周傳〉，頁 4274。秦及漢初未見此類例證。

因呂后欲王諸呂，畏懼陸賈此類有口辯士，而陸賈亦自度不能爭，因此陸賈「病免家居」是受到朝中的政治壓迫而不得不歸家，不能視之為主動的不仕。然而受到政治逼迫卻未必直接退出宦途，若政治上的壓迫止於降職，或企圖透過降職來達成其政治目的，但士人卻因此選擇謝病而不仕，則符合本書不仕的原則而列入。如王陵：

> 高后欲立諸呂為王，問王陵，王陵曰：「不可。」問陳平，陳平曰：「可。」呂太后怒，乃佯遷陵為帝太傅，實不用陵。陵怒，謝疾免，杜門竟不朝請，七年而卒。[10]

同樣受到呂后的政治壓迫，王陵被「佯遷」，怒而「謝疾免」，因此王陵之謝病，符合了不仕的條件。

此外，實無其罪，因恐懼官場險惡而去職，自然屬於主動意願的不仕，如周勃：

> 人或說勃曰：「君既誅諸呂立代王，威震天下。而君受厚賞、處尊位以寵，久之即禍及身矣。」勃懼，亦自危，乃謝請歸相印。上許之。[11]

9　日・瀧川資言會注考證：《史記會注考證》，卷97〈酈生陸賈列傳〉，頁3508。
10　日・瀧川資言會注考證：《史記會注考證》，卷56〈陳丞相世家〉，頁2637-2638。
11　日・瀧川資言會注考證：《史記會注考證》，卷57〈絳侯周勃世家〉，頁2653。

　　周勃非但無罪，更以立功而威震天下，在沒有明確政治壓迫
的情況下請歸相印，也是一種不仕。

　　此外還有一種情況，雖然有政治的壓力，但其人的身分地位
足夠無懼壓力留在朝廷，卻選擇了「謝病」不仕，史書亦明確記
載了他的不仕意願，則列入本章討論。如竇嬰：

> ……太后由此憎竇嬰。竇嬰亦薄其官，因病免。太后除竇
> 嬰門籍，不得入朝請。
> 孝景三年，吳楚反，上察宗室諸竇毋如竇嬰賢，乃召嬰。
> 嬰入見，固辭謝病不足任。太后亦慙。於是上曰：「天下方
> 有急，王孫寧可以讓邪？」乃拜嬰為大將軍，賜金千斤。
> 嬰乃言袁盎、欒布諸名將賢士在家者進之。[12]

　　竇嬰與竇太后扞格，但其所擁有之權勢與地位足以與太后對
抗，這部分在其後「吳楚反」時表現出來。因此竇嬰之「薄其官，
因病免」，可以視為主動拒絕仕宦的表現。

　　沒有承擔職位不能稱仕，但爵位與職位不同，有爵位者若主
動拒絕本有之職位，亦可稱為不仕，如留侯張良：

> 留侯乃稱曰：「家世相韓，……今以三寸舌為帝者師，封萬

[12] 日‧瀧川資言會注考證：《史記會注考證》，卷107〈魏其武安侯列傳〉，頁
3693。

戶，位列侯，此布衣之極，於良足矣。願弃人閒事，欲從
赤松子游耳。」[13]

　　從《史記》的相關記載來看，張良多病謙退，自高祖都關中
以來便不斷有學道辟穀不視事之意，亦多次受到高祖與呂后彊起。
因此其雖然封侯，實際上可稱為不仕。

　　以上說明，重點釐清了本章「不仕之士」的取捨原則。以下
將依次論述進入大一統王朝之後，士當中的不仕者是否發生了一
些變化，以及秦、西漢兩代不仕之士的社會基礎為何。

二、新時代的吏與仕

　　戰國時期士群體擴大[14]，因此在遊走求仕之外，也因學識、
技能、理想有所差異而在社會上有不同的展現，出現一種多元的
樣貌。戰國時期士人除了「仕」之外，還可以遊走於諸侯之間為
賓客，以力為私劍，或養私劍為俠等等；也可以憑藉個人技藝依
附於豪門、官府之間，仍以有道者自居；或身為農、漁、牧者，
在某些特定的視野之中，具有隱逸之士的身分。多元的樣貌也表

---

[13] 日・瀧川資言會注考證：《史記會注考證》，卷55〈留侯世家〉，頁2621。

[14] 余英時多以「士階層」稱之，以凸顯其社會階層之意。本書以「士群體」稱
　　之，已凸顯其於群體擴大後，對社會整體樣貌變化的推進意義。士階層／士
　　群體之擴大，參見余英時著：《士與中國文化》（上海：上海人民出版社，
　　2003年），〈古代知識階層的興起與發展〉，頁10–15。

現出多元的選擇，士人在仕與不仕之間，可從容的選擇欲行之道，
亦可依其道決定遊事什麼樣的君主或貴族。

　　秦滅六國之後，最大的轉變在於仕途變得單一。除了不再有
更多君主可供周遊之外，還在於「仕」的定義被明確的定義了，
所謂的「海內為郡縣，法令由一統」：

> 丞相綰、御史大夫劫、廷尉斯等皆曰：「昔者五帝地方千
> 里，其外侯服夷服，諸侯或朝或否，天子不能制。今陛下
> 興義兵，誅殘賊，平定天下，海內為郡縣，法令由一統，
> 自上古以來未嘗有，五帝所不及。……」[15]

　　舊封建秩序中除了諸侯王之外，各級貴族各有家臣，也未必
有一貫的治理方針，因此士之遊說能造就各種型態的「仕」。但秦
的統一除了平滅六國之外，更將秦的郡縣、法令擴展到全天下，
在這套統治方針之中，唯有通曉法令，成為官吏的士能夠「仕」。
《孔叢子》中記載了一段叔孫通見時變而「以法仕秦」的故事：

> 秦始皇東并。子魚謂其徒叔孫通曰：「子之學可矣，盍仕
> 乎？」對曰：「臣所學於先生者，不用於今，不可仕也。」
> 子魚曰：「子之材、能見時變，今為不用之學，殆非子情
> 也。」叔孫通遂辭去，以法仕秦。[16]

---

[15] 日・瀧川資言會注考證：《史記會注考證》，卷6〈秦始皇本紀〉，頁329。

　　《孔叢子》時代較晚，亦非信史，這段對話未必可信。但叔孫通確實以「能見時變」著稱，在秦時能以文學徵為待詔博士，或許與其能變儒為法，進而知秦律令，不無相關。

　　換言之，秦時士人的仕與不仕，取決於是否熟悉法令文書，並且因此擔任中央或地方的職位。漢繼秦而起，原則上繼承了這套制度：

> 秦兼天下，建皇帝之號，立百官之職。漢因循而不革，明簡易，隨時宜也。其後頗有所改。[17]

　　漢承秦制主要表現在皇帝與百官的這套制度，其中「百官之職」定義了「仕」的意義。相對於戰國士人各逞其能遊說君主以求晉用，形成了百家爭鳴，秦漢士人在大一統的規模以及制度的設計下，「仕」被限縮為通法令、曉吏事的專利。東漢的王充曾有此論：

> 世俗共短儒生，儒生之徒亦自相少。何則？並好仕學官，用吏為繩表也。[18]

---

[16] 傅亞庶校釋：《孔叢子校釋》（北京：中華書局，2011 年），卷 6〈獨治〉，頁 410。

[17] 清・王先謙補注：《漢書補注》，卷 19 上〈百官公卿表〉，頁 861。

[18] 東漢・王充著，黃暉校釋：《論衡校釋》（北京：中華書局，1990 年），卷 12〈程材〉，頁 533。

　　從「百家爭鳴」到「百官之職」，便是所謂「大一統」的實現。只不過在此時期，「大一統」並非《春秋》公羊家所期待的儒家王道教化，反而是秦的律令章程，也就是「用吏為繩表」的吏道。這樣被限縮的「仕」，在漢武帝經術取士之後稍有緩解，但即使到了東漢中期，依舊有儒生不熟吏道的感嘆。換言之，學與仕的落差，可能會造成不少欲仕而不得仕的情況。先以儒生為例：

　　　　孝惠、呂后時，公卿皆武力有功之臣。孝文時頗徵用，然孝文帝本好刑名之言。及至孝景，不任儒者，而竇太后又好黃老之術，故諸博士具官待問，未有進者。[19]

　　漢初的儒生在不同階段、不同位置，各自面臨了不同的困境。孝文以前，以武力功臣為主，孝文時雖「頗徵用」，但從孝文「好刑名之言」來看，所謂「徵用」當以賈誼為代表，主要目的恐怕是透過新進人才的登用來削弱功臣的勢力。儒生所學的禮儀教化之學，無法符合當時政府組織對「仕」的需求，因此若要真正入仕獲得重用，最好是雜學諸子百家，尤其必要兼通律令之學。而賈誼之所以能獲孝文帝青睞，其原因在於他與其他儒生頗有差別：

　　　　賈生名誼，雒陽人也。年十八，以能誦詩屬書聞於郡中。吳廷尉為河南守，聞其秀才，召置門下，甚幸愛。孝文皇

---

[19] 日・瀧川資言會注考證：《史記會注考證》，卷121〈儒林列傳〉，頁4066。

帝初立，聞河南守吳公治平為天下第一，故與李斯同邑，
而常學事焉，乃徵為廷尉。廷尉乃言賈生年少，頗通諸子
百家之書。文帝召以為博士。
是時賈生年二十餘，最為少。每詔令議下，諸老先生不能
言，賈生盡為之對，人人各如其意所欲出。諸生於是乃以
為能不及也。孝文帝說之，超遷，一歲中至太中大夫。
……諸律令所更定，及列侯悉就國，其說皆自賈生發之。
於是天子議以為賈生任公卿之位。絳、灌、東陽侯、馮敬
之屬盡害之，乃短賈生……[20]

　　賈誼雖然是儒生出身，但於河南守門下受過吏道的訓練，能
對議詔令，甚至能更定律令，與其他諸生明顯不同，因此能受天
子青睞，徵之與功臣爭權。此為〈儒林列傳〉中記載孝文帝既徵
用儒生，卻又好刑名的原因。

　　漢景帝不任儒。武帝初年因竇太后好黃老之故，「諸博士具官
待問」，這些博士雖然「居官」，在本書的定義當中相當於「仕」，
但不過只是「待問」，並無任事。除此之外，在武帝罷黜百家之
前，漢初博士不止於儒生，亦有相當非孔子之術，屬百家言的學
者。這些學者與儒生一樣「待問」，若不通吏道，一樣欠缺任事的
途徑，能成為博士已經是極難得的入仕管道了。武帝之後，儒生

---

[20] 日‧瀧川資言會注考證：《史記會注考證》，卷84〈屈原賈生列傳〉，頁3240-3241。

才有了真正的仕宦之途，但所學與入仕之所需亦明顯有隔閡，典型的例子如兒寬：

> 兒寬，千乘人也。治《尚書》，事歐陽生。以郡國選詣博士，受業孔安國。貧無資用，嘗為弟子都養。……補廷尉文學卒史。
> ……時張湯為廷尉，廷尉府盡用文史法律之吏，而寬以儒生在其間，見謂不習事，不署曹，除為從史，之北地視畜數年。[21]

兒寬以儒生補廷尉文學卒史，因為「不習事」，所以無法「署曹」，亦即沒有具體負責的職務。卒史不能「署曹」代表著不受重用或被輕視[22]，兒寬因此被派為「從史」，前往北地管理牛羊等官

---

[21] 清・王先謙補注：《漢書補注》，卷 58〈公孫弘卜式兒寬傳〉，頁 4229–4230。案：儒生入仕之後雖然備受打壓，但也正因為獲得了補吏入仕的途徑，得以透過官僚體系的訓練獲得文史法律的相關學識。〈兒寬傳〉云：「還至府，上畜簿，會廷尉時有疑奏，已再見卻矣，掾史莫知所為。寬為言其意，掾史因使寬為奏。奏成，讀之皆服。」可見先前「除為從史，之北地視畜數年」的壓抑，反為儒生真正進入官僚體制的開始。見〈公孫弘卜式兒寬傳〉，頁 4230。又前引文云，賈誼受河南守重視而「召置門下」，也是同樣的吏事訓練途徑，差別在於賈誼入仕乃因緣際會，而兒寬則是透過制度化的管道。關於漢代的文史養成，以及儒生、文史學識背景的隔閡與交流，參見白品鍵：《士與漢代文化摶成研究──儒學、吏事與方術的揉合與實踐》（臺北：國立臺灣大學中國文學系博士論文，2014 年），頁 238–291。

[22] 「卒史」與「曹史」大抵是秩級與職事的關係，西漢有卒史署曹的制度，因此有卒史稱號卻不得署曹，相當於無法擔負職事。參見蔡萬進：《尹灣漢墓簡

畜。顏師古曰：「從史者，但只隨官僚，不主文書」，可見儒生在
西漢的官僚體系當中多麼的格格不入，即使是有了入仕的途徑，
卻不得不受盡打壓，乃至於被趨往邊疆視畜。

　　武帝經術取士之後猶然如此，那麼在此之前，伴隨著秦漢大
一統而因學識背景使然不能仕者，便是天下士人不得不面對的問
題。這也造成了許多貧寒游士，以韓信為例：

> 淮陰侯韓信者，淮陰人也。始為布衣時，貧無行，不得推
> 擇為吏，又不能治生商賈，常從人寄食飲，人多厭之者，
> 常數從其下鄉南昌亭長寄食，數月，亭長妻患之，乃晨炊
> 蓐食。食時信往，不為具食。信亦知其意，怒，竟絕去。
> 信釣於城下，諸母漂，有一母見信饑，飯信，竟漂數十日。
> 信喜，謂漂母曰：「吾必有以重報母。」母怒曰：「大丈夫
> 不能自食，吾哀王孫而進食，豈望報乎！」[23]

　　韓信具有典型的戰國游士性格，作為庶民，他不事生產；若
要入仕，也沒有為吏的能力。從後來的發展來看，韓信的才能必
須展現在遊說諸侯與戰爭當中。若仍在戰國時代，以韓信的才華
當能遊走於諸侯、各國公子或權貴門下，作為客卿、幕僚或賓客
獲得善待。然而秦統一之後，已無養士之貴族公子，韓信只能「從

牘論考》（臺北：臺灣古籍出版社，2002.05），頁 77–82。
[23] 日・瀧川資言會注考證：《史記會注考證》，卷 92〈淮陰侯列傳〉，頁 3387–
　　3388。

人寄食飲」。在這種情況下，韓信卻依舊保有戰國游士的自傲，因亭長不為具食而怒，幾乎淪為乞食的角色。

　　戰國時期多元而各有出路的仕途，在入秦之後受到了明顯的擠壓，韓信的例子反映出士人在仕途幾乎完全等同於吏道的情況下，求仕而不能仕的情況。從《史記》中許多著名的故事可以得見，戰國游士在秦時未必有不仕之心，卻受限於環境而不得不蟄伏民間或卑職。韓信之外，又如陳平少時遊學，長而有「使平得宰天下」[24]之感嘆。項羽著名的謀臣范增：「素居家，好奇計」，若「奇計」無用武之地，那麼「素居家」也在所難免。[25]酈食其的例子稍微好一點，他「好讀書」、「家貧落魄，無以為衣食業」，但他能擔任 「里監門吏」，且作為狂生， 使 「縣中賢豪不敢役」[26]。高祖的例子與酈食其相似，少時「嘗數從張耳游」[27]，相當仰慕信陵君[28]，且 「不事家人生產作業」，入秦之前儼然一游士；入秦之後不得遊，方 「試為吏」擔任泗水亭長的職位。[29]從〈高祖本紀〉的記載來看，劉季這亭長也不甚稱職，若非泗水郡第一的良吏蕭何幫助，恐怕難以應付秦吏之考課。[30]

---

[24] 日‧瀧川資言會注考證：《史記會注考證》，卷56〈陳丞相世家〉，頁2626。

[25] 日‧瀧川資言會注考證：《史記會注考證》，卷7〈項羽本紀〉，頁417。

[26] 日‧瀧川資言會注考證：《史記會注考證》，卷97〈酈生陸賈列傳〉，頁3495-3496。

[27] 日‧瀧川資言會注考證：《史記會注考證》，卷89〈張耳陳餘列傳〉，頁3344。

[28] 〈魏公子列傳〉：「高祖始微少時，數聞公子賢。及即天子位，每過大梁，常祠公子。」日‧瀧川資言會注考證：《史記會注考證》，卷77，頁3097。

[29] 日‧瀧川資言會注考證：《史記會注考證》，卷8〈高祖本紀〉，頁477。

[30] 〈蕭相國世家〉：「高祖為布衣時，何數以吏事護高祖。」〈高祖本紀〉：「高祖

　　秦的統一相當短暫，很快的秦末群雄並起，加上漢初郡國並立，這段時間可稱為士人仕途轉換的過渡期。與戰國時期風起雲湧的周遊求仕相比，此時的「仕」與「不仕」具有不同的意義，包含了有用世之心亦有才華，但在政府之中卻無容身之處，也覓無入仕途徑的。如秦時的韓信、陳平等。或雖然擔任著卑職，而實際上不能好好承擔職務的，如高祖。本書對於不仕之士的定義是「主動逃開所有仕宦機會」，但在此過渡期中，這些戰國游士未必皆「逃」離了仕宦機會，而是其知識背景根本無法在新時代中獲得機會。因此所謂「不得推擇為吏」，並不符合本書對不仕之士的定義。

　　然而，這些過渡期的戰國士人們，有時卻會被稱為「隱」：

　　　　耳、餘為刎頸交。俱隱身為里監門。[31]
　　　　舞陽侯樊噲者，沛人也。以屠狗為事，與高祖俱隱。[32]

　　秦時此類隱者情況特殊，既非不仕，亦非隱逸，或許可以稱為「蟄伏之士」。蟄伏之士與不仕之士一樣，必須面對生活維繫的問題，本章將一併收集案例，並於下個段落中獨立分析其社會基

為亭長，素易諸吏，……實不持一錢」、「高祖為亭長時，常告歸之田」。顯見蕭何對高祖的維護。又蕭何與本書所論的戰國游士是完全不同的典型，乃秦之良吏：「秦御史監郡者與從事，常辨之。何乃給泗水卒史事，第一」。見日・瀧川資言會注考證：《史記會注考證》，卷53、卷8，頁2571、479、481。
[31] 日・瀧川資言會注考證：《史記會注考證》，卷89〈張耳陳餘列傳〉，頁3344。
[32] 日・瀧川資言會注考證：《史記會注考證》，卷95〈樊酈滕灌列傳〉，頁3445。

礎，以求拼貼出秦時士人的整體面貌。此外，必須稍加說明的是：
部分蟄伏者遇到了時機，可能重新獲得了仕宦機會，若其因種種
理由而拒絕，那麼自當視為不仕之士。如蒯通不受項羽之封，田
橫自剄於雒，田橫二客拜都尉後自殺，都是有機會仕宦而逃，在
分類上就會被移入本章的不仕之士中討論。

　　秦末蟄伏游士們再度蜂起，企圖擺脫「不得為吏」或只能擔
任卑職的困境，韓信便是其中典型，其追隨者也同樣具有戰國游
士的性格。因此蒯通理直氣壯的說道：「當是時，臣唯獨知韓信，
非知陛下也」[33]。秦亡之後，漢初大量的諸侯王繼續為游士們提
供了背景舞臺，甚至不容於漢朝的士人，也期待能在諸侯王手下
獲得一定程度的庇護。如鐘離眛因此投奔韓信，並斥責韓信的背
叛是「自媚於漢」、「非長者」。[34]

　　值得注意的是，仕的過渡期至少延續到七國之亂後，換言之
漢初的劉姓諸侯王也同樣提供了士人多樣化的仕途管道，如吳王
劉濞：

> 吳王專并將其兵，未度淮，諸賓客皆得為將、校尉、候、
> 司馬，獨周丘不得用。周丘者，下邳人，亡命吳，酤酒無
> 行，吳王濞薄之，弗任。周丘上謁，說王曰：「臣以無能，
> 不得待罪行間。臣非敢求有所將，願得王一漢節，必有以
> 報王。」王乃予之。[35]

---

[33] 日・瀧川資言會注考證：《史記會注考證》，卷92〈淮陰侯列傳〉，頁3418。
[34] 日・瀧川資言會注考證：《史記會注考證》，卷92〈淮陰侯列傳〉，頁3414。

劉濞自行任命其賓客擔任軍事要職，其中不得用如周丘者，亦如戰國游士一樣，遊說君王求出使。稍晚的淮南王劉安也有「陰結賓客」、「積金錢賂遺郡國諸侯游士奇材」[36]的記載。可見雖然漢承秦制，但仕宦身分從「游士」到「吏」之間的過渡期，一直持續延伸到了武帝初期。而過渡期的「不仕」者，如田橫之客，也往往表現出一些戰國時代士為知己者死的氣味。

過渡期的另一個值得討論的重點是貴族。六國的舊貴族在秦時並未明顯受到迫害，如五世相韓的張良在韓亡之後仍保有家產，因此能「悉以家財求客刺秦王」，又如齊的田儋等人能以「宗彊」為豪。但這些舊貴族在秦時多半沒有入仕機會，不論是避仇吳中的項梁，還是為人牧羊的楚懷王，率皆如此。[37]漢興之後，隨高祖起事的軍功集團逐漸形成了新貴族，這批新貴族（為避免混淆，以下稱之為新世家）多半能佔據要津[38]，若有拒絕職務的舉措，則相當於不仕之士，如前文討論過的竇嬰。

秦及漢初「以吏為師」的仕途，使得不通律令章程的戰國遊士或隱藏於市井基層，或遊走於漢初的地方諸侯，舞臺大大限縮而不得不逐漸消亡。但在武帝博士弟子補郎制度形成之後，透過

---

[35] 日・瀧川資言會注考證：《史記會注考證》，卷106〈吳王濞列傳〉，頁3686。

[36] 日・瀧川資言會注考證：《史記會注考證》，卷118〈淮南衡山列傳〉，頁4016。

[37] 〈項羽本紀〉：「乃求楚懷王孫心民間，為人牧羊，立以為楚懷王。」日・瀧川資言會注考證：《史記會注考證》，卷7，頁419。

[38] 李開元論之甚詳，參見李開元：《漢帝國的建立與劉邦集團：軍功受益階層研究》（北京：生活・讀書・新知三聯書店，2000年），頁21–58。品鍵案：某些新世家其實是舊貴族轉換身分，如張良、項伯等。

太學等經典教育以及祿利之路[39]的引導，逐步將有意求仕卻游離
於吏道之外的儒生引入朝廷當中，形成以經術緣飾吏事的情況。
相較於戰國的多元，過渡期之後的漢代仕途，大體有「儒」與
「吏」兩條路線，在此兩條路線之外的知識體系，則以道家型的
隱士為多。隨著時代的前進，擁有足以進入宦途的知識技能卻拒
絕職位的士人，加上各種類型的隱士，組成了不仕之士的大部分
樣貌。

　　本章的論述重點在於過渡期的不仕之士。以下將具體分析秦
及漢初不仕之士的社會基礎，並將蟄伏於秦時的戰國游士一併附
於秦的段落中討論。列於秦的士人，以秦滅六國之後有不仕記載
者為主，若士人不仕於始皇帝統一之前，則不列入。秦與漢的分
界，則以拒絕仕宦的時間為主，如秦時有不仕之記錄，終身不仕
者，列於秦，如安期生。秦時不仕，後仕於漢者，亦列於秦，如
樊噲。未知秦時是否不仕，但漢時方有不仕之記錄者，列於漢，
如蓋公。秦末不仕於諸豪傑，漢興之後亦不仕漢者，同列於秦，
如范增。秦時仕，或秦末仕於其他陣營而不仕高祖者，同列於漢，
如蒯通。秦時不仕，延續至高祖時亦不仕，但因其他因素而仕於
漢者，則列於漢，如商山四皓。

---

[39] 《漢書‧儒林傳》班固贊曰：「自武帝立五經博士，開弟子員，設科射策，勸
　　以官祿，訖於元始，百有餘年，傳業者寖盛，支葉藩滋，一經說至百餘萬言，
　　大師眾至千餘人，蓋祿利之路然也。」清‧王先謙補注：《漢書補注》，卷88
　　〈儒林傳〉，頁5457。

三、秦朝的不仕與蟄伏之士

秦統一天下的時間並不長，自秦王政二十六年（西元前221年）滅齊之後，到漢元年（西元前207年）子嬰封皇帝璽符節降沛公為止，不過短短14年。即便加上楚漢相爭時期，亦即漢元年到項羽敗亡（西元前202年）的這段5年，亦不超過20年。因為如此短暫，大批的戰國游士未及以吏為師，學習律令文書求仕，可蟄伏等待秦的覆滅。《史記》記載，在秦統一之前，尚有「諸侯賓客使者相望於道」請文信侯呂不韋，又有為監門小吏者如張耳、陳餘、酈食其等。除此之外，可想見如樊噲般隱於市井者應該也不少。可惜的是，由於史料湮滅，戰國游士於秦時如何自處，並無大量資料可供研究，幸賴《史記》以及部分文獻存之一二，可見端倪。

以下秦朝時期不仕之士的案例，共計8筆：

姓名	出處[40]	相關事蹟	分類
1. 盧生	史記	侯生、盧生相與謀曰：「……貪於權勢至如此，未可為求仙藥。」於是乃亡去。[41]	儒生

---

[40] 相較於戰國人物與先秦文獻，漢代以下有信史，有正史，其資料之可信度與先秦子書相距甚大。以下不仕之士之史料出處，凡信史有之，而非信史之史料與之全同，則引信史。如正史有之，則不用《高士傳》。凡早期史料有之而後期史料相同，則引早期史料。如《漢書》襲《史記》文，則不引《漢書》。若資料中非信史、後期史料另有記載，則略引之。

2.	侯生	史記、說苑	有方士韓客侯生，齊客盧生，相與謀曰：「當今時不可以居，……」乃相與亡去。……盧生不得，而侯生後得。[42]	儒生
3.	叔孫通	史記	叔孫通者，薛人也。秦時以文學徵，待詔博士。……於是二世令御史案諸生言反者下吏，非所宜言。諸言盜者皆罷之。乃賜叔孫通帛二十匹，衣一襲，拜為博士。叔孫通已出宮，反舍，諸生曰：「先生何言之諛也？」通曰：「公不知也，我幾不脫於虎口！」乃亡去，之薛，薛已降楚矣。及項梁之薛，叔孫通從之。[43]	儒生
4.	范增	史記	居鄛人范增，年七十，素居家，好奇計。……項王乃疑范增與漢有私，稍奪之權。范增大怒，曰：「天下事大定矣，君王自為之。願賜骸骨歸卒伍。」項王許之。行未至彭城，疽發背而死。[44]	縱橫游士
5.	侯公	史記	漢王復使侯公往說項王，項王乃與漢約，中分天下，割鴻溝以西者為漢，鴻溝而東者為楚。項王許之，即歸漢王父母妻子。軍皆呼萬歲。漢王乃封侯公為平國君。匿弗肯復見。曰：「此天下辯士，所居傾國，故號為平國君。」[45]	縱橫游士

[41] 日・瀧川資言會注考證：《史記會注考證》，卷6〈秦始皇本紀〉，頁361。

[42] 西漢・劉向，向宗魯校證：《說苑校證》（北京：中華書局，1987年），卷20〈反質〉，頁517。

[43] 日・瀧川資言會注考證：《史記會注考證》，卷99〈劉敬叔孫通列傳〉，頁3533-3534。

[44] 日・瀧川資言會注考證：《史記會注考證》，卷7〈項羽本紀〉，頁419、455。

[45] 日・瀧川資言會注考證：《史記會注考證》，卷7〈項羽本紀〉，頁463。

6.	蒯通（徹）	史記、漢書	太史公曰：甚矣蒯通之謀，亂齊驕淮陰，其卒亡此兩人！蒯通者，善為長短說，論戰國之權變，為八十一首。[46] 通善齊人安期生，安期生嘗干項羽，項羽不能用其筴。已而項羽欲封此兩人，兩人終不肯受，亡去。[46] 韓信猶豫不忍倍漢，又自以為功多，漢終不奪我齊，遂謝蒯通。蒯通說不聽，已詳狂為巫。[47] 至齊悼惠王時，曹參為相，禮下賢人，請通為客。[48]	縱橫游士
7.	黃石公	史記	良嘗閒從容步游下邳圯上，有一老父，衣褐……出一編書，曰：「讀此則為王者師矣。後十年興。十三年，孺子見我濟北，穀城山下黃石即我矣。」遂去，無他言，不復見。[49]	道家型游士
8.	安期生	史記	通善齊人安期生，安期生嘗干項羽，項羽不能用其筴。已而項羽欲封此兩人，兩人終不肯受，亡去。[50] 少君言上：「……臣嘗游海上，見安期生，安期生食巨棗，大如瓜。安期生僊者，通蓬萊中，合則見人，不合則隱。」於是天子始親祠灶，遣方士入海求蓬萊安期生之屬……求蓬萊安期生莫能得，而海上燕齊怪迂之方士多更來言神事矣。[51]	道家型游士

[46] 日・瀧川資言會注考證：《史記會注考證》，卷94〈田儋列傳〉，頁3443。

[47] 日・瀧川資言會注考證：《史記會注考證》，卷92〈淮陰侯列傳〉，頁3412。

[48] 清・王先謙補注：《漢書補注》，卷45〈蒯伍江息夫傳〉，頁3561。

[49] 日・瀧川資言會注考證：《史記會注考證》，卷55〈留侯世家〉，頁2601-2602。

[50] 日・瀧川資言會注考證：《史記會注考證》，卷94〈田儋列傳〉，頁3443。

[51] 日・瀧川資言會注考證：《史記會注考證》，卷28〈封禪書〉，頁1612。

　　雖然案例不多，但或許與太史公的取材有關，這 8 個不仕案例幾乎都具有游士的性格，實際上或多或少都有些政治抱負期待能被實踐。但同時又「惡不由其道」[52]，因此遊走於不同的陣營之間。8 例粗略可分為三類：

　　第一類是儒生，或當時普遍「皆誦法孔子」的文學方術士。包含了不願為秦始皇求仙藥，引發坑儒事件的侯生、盧生，以及諂媚秦二世求苟活的叔孫通三人。這三人雖然皆可稱為儒生，但其舉措與孔、孟等先秦大儒頗不相同。盧生在〈秦始皇本紀〉當中為皇帝求不死藥，以鬼神事君，若非扶蘇一句「諸生皆誦法孔子」[53]，難以令人聯想到以講仁義、頌禮樂為士道的先秦諸儒。侯生史料不多，但從其與盧生相與謀亡去的情況來看，兩人或許是一丘之貉。叔孫通是秦文學博士，在秦二世倒行逆施之際亡去，本有「可卷而懷之」[54]的意思。然而叔孫通以言之諛求生，後又因漢王憎儒而變服，面諛以得親貴[55]，與危言、危行、言孫[56]的孔子教訓亦不甚相類。太史公稱其「漢家儒宗」、「道固委蛇」[57]，實是深刻的諷刺。

---

[52] 孟子語，見南宋・朱熹：《孟子集注》，卷 6〈滕文公下〉，頁 372。

[53] 日・瀧川資言會注考證：《史記會注考證》，卷 6〈秦始皇本紀〉，頁 361。

[54] 南宋・朱熹：《論語集注》，卷 8〈衛靈公〉，頁 227。

[55] 日・瀧川資言會注考證：《史記會注考證》，卷 99〈劉敬叔孫通列傳〉，頁 3534、3536。

[56] 南宋・朱熹：《論語集注》，卷 7〈憲問〉，頁 207。

[57] 日・瀧川資言會注考證：《史記會注考證》，卷 99〈劉敬叔孫通列傳〉，頁 3542。

　　儘管如此，此三儒皆入仕秦帝，卻都在尚無直接壓迫的情況下主動亡去，因此都屬於不仕之士。《史記》並未更進一步的記載此三人亡去之後如何維繫生活，其中盧生與侯生是坑儒事件的案首，《史記》並未有後續記載[58]，遑論探索其社會基礎。叔孫通有「從儒生弟子百餘人」，但恐怕不似西漢後期的儒生一樣以講授為業，而是在亂世中以集團方式相當辛苦的生存著。因此叔孫通弟子會有「今不能進臣等」[59]的牢騷。

　　第二類則是典型的戰國縱橫說客，包含了范增、侯公、蒯通三人。范增與項梁、項羽等豪傑一樣，秦時屬於蟄伏者，但因其受到項羽懷疑而主動求去，項羽當時為西楚霸王，范增求去之舉相當於不仕，因此列於此處。侯公指的是為楚漢相爭尾聲，調停中分天下的侯公。[60]漢王的侯公在《史記》當中記載極為簡略，僅知其受封為平國君卻「匿弗肯復見」，亦相當於主動不仕。蒯通為秦末著名的說客辯士，其較為人知的事蹟是韓信不用其三分鼎足之策，因此「詳狂為巫」[61]。除此之外，在韓信平趙之前，項

---

[58] 《說苑》並記載了侯生與秦始皇的一段對話，最終「始皇喟然而歎，遂釋不誅」。見向宗魯校證：《說苑校證》，卷20〈反質〉，頁517–518。案：此段故事近乎小說家言，並非信史。

[59] 日・瀧川資言會注考證：《史記會注考證》，卷99〈劉敬叔孫通列傳〉，頁3535。

[60] 案：為秦始皇求藥的侯生亦稱侯公，但應為另一人。若《說苑・反質》所記載侯生與秦始皇的對話可信，則秦始皇之侯生亦為有口辯士。不過儘管秦始皇與漢王之時間相近，當時游士身兼數種學術知識亦非罕事，雖然如此，《說苑》之性質本非信史，筆者此處仍視二侯為不同人。見向宗魯校證：《說苑校證》，卷20〈反質〉，頁517–518。

羽欲封蒯通而通不受亡去,顯見蒯通有不仕之舉。

　　三人的社會基礎為何,同樣不甚明朗。侯公全無史料可推敲,暫且不論。范增「素居家」,因其年老,其本人於秦時是否有其他治生之法,無法確證。從「居家」的記載,以及因陳平反間而「賜骸骨歸卒伍」[62]的說法來看,或可簡單推論范增有家庭,其家庭成員或有產業得以為生,類似高祖周遊而其兄劉仲能治產業一般。[63]蒯通是純粹的辯士,不過既然詳狂為「巫」,其社會基礎可能與混跡市井相關。

　　第三類為具有一部分隱士風采的道家型游士,包含了黃石公、安期生兩人。二者皆隱匿蹤跡而成傳說,乃至於被方術士視為神仙而造作許多怪異之事蹟,因此如「穀城山下黃石」或「食巨棗」等等,皆不可信。黃石公、安期生兩人都無法推敲其社會基礎,或許與司馬遷走訪各地蒐集逸聞傳說入史有關。以安期生而言,其以策嘗干項羽之事尚有可信之處,但李少君游海上所見云云,則與其言不死一樣,荒誕無比。

---

[61] 日‧瀧川資言會注考證:《史記會注考證》,卷92〈淮陰侯列傳〉,頁3412。按:《史記集解》引徐廣曰:「一本:『遂不用蒯通,……』說不聽,因去詳狂。」詳狂有不欲為君所用,以狂態隱避亂局之意,如箕子:「被髮詳狂而為奴,遂隱而鼓琴以自悲。」蒯通因說不聽而詳狂,當有去韓信而不仕之意。見日‧瀧川資言會注考證:《史記會注考證》,卷92〈淮陰侯列傳〉,頁3413;卷38〈宋微子世家〉,頁1955。

[62] 日‧瀧川資言會注考證:《史記會注考證》,卷7〈項羽本紀〉,頁455。

[63] 〈高祖本紀〉:「高祖奉玉卮,起為太上皇壽,曰:『始大人常以臣無賴,不能治產業,不如仲力。……』」日‧瀧川資言會注考證:《史記會注考證》,卷8,頁540。

　　雖然如此，二位某種程度上也具有戰國游士的特質。黃石公以書傳張良，並言「讀此則為王者師」，與游士多言能成就王霸事業相似；至於安期生，司馬遷於〈樂毅列傳〉中曾述及安期生為戰國末年黃老之學的重要源頭[64]，因此不但以策干項羽這部分具有游士特色，在成一家之言的意義上，安期生也不僅止於方士所妄言的蓬萊仙者。二人對於世道發展，霸業興衰的關注，亦與游士相當。

　　從入秦一直到漢朝成立之前，有入仕機會卻拒絕的不仕之士大體有這幾例。除此之外，其他並非有機會入仕，但實際上拒絕仕途的蟄伏之士亦有 7 筆例證：

	姓名	出處	相關事蹟	分類
1.	項梁	史記	項梁殺人，與籍避仇於吳中。[65]	舊貴族
2.	項羽	史記	項籍少時，學書不成，去，學劍，又不成。 秦始皇帝游會稽，渡浙江，梁與籍俱觀。籍曰：「彼可取而代也。」梁掩其口，曰：「毋妄言，族矣！」梁以此奇籍。[66]	舊貴族
3.	項伯	史記	居下邳，為任俠。項伯常殺人，從良匿。[67]	舊貴族

---

[64] 〈樂毅列傳〉：「太史公曰：……樂臣公學黃帝、老子，其本師號曰河上丈人，不知其所出。河上丈人教安期生，安期生教毛翕公，毛翕公教樂瑕公，樂瑕公教樂臣公，樂臣公教蓋公。蓋公教於齊高密、膠西，為曹相國師。」日・瀧川資言會注考證：《史記會注考證》，卷80，頁3169。

[65] 日・瀧川資言會注考證：《史記會注考證》，卷7〈項羽本紀〉，頁412。

[66] 日・瀧川資言會注考證：《史記會注考證》，卷7〈項羽本紀〉，頁412。

4.	熊心	史記	往說項梁曰：「……以君世世楚將，為能復立楚之後也。」於是項梁然其言，乃求楚懷王孫心民間，為人牧羊，立以為楚懷王，從民所望也。[68]	舊貴族、牧羊
5.	陳平	史記	少時家貧，好讀書，有田三十畝，獨與兄伯居。伯常耕田，縱平使游學。……陳平固已前謝其兄伯，從少年往，事魏王咎於臨濟。[69]	貧寒
6.	韓信	史記	始為布衣時，貧無行，不得推擇為吏，又不能治生商賈，常從人寄食飲，人多厭之者，常數從其下鄉南昌亭長寄食。[70]	貧寒
7.	樊噲	史記	舞陽侯樊噲者，沛人也。以屠狗為事，與高祖俱隱。[71]	技藝

　　此 7 例基本上都活躍於秦末楚漢之際，甚至可以說是因為楚漢相爭才使這些人物在秦時的事蹟被稍稍記錄下來，否則諸侯相兼，史記放絕，後世極難一窺秦時士人的面貌。但也因為是楚漢相爭留下的記錄，所以這 7 例大體皆有用世之心，同時其立場非楚即漢，很難透過此 7 例挖掘更多戰國游士蟄伏於秦的狀況。

　　7 例中，世世為楚將的項氏佔了三人，分別是項梁、項羽以及項伯。其中項梁、項伯皆有避仇或避禍而隱匿的舉措。項羽「彼

---

[67] 日・瀧川資言會注考證：《史記會注考證》，卷 55〈留侯世家〉，頁 2603。

[68] 日・瀧川資言會注考證：《史記會注考證》，卷 7〈項羽本紀〉，頁 419。

[69] 日・瀧川資言會注考證：《史記會注考證》，卷 56〈陳丞相世家〉，頁 2624、2626。

[70] 日・瀧川資言會注考證：《史記會注考證》，卷 92〈淮陰侯列傳〉，頁 3387。

[71] 日・瀧川資言會注考證：《史記會注考證》，卷 95〈樊酈滕灌列傳〉，頁 3445。

可取而代也」的發言，以及項梁「毋妄言，族矣」同時又「以此奇籍」的表現，或可作為秦時戰國舊貴族的某種心態：既不甘於位居秦的統治之下，卻又暫時無力反抗秦的統治，只能暗中蟄伏，等待時機。

與項氏類似的，當屬張良。張良家大父、父五世相韓，近似項氏世代楚將；張良更名姓亡匿[72]，亦與項梁、項伯相似。不過張良入漢之後有「弃人間事」的舉措，因此屬不仕之士而列於下一部分。

項氏或張良都屬於戰國遺留的舊貴族。《史記》記載活躍於秦末的舊貴族不少，同樣被列於此處的熊心，則隱於民間牧羊。若從張良在韓亡之後尚有「家僮三百人」，以及齊田氏「宗彊能得人」的情況來看，舊貴族若安分守己，在秦時應該能維持不錯的生活。熊心作為楚王室，當以田氏為類比，所謂「為人牧羊」云云，應該視為蟄伏等待時機的舉措，不能以生活困頓目之。

其他如楚另一舊貴族景駒，以及魏之魏豹，齊田氏包含田儋、田榮等十數人，還有韓之韓成、韓王信、橫陽君，趙之趙歇等等。由於《史記》全無記載諸人在秦時的生活，無法釐清是蟄伏還是入仕，因此不列入其中。但若以項氏作為參照，諸貴族可能與項氏一樣，都在秦時蟄伏積蓄力量，因此方能在陳涉揭竿之後，快速趁勢而起，順服秦甚至入仕的可能性不高。因史料缺載，無法作為相關的案例來分析。

---

[72] 日・瀧川資言會注考證：《史記會注考證》，卷55〈留侯世家〉，頁2600。

　　戰國貴族們在入秦之後，因亡國而導致社會基礎的削弱是必然的。但這裡要更進一步的指出：從張良與田氏的例子來看，除非犯法，否則戰國舊貴族在秦時仍可維持相當優渥的生活。再從另一個層面來看，項氏的例子表示，即便是有「櫟陽逮」，甚至要避仇於吳中[73]，戰國舊貴族依舊能透過舊時的聲望與人脈，在民間擁有不小的影響力。換言之戰國舊貴族雖然因秦而亡國，卻未必因秦而徹底失去原有的社會基礎，頂多是受到了劇烈的削弱。相對於舊貴族的生活，前文提到諸位入秦之後失去舞臺的戰國游士們，卻不得不陷入貧寒的困境，陳平與韓信都是顯例。此二人皆有不視生產以及貧的記載，亦皆有類似寄食的生活，其中陳平因其兄以及戶牖富人的緣故，情況較佳，韓信則已近乎乞食。受限於史料，戰國游士在秦時是否皆是如此，《史記》並未一一給予答案，但其社會基礎薄弱，恐怕是常態。

　　樊噲的例子比較特殊，《史記》記載其「以屠狗為事，與高祖俱隱」，既然稱「隱」，除了將其與戰國士人常見的藏身市井做連結之外，或許也代表樊噲的才能遠高於「屠狗為事」。是否曾有入仕機會而拒絕，則不得而知。可與樊噲一同比較的漢初功臣則是周勃，《史記》云：「勃以織薄曲為生，常為人吹簫給喪事，材官引彊」[74]。同樣是混跡市井，亦有勇悍之名，周勃並未有「隱」

---

[73] 〈項羽本紀〉：「項梁嘗有櫟陽逮，乃請蘄獄掾曹咎書抵櫟陽獄掾司馬欣，以故事得已。項梁殺人，與籍避仇於吳中。吳中賢士大夫皆出項梁下。」日·瀧川資言會注考證：《史記會注考證》，卷7，頁412。

[74] 日·瀧川資言會注考證：《史記會注考證》，卷57〈絳侯周勃世家〉，頁2644。

的記載，而是「木彊敦厚」，動輒自危恐誅。陳平取笑周勃曰：
「君居其位，不知其任邪」[75]，而司馬遷亦論之曰：「鄙樸人也，
才能不過凡庸」[76]。兩相對比之下，樊噲勸沛公封秦重寶財物府
庫還軍霸上，可見其決斷；鴻門宴上與項羽對飲，可見其勇敢；
晚年將兵定代、燕，可見其將才。[77]因此樊噲之屠狗，可稱為隱，
視之為蟄伏，但周勃之織薄曲，恐怕不過治生之事業罷了。然而
周勃隨高祖起事之後，出將入相，擔任宰相時有自請免相的情況，
因其發生於漢時，將列入下一節的不仕之士討論範圍。

　　雖然案例不多，但樊噲「屠狗」與蒯通「為巫」的記載，與
戰國時代不仕者往往依技藝混跡市井，或周旋於達官貴人之間的
生活形態，根本上是一脈相承。可推論在史料之外，理當還有更
多例證被淹沒了。但反過來說，韓信、陳平的例證也表現出秦時
的市井恐怕不如戰國時期容易生存。以戰國的普遍情況來說，仰
賴他人供養，也就是成為食客，本屬游士的生存之道。但秦法苛
刻，加上重視生產活動的編戶齊民制度，使貴族與任俠在秦時無
法持續的供養並保護這些無生產能力的游士。游士的供養者從貴
族公子、達官顯要，變成了兄長、富人，乃至於亭長小吏、城下
漂母，大幅度削弱了絕大多數游士的社會基礎。韓信、陳平乃將

---

[75] 日・瀧川資言會注考證：《史記會注考證》，卷56〈陳丞相世家〉，頁2640。

[76] 日・瀧川資言會注考證：《史記會注考證》，卷57〈絳侯周勃世家〉，頁2664。

[77] 高祖七年、十二年樊噲定代，高祖十二年與將兵擊燕王綰。見日・瀧川資言
會注考證：《史記會注考證》，卷8〈高祖本紀〉，頁537、546；又見卷95〈樊
酈滕灌列傳〉，頁3453。

相之才，卻必須仰賴這些鄉里中的庶民才能生存，其變化豈在毫釐之間？

　　總體來說，秦時不仕之士案例的缺乏，可以從兩部分來思考其原因：其一，由於史料殘缺，記載不全，因此無法更進一步窺探秦時不得推擇為吏，或不屑擔任秦吏的眾多士人們，如何維繫其不仕的生活。其二，從戰國到秦之間，舊貴族因亡國、犯法而削弱了其社會基礎，而寒門游士則因失去了舞臺，其社會基礎更是危如累卵，處境艱難。導致游士們在秦時必須往吏道或農桑等生產事業趨近，又或者是犯法而成為刑徒，因此無法持續「士」的身分。既然不再為「士」，那麼仕與不仕的抉擇自然也就與他們無關了。

四、西漢早期的不仕之士

　　入漢之後，不仕的案例稍多，有典範的深山隱居之士，有與戰國時代相接的舊貴族與游士賓客，也有漢朝成立之後的新世家，以及數量比例越來越多的儒生。這裡的「西漢早期」是以武帝時代為界，包含高祖、惠帝、呂后、文帝、景帝諸朝，前後大約65年。以漢武帝為界自然是因為經術取士之故，然而漢武帝即位初年因竇太后的緣故，維持文景時期的黃老治術，理當併入西漢早期看待[78]，如此則大約有70年。

---

[78] 武帝即位後，竇太后時期的不仕之士僅一例申公，申公生涯有兩次歸家不出，

　　西漢早期的案例雖然稍多，但同樣的受限於史料，在社會基礎的調查上很難完整。尤其隱逸者，既選擇了逃匿不現，以政治為主軸的史書記載自然容易忽略不記。少數記載者，其社會背景又多語焉不詳。如著名的商山四皓是否算得上真正的隱士，歷來亦有爭議，如司馬光便稱四人為「太子客」而不言逃匿山中，又於《考異》中言「此特辯士欲誇大四叟之事……非事實」[79]云云。

　　儘管如此，孝惠帝身邊的商山四皓無論真假，可能都代表著當時有山中隱士的傳聞。《淮南子‧氾論》云：「今之時人，辭官而隱處，為鄉邑之下，豈可同哉！」[80]戰國末年到漢初這段亂世期間，避亂而隱居山林或以其他方式隱其身的隱逸者，應該不在少數，只是西漢初年不若東漢初年那樣，對不仕之隱逸高士特加表彰。隱士雖有超逸之節行，實與編戶無異，再加上隱逸之行無涉天下大勢，隱者既無意現身，史料不載也在情理之中。

　　隱逸之外，西漢早期的不仕之士身分相當多元，具有承先啟後的地位。即便表中之儒與秦時的不仕者在分類上同被列為「儒生」，也有從「儒生方士」向「通經大儒」轉變的跡象。

一次在景帝時，另一次即武帝、竇太后時。然景帝時因楚王胥靡而歸魯，較符合本書不仕定義。武帝時乃因政治壓迫而不得不以疾免歸，因此表列仍以景帝為主。

[79]　《資治通鑑》與《資治通鑑考異》並見北宋‧司馬光編著；元‧胡三省音注：《資治通鑑》（北京：中華書局，1956.06），卷12〈漢紀〉4（高帝11年），頁399–400。

[80]　西漢‧劉安，張雙棣校釋：《淮南子校釋》（北京：北京大學出版社，1997年），卷13〈氾論訓〉，頁1359。

以下條列 24 例西漢早期不仕之士的相關資料：

	不仕時間	姓名	出處	相關事蹟	分類
1.	高祖	東郭先生	漢書	齊王田榮怨項羽，謀舉兵畔之，劫齊士，不與者死。齊處士東郭先生、梁石君在劫中，強從。及田榮敗，二人醜之，相與入深山隱居。……乃見相國曰：「……彼東郭先生、梁石君，齊之俊士也，隱居不嫁，未嘗卑節下意以求仕也。」[81]	隱居山林
2.	高祖	梁石君	漢書	彼東郭先生、梁石君，齊之俊士也，隱居不嫁，未嘗卑節下意以求仕也。	隱居山林
3.	高祖	甪里先生（四皓）	史記	留侯曰：「此難以口舌爭也。顧上有不能致者，天下有四人。四人者年老矣，皆以為上慢侮人，故逃匿山中，義不為漢臣。然上高此四人。……四人前對，各言名姓，曰：「東園公，甪里先生，綺里季，夏黃公。」上乃大驚，曰：「吾求公數歲，公辟逃我，今公何自從吾兒游乎？」[82]	隱居山林
4.	高祖	東園公（四皓）	史記	四人者年老矣，皆以為上慢侮人，故逃匿山中，義不為漢臣。	隱居山林
5.	高祖	夏黃公（四皓）	史記	四人者年老矣，皆以為上慢侮人，故逃匿山中，義不為漢臣。	隱居山林
6.	高祖	綺里季（四皓）	史記	四人者年老矣，皆以為上慢侮人，故逃匿山中，義不為漢臣。	隱居山林

[81] 清・王先謙補注：《漢書補注》，卷45〈蒯伍江息夫傳〉，頁3561。

[82] 日・瀧川資言會注考證：《史記會注考證》，卷55〈留侯世家〉，頁2616、2619。

7.	文帝	司馬季主	史記	司馬季主者，楚人也。卜於長安東市。……賈誼曰：「吾聞古之聖人，不居朝廷，必在卜醫之中。今吾已見三公九卿、朝士大夫皆可知矣。試之卜數中以觀采。」二人即同輿而之市，游於卜肆中。[83]	隱士（技藝：卜）
8.	文帝	河上公	神仙傳	河上公者，莫知其姓名也。漢孝文帝時，結草為庵於河之濱，常讀老子道德經。時文帝好老子之道，……侍郎裴楷奏云：陝州河上有人誦老子。即遣詔使齎所疑義問之，……帝即拜跪受經，言畢，失公所在。……時人因號河上公。[84]	隱士
9.	高祖	蓋公	史記、高士傳	聞膠西有蓋公，善治黃老言，使人厚幣請之。既見蓋公，蓋公為言治道貴清靜，而民自定，推此類具言之。參於是避正堂舍蓋公焉。[85]漢之起，齊人爭往于世主，唯蓋公獨遁居不仕。……蓋公雖為參師，然未嘗仕。以壽終。[86]	賓客
10.	文帝	王生	史記	王生者，善為黃、老言，處士也。嘗召居廷中，三公九卿盡會立，王生老人，……王生曰：「吾老且賤，自度終無益於張廷尉。張廷尉方今天下名臣，吾故聊辱廷尉，使跪結韈，欲以重之。」諸公聞之，賢王生而重張廷尉。[87]	賓客

[83] 日・瀧川資言會注考證：《史記會注考證》，卷127〈日者列傳〉，頁4211。

[84] 東晉・葛洪著；胡守為校釋：《神仙傳校釋》（北京：中華書局，2010年），卷8，頁293–294。

[85] 日・瀧川資言會注考證：《史記會注考證》，卷54〈曹相國世家〉，頁2593。

[86] 西晉・皇甫謐，《高士傳》（臺北：中華書局據《漢魏叢書》本校刊，1978年），卷中〈蓋公〉，頁7。

11. 12.	高祖	田橫二客	史記	……拜其二客為都尉，發卒二千人，以王者禮葬田橫。既葬，二客穿其冢旁孔，皆自剄，下從之。[88]	賓客
13.	景帝	袁盎	史記	袁盎者，楚人也，字絲。父故為群盜，徙處安陵。高后時，盎嘗為呂祿舍人。及孝文帝即位，盎兄噲任盎為中郎。 ……袁盎為楚相。嘗上書有所言，不用。袁盎病免，居家，與閭里浮沈，相隨行鬭雞走狗。……袁盎雖家居，景帝時時使人問籌策。[89]	賓客
14. 15.	高祖	魯二儒生	史記	叔孫通使徵魯諸生三十餘人。魯有兩生，不肯行，曰：「……公所為不合古，吾不行。公往矣，無汙我！」叔孫通笑曰：「若真鄙儒也，不知時變。」[90]	儒生
16.	惠帝	田何	史記、高士傳	孔子卒，商瞿傳易六世，至齊人田何，字子莊，而漢興。[91] 惠帝時，何年老家貧，守道不仕，帝親幸其廬。以受業終，為易者宗。[92]	儒生（講授）
17.	景帝	穆生	漢書	初，元王敬禮申公等，穆生不耆酒，元王每置酒，常為穆生設醴。及王戊即位，常設，後忘設焉。穆	儒生

---

[87] 日・瀧川資言會注考證：《史記會注考證》，卷102〈張釋之列傳〉，頁3580。

[88] 日・瀧川資言會注考證：《史記會注考證》，卷94〈田儋列傳〉，頁3442-3443。

[89] 日・瀧川資言會注考證：《史記會注考證》，卷101〈袁盎鼂錯列傳〉，頁3554、3564-3565。

[90] 日・瀧川資言會注考證：《史記會注考證》，卷99〈劉敬叔孫通列傳〉，頁3536。

[91] 日・瀧川資言會注考證：《史記會注考證》，卷121〈儒林列傳〉，頁4082。

[92] 西晉・皇甫謐：《高士傳》，卷中〈田何〉，頁9。

			生退曰：「可以逝矣！醴酒不設，王之意怠，……先王之所以禮吾三人者，為道之存故也；今而忽之，是忘道也。忘道之人，胡可與久處！豈為區區之禮哉？」遂謝病去。申公、白生獨留。[93]	
18.	景帝	申公	史記	呂太后時，……戊立為楚王，胥靡申公。申公恥之，歸魯，退居家教，終身不出門，復謝絕賓客，獨王命召之，乃往。弟子自遠方至，受業者百餘人。……見天子。……然已招致，則以為太中大夫，舍魯邸，議明堂事。太皇竇太后好老子言，……申公亦疾免以歸，數年卒。[94]	儒生（講授）
19.	高祖	張良	史記、漢紀	留侯諫，不聽，因疾不視事。留侯乃稱曰：「……今以三寸舌為帝者師，封萬戶，位列侯，此布衣之極，於良足矣。願弃人間事，欲從赤松子游耳。」乃學辟穀道引輕身。會高帝崩，呂后德留侯，乃彊食之。[95] 「……願棄人間事，欲從赤松子遊耳。」乃學道，不食穀，遂不仕。[96]	舊貴族
20.	高祖	田橫	史記	高皇帝……使使持節具告以詔商狀，曰：「田橫來，大者王，小者	舊貴族

[93] 清・王先謙補注：《漢書補注》，卷 36〈楚元王傳〉，頁 3250。

[94] 日・瀧川資言會注考證：《史記會注考證》，卷 121〈儒林列傳〉，頁 4072–4073。

[95] 日・瀧川資言會注考證：《史記會注考證》，卷 55〈留侯世家〉，頁 2600、2619、2621。

[96] 東漢・荀悅著：《漢紀》（北京：中華書局，2002 年），卷 3〈高祖皇帝紀〉，頁 41。

			乃侯耳；不來，且舉兵加誅焉。」田橫乃與其客二人乘傳詣雒陽。未至三十里，至尸鄉廄置，橫謝使者曰：「人臣見天子當洗沐。」止留。謂其客曰：「……今陛下在洛陽，今斬吾頭，馳三十里閒，形容尚未能敗，猶可觀也。」遂自剄，令客奉其頭，從使者馳奏之高帝。[97]	
21.	呂后	王陵	史記	王陵者，故沛人，始為縣豪，高祖微時，兄事陵。陵少文，任氣，好直言。及高祖起沛，入至咸陽，陵亦自聚黨數千人……高后欲立諸呂為王，問王陵，王陵曰：「不可。」問陳平，陳平曰：「可。」呂太后怒，乃佯遷陵為帝太傅，實不用陵。陵怒，謝疾免，杜門竟不朝請，七年而卒。[98]	豪強、新世家
22.	文帝	周勃	史記	文帝既立，以勃為右丞相，賜金五千斤，食邑萬戶。居月餘，人或說勃曰：「君既誅諸呂，立代王，威震天下，而君受厚賞，處尊位，以寵，久之即禍及身矣。」勃懼，亦自危，乃謝請歸相印。上許之。歲餘，丞相平卒，上復以勃為丞相。[99] 絳侯自知其能不如平遠矣。居頃之，絳侯謝病請免相。[100]	新世家

[97] 日・瀧川資言會注考證：《史記會注考證》，卷94〈田儋列傳〉，頁3441–3442。

[98] 日・瀧川資言會注考證：《史記會注考證》，卷56〈陳丞相世家〉，頁2637–2638。

[99] 日・瀧川資言會注考證：《史記會注考證》，卷57〈絳侯周勃世家〉，頁2653。

[100] 日・瀧川資言會注考證：《史記會注考證》，卷56〈陳丞相世家〉，頁2640。

| 23. | 景帝 | 竇嬰 | 史記 | 太后由此憎竇嬰。竇嬰亦薄其官，因病免。太后除竇嬰門籍，不得入朝請。
孝景三年，吳楚反，上察宗室諸竇毋如竇嬰賢，乃召嬰。嬰入見，固辭謝病不足任。太后亦慚。於是上曰：「天下方有急，王孫寧可以讓邪？」乃拜嬰為大將軍，賜金千斤。
孝景四年，立栗太子，使魏其侯為太子傅。孝景七年，栗太子廢，魏其數爭不能得。魏其謝病，屏居藍田南山之下數月，諸賓客辯士說之，莫能來。[101] | 新世家 |
| 24. | 景帝 | 張摯 | 史記 | 其子曰張摯字長公，官至大夫，免。以不能取容當世，故終身不仕。[102] | 名臣子 |

　　以上總共 24 例，其中例 11、12「田橫二客」，與例 14、15「魯二儒生」，皆失其名，故將兩人合併為一欄。這 24 人可粗略分為五類，每一類之中，有可繼續區分為不同類別的，也有一些不仕之士因為身分的轉換而可跨二類討論的。

　　先說隱居山林之隱士，這部分合計有 8 人。其中隱居山林共有 6 人，但實際上可合併為兩組，東郭先生與梁石君是一組，而用里先生、東園公、夏黃公、綺里季等四皓是另一組。東郭先生與梁石君的故事未見於《史記》，在〈曹相國世家〉中僅見蓋公，

[101] 日・瀧川資言會注考證：《史記會注考證》，卷 107〈魏其武安侯列傳〉，頁 3693。

[102] 日・瀧川資言會注考證：《史記會注考證》，卷 102〈張釋之列傳〉，頁 3581。

但其事蹟顯然流傳於漢初，除了本章所引的《漢書》之外，《韓詩外傳》中亦有類似的記載，皆為客請曹參求二隱為用之意。[103] 由於《史記》不載，曹參是否真以東郭先生與梁石君為上賓或有可疑，但古籍中多有齊人號東郭先生者。如《韓詩外傳》有齊桓公以管仲謀伐莒的故事，其中有能聞君子三色而知人心事的東郭牙，亦被稱東郭先生。[104] 此外，《史記》雖無曹參請東郭先生、梁石君為上賓之事，但〈滑稽列傳〉亦有齊人東郭先生：

> 齊人東郭先生以方士待詔公車，當道遮衛將軍車，拜謁曰：「願白事。」將軍止車前，……詔召東郭先生，拜以為郡都尉。[105]

此齊人東郭先生處武帝時代，與司馬遷同時，又與朝中新貴來往，並受有官職，當非《史記》好奇而虛構。然而遮衛將軍車的東郭先生與齊王田榮相去八十餘年，顯然與秦楚之際時「未嘗卑節下意以求仕」的東郭先生為二人。齊之異士或許多隱居於城外東郭，曹參為齊相國，禮賢下士，求二隱士亦在情理之中。

[103] 《韓詩外傳》中，邴通作「匭生」，邴、匭音近，匭生即邴生也。見西漢・韓嬰著；許維遹集釋：《韓詩外傳集釋》（北京：中華書局，1980 年），卷 7 第 3 章，頁 239。
[104] 許維遹集釋：《韓詩外傳集釋》，卷 4 第 5 章，頁 133–134，同故事亦見向宗魯校證：《說苑校證》，卷 13〈權謀〉，頁 315–316。《說苑》作「東郭垂」。
[105] 日・瀧川資言會注考證：《史記會注考證》，卷 126〈滑稽列傳〉，頁 4202–4203。

　　真正意義上的深山隱居多半意味著要忍受飢與貧，相當於自絕社會基礎。先秦隱逸典範如伯夷、叔齊者，隱於首陽山「采薇而食之，及餓且死」[106]即為顯例。東郭先生與梁石君無有飢、貧之記載，但商山四皓則在晉時《高士傳》中，有「曄曄紫芝，可以療飢」之記錄，表現了人們對於隱居山林必然接受飢貧的想像。

　　隱居山林卻躍上歷史舞臺，多少有「采榮」之嫌[107]，但西漢早期的隱士還是保有一些先秦棄名辟世的風采，如東郭先生、梁石君，以及四皓這般隱居山林的隱士，就算其人與事蹟真假參半，在當時存在著這樣的文化，當無可懷疑。

　　相對於從人群逃離，隱遁山澤巖穴之中，亦有部分有道之士隱其名而不隱其身，以卜筮或其他道家學識作為不仕的社會基礎。亦即本章所列的隱士2人：司馬季主與河上公。作為《史記·日者列傳》中唯一傳主的司馬季主，表現出古代隱士除了藏身山澤之外的另一種典型，所謂：「古之聖人，不居朝廷，必在卜醫之中」之類。褚先生補〈日者列傳〉曰：

　　　從古以來，賢者避世，有居止舞澤者，有居民間，閉口不言，有隱居卜筮間以全身者。夫司馬季主者，楚賢大夫，游學長安，通《易經》，術黃帝、老子，博聞遠見。觀其對

---

[106] 日·瀧川資言會注考證：《史記會注考證》，卷61〈伯夷列傳〉，頁2727。

[107] 揚雄〈解嘲〉：「四皓采榮於南山」，見清·王先謙補注：《漢書補注》，卷87下〈揚雄傳〉，頁5391。

　　二大夫貴人之談言，稱引古明王聖人道，固非淺聞小數之
能。[108]

　　從褚先生的補傳可知，司馬季主博聞遠見，無疑是典型的道
家士人，而以卜筮為業。此外，褚先生也揭示了賢者避世的三種
典型：「居止舞澤」[109]即藏身山澤巖穴之意；「居民間」為藏身民
間，不多賣弄所擁有之知識，或可與《論語》中耦而耕的長沮、
桀溺類比；而「隱居卜筮間」即司馬季主此類。
　　相對於司馬季主之以卜為生，河上公則是以《老子》一書的
誦讀留名。《神仙傳》雖然不是一本可信的史料文獻，但其中關於
河上公的記載卻不違背西漢初年的狀況。先秦兩漢多以「河上」、
「水上」表示岸邊，即所謂「結草為庵於河之濱」，在史書中不勝
枚舉。[110]「河上公」或「河上丈人」，其意義類似於「東郭先生」，
都是以居住之地作為稱呼，亦即住在河邊的丈人。
　　《史記·樂毅列傳》中有「河上丈人」[111]，其時代為戰國末
年，但並未言及《老子》。傳世《老子》古注有《河上公章句》，

---

[108] 日·瀧川資言會注考證：《史記會注考證》，卷127〈日者列傳〉，頁4218。

[109] 瀧川資言：「舞，讀為無」，見日·瀧川資言會注考證：《史記會注考證》，卷127〈日者列傳〉，頁4219。

[110] 如《史記·黥布列傳》記：「項籍殺宋義於河上」。〈項羽本紀〉云宋義領軍救趙，行至安陽留而不進，項羽要求引兵渡河不果，這才即其帳中斬宋義頭，並有破釜沉舟之舉。可知〈黥布列傳〉中的「河上」即河岸邊之意。見日·瀧川資言會注考證：《史記會注考證》，卷91〈黥布列傳〉，頁3375。卷7〈項羽本紀〉，頁424–427。

[111] 日·瀧川資言會注考證：《史記會注考證》，卷80〈樂毅列傳〉，頁3169。

據考證，大約成書於西漢之後，魏晉之前，大約在東漢中後期。可推測應在《河上公章句》流行之後，才出現河上公授老子《道德經》與漢文帝的傳說。[112]然而在此章句出現之前，是否有一「河上公」於漢文帝時代講論《老子》呢？漢初是古代黃老學的全盛時期，誦讀《老子》者理當不在少數。漢初社會上接戰國時代，諸子游士講論之風未衰，後又有託名河上公之章句寫定傳世，因此雖然《神仙傳》所記諸如「拊掌坐躍，冉冉在空虛之中，去地百余尺」[113]之類的神仙事蹟不可信，但本章仍將其列於此處。

撇開河上公近乎怪力亂神的記載，誦讀《老子》的河上公可能更接近於被歸類於賓客一類的王生與蓋公。隱士之外，西漢早期有接續戰國游士色彩濃厚的賓客型不仕之士，共 5 例，其中王生、蓋公性質相近，都是道家型的游士，另外則是田橫二客以及袁盎。

相對於《神仙傳》中河上公之遠離朝廷，《史記》中蓋公先教授黃、老學說於齊高密[114]，後又受齊丞相曹參厚幣之請而成為其賓客，比起河上公來說更加入世。漢初仕途繼承了以吏為師的秦制，但地方封國則保留了戰國養士之風。曹參「避正堂舍蓋公」，是將蓋公待為上賓，乃至於不敢自居主位的意思，正與戰國時信陵君親迎侯生，侯生上坐而公子執轡相當。[115]因此蓋公可視為西

---

[112] 參見王卡點校：《老子道德經河上公章句》（北京：中華書局，1993 年），頁 3。

[113] 胡守為校釋：《神仙傳校釋》，卷 8，頁 293。

[114] 日·瀧川資言會注考證：《史記會注考證》，卷 80〈樂毅列傳〉，頁 3169。

[115] 〈魏公子列傳〉：「公子從車騎，虛左，自迎夷門侯生。侯生攝敝衣冠，直上

漢初期的道家型游士。史書並無蓋公任職的記錄,《高士傳》則直言「蓋公雖為參師,然未嘗仕」[116],若將蓋公與戰國時期諸侯、公子養士相連結,則蓋公當為以講授學術以及接受諸侯豢養作為社會基礎的不仕之士。

　　時代稍晚的王生亦與蓋公相似,以講授黃老以及成為賓客作為不仕的社會基礎。王生「善為黃老言」,同樣以黃老學「召居廷中」,並以一段「使跪結襪」的政治表演,確立景帝即位之後張釋之的政治地位。值得注意的是,《史記》中明言王生是「處士」,並未任職,然而既然能與三公九卿並立,且為張釋之謀劃,其作為賓客與不仕之士的性質相當明顯。然而從王生自稱「老且賤」的情況,加上結襪之舉被視為「廷辱張廷尉」,王生的地位當遠不如蓋公。

　　蓋公、王生可視為道家型游士,然而漢初既然接續了戰國時期的游士之風,那麼漢初的賓客們自然也表現出一部分的戰國多元色彩。田橫二客為田橫置辦喪禮之後,雖已受高祖拜為都尉,仍自刎從其主於地下。這種因義而以死明志的作為,雖然以本書的定義來說可視為「不仕」,但實際上其選擇已超越出了仕與不仕之間。《史記》並記載,田橫門下除了二客之外,尚有海外五百人「聞田橫死,亦皆自殺」,並評論此為「田橫之高節,賓客慕義而

載公子上坐,不讓,欲以觀公子。公子執轡愈恭。……至家,公子引侯生坐上坐,徧贊賓客,賓客皆驚。」日・瀧川資言會注考證:《史記會注考證》,卷77,頁3089。

[116] 西晉・皇甫謐:《高士傳》,卷中〈蓋公〉,頁7。

從橫死」的「至賢」舉措。[117]

　　為報恩、明志或慕義而自殺者，戰國時代所在多有。如侯生北鄉自剄送魏公子[118]，又如田光為激荊卿刺秦，同時明不言之志與太子丹，因自剄而死，皆是其例。田光以「節俠」自居，可見此行與任俠之風有關，而此風可能又與墨家的「墨者之義」有些關係。《呂氏春秋》記載墨者鉅子孟勝因楚陽城君事而赴死，所謂「死之，所以行墨者之義，而繼其業者也」，隨孟勝而死者有百八人[119]，可謂田橫故事之濫觴。漢初此風不遜於戰國時代，《史記‧張耳陳餘列傳》記載趙王張敖門客貫高、趙午等十餘人因趙王受辱，欲殺高祖，而趙王不欲倍德，事發後，趙王、貫高等皆被逮捕，而門客十餘人「皆爭自剄」，亦同此例。[120]因此客為田橫而死而婉拒漢廷之仕，「不仕」不過是其表象，其內涵更接近為主赴火蹈刃的俠客關係。

　　袁盎之例較為特別，他的不仕在於晚年，由於為楚相上書有所言而不受用，因此病免居家。《史記》記其「與閭里浮沈，相隨行，鬭雞走狗」，就性質上來說，更接近於混跡市井之類。袁盎父「故為群盜」，秦末為盜者不少，不能單純視為盜匪出身，只能說其非富貴中人。袁盎早年為「呂祿舍人」，所謂「舍人」，多作為

---

[117] 日‧瀧川資言會注考證：《史記會注考證》，卷 94〈田儋列傳〉，頁 3443。

[118] 日‧瀧川資言會注考證：《史記會注考證》，卷 77〈魏公子列傳〉，頁 3092-3093。

[119] 戰國‧呂不韋等編著，許維遹集釋：《呂氏春秋集釋》（北京：中華書局，2009 年），卷 19〈上德〉，頁 521-522。

[120] 日‧瀧川資言會注考證：《史記會注考證》，卷 89〈張耳陳餘列傳〉，頁 3359。

親近左右賓客之通稱[121]，因此袁盎可視為賓客出身，而其晚年居家亦多為人籌策，因此在分類上將其置於賓客一類。雖然如此，袁盎晚年不仕的社會基礎與田橫二客等不一樣，由於盛年時於朝中頗有影響力，晚年未必需要仰賴權貴供養，甚至尚有餘力善待季心、劇孟等遊俠。[122]袁盎不仕之社會基礎，或可視為早年財富與人脈的累積。

前面河上公、蓋公以及王生三例表現出漢初黃、老學盛行之下，因其學而得以不仕的情況。而西漢早期除了黃、老學之外，儒家文學亦逐漸抬頭，因此亦有不仕之儒生，共計有 5 例。包含拒絕叔孫通之魯二儒生，以及田何、穆生與申公。

先秦時期不仕之儒生並不多，此與儒生的本質在於行仁用禮，以「斯人之徒」[123]自居有關，因此孔門有「不仕無義」的求仕動力。雖然如此，在漢武帝尊經之前的儒生，與戰國游士一樣具有多樣化的面貌，韓非於〈顯學〉中言孔墨之後「儒分為八」[124]，明確說明先秦儒生已有十分劇烈的分化。秦時用法深刻，但儒生仍可以文學徵為博士，如叔孫通[125]；或以「求芝奇藥僊者」受召

---

[121] 清・王先謙補注：《漢書補注》，卷 1 上〈高帝紀〉，頁 32。師古曰：「舍人，親近左右之通稱也，後遂以為私屬官號。」〈秦始皇本紀〉《史記集解》引文穎曰：「主廄內小吏官名。或曰，待從賓客，謂之舍人也。」見日・瀧川資言會注考證：《史記會注考證》，卷 6，頁 313。

[122] 日・瀧川資言會注考證：《史記會注考證》，卷 101〈袁盎鼂錯列傳〉，頁 3564。

[123] 南宋・朱熹：《論語集注》，卷 9〈微子〉，頁 258。

[124] 戰國・韓非著，陳啟天校釋：《增訂韓非子校釋》（臺北：臺灣商務印書館，1969 年），卷 1〈顯學〉，頁 2。

[125] 日・瀧川資言會注考證：《史記會注考證》，卷 99〈劉敬叔孫通列傳〉，頁

的文學方術士，如盧生、侯生等，這些方士也是扶蘇口中「誦法孔子」的「諸生」。顯見即便是以吏為師的秦朝朝中，儒生也有不同面貌。在朝廷之外，尚有「刻石頌秦德，議封禪望祭山川之事」[126]的魯地諸儒。入漢之後，叔孫通為定朝儀而徵魯諸生，不肯行的二儒也彰顯出當時儒生有不同典型：有願為禮儀損益而入朝之儒，亦有類似孟子「惡不由其道」，以「無汙我」嚴詞拒絕之儒。

田何與申公皆為傳經之儒，田何授《易》，而申公授《魯詩》與《穀梁春秋》[127]。穆生則與申公同受《詩》於浮丘伯，時代稍晚於田何，皆為楚元王劉交之中大夫，併因楚王劉戊之淫暴而不仕。穆生因「醴酒不設，王之意怠」而求去，亦有「惡不由其道」之意。申公為傳經大儒，正史中的記載也較多，因受劉戊「胥靡」，恥而歸魯，退居家教。所謂「胥靡」，《漢書‧楚元王傳》云：「衣之赭衣，使杵臼雅舂於市。」顏師古注曰：「役囚徒以鎖聯綴」[128]，相當於以輕刑羞辱之，比起「王之意怠」更甚。因此申公之「終身不出門，復謝絕賓客」，除了「惡不由其道」之外，

3533。

[126] 日‧瀧川資言會注考證：《史記會注考證》，卷6〈秦始皇本紀〉，頁340。

[127] 日‧瀧川資言會注考證：《史記會注考證》，卷121〈儒林列傳〉，頁4072、4082。按：太史公作《史記》之西漢初年，《穀梁》未受重視，申公傳《穀梁》事見《漢書‧儒林傳》：「瑕丘江公受《穀梁春秋》及《詩》於魯申公。」清‧王先謙補注：《漢書補注》，卷88〈儒林傳〉，頁5453。

[128] 清‧王先謙補注：《漢書補注》，卷36〈楚元王傳〉，頁3251。按：「胥靡」《史記集解》引徐廣曰：「腐刑」，此說先賢已見其誤。見日‧瀧川資言會注考證：《史記會注考證》，卷121〈儒林列傳〉，頁4073。

尚有身受此辱之故。

　　田何於《史記》、《漢書》中皆無仕或不仕的相關記載，亦不見朝廷徵召之事。《高士傳》稱其「年老家貧，守道不仕」，甚至「帝親幸其廬」，未必可信。但秦火不及《易》，而田何以《易》受弟子為宗，若田何拒絕朝廷之徵召，當以講授《易》為社會基礎。本書於此從寬認定，姑且列入討論。

　　先秦儒生即使「惡不由其道」，亦可如荀卿般遊走列國，因此如孟子般不仕者極少。漢初不仕之儒生可蒐得 4 例（5 人），雖然比起先秦時期要多一些，但比起武帝之後，不仕之儒者仍不算多，整體而言仍接近於戰國時代的延續。相對於儒生不仕，漢初貴族不仕者可略分為舊貴族與新世家兩種，表現出明顯的新舊時代過渡色彩。其中舊貴族代表有 2 人，分別為張良、田橫；新世家與漢代名臣子的代表有 4 人，分別是王陵、周勃、竇嬰、張摯。

　　舊貴族中，田橫為齊田王族，在楚漢相爭時期曾經短暫自立為齊王，因韓信、灌嬰破齊而流亡。田橫被視為不仕之士的理由在於高祖有「田橫來，大者王，小者乃侯耳」的承諾，而田橫亦有「人臣見天子當洗沐」的回應，因此其自到，可視為有機會仕而拒仕的表現。作為王族，田橫即使行至末路，仍有徒屬五百餘人，其社會基礎自然是來自於封建時代的貴族資本，以及當時任俠之風的推波助瀾。

　　張良於高祖定天下之後便因「多病」而「道引不食穀，杜門不出歲餘」，因此《前漢紀》有「遂不仕」的記錄。但此時並非明顯的有機會仕而不仕，要等到高祖自將擊黥布，要求張良「彊臥而傅

太子」之後，先以留侯行少傅事，後因易太子事，張良勸諫而不聽，再次「因疾不視事」時[129]，才真正符合本書定義中的不仕。

張良五世相韓，自然也屬舊貴族。值得注意的是張良同時是高祖功臣，封留侯，是舊貴族跨新世家的代表人物。其社會基礎相當豐厚，已不待言。

新世家與名臣子 4 人出身背景各自不同，某種程度上也表現出過渡時期的多元樣貌。王陵與周勃都是最早追隨高祖起事的功臣，但王陵本為沛縣豪強，早年高祖甚至以「兄事陵」。入關中時，王陵「自聚黨數千人」，也可見其作為縣豪的號召力與能力。周勃雖然也是高祖功臣，但出身極為貧寒，「織薄曲」為生之餘，還要「為人吹簫給喪事」，除了「材官引彊」之外，實際上「才能不過凡庸」。兩人不仕的理由皆與政治環境有關，王陵因不同意諸呂為王而「謝病免」，實際上是拒絕了帝太傅的職位。周勃晚年因功高震主恐懼自危，加上「自知其能不如平遠矣」，因此自請免相。兩人的「謝病」雖然都受到了政治的壓力，但此壓力皆不及退出仕途的地步，因此皆屬「不仕」。由於兩人皆封侯拜相，作為漢朝新世家，其社會基礎自然與此有關。

竇嬰亦屬新世家，但原屬外戚身分，其不仕的基礎與王陵、周勃又略有不同。竇嬰以外戚見用，文帝時先任吳相，後為詹事掌皇后、太子宮中事務。雖是竇太后從兄之子，但竇嬰與竇太后並不甚和睦，也因此「薄其官，因病免」，主動離開詹事職位。後

---

[129] 日‧瀧川資言會注考證：《史記會注考證》，卷 55〈留侯世家〉，頁 2619。

七國之亂起，朝廷用人孔急，竇嬰還一度「固辭謝病不足任」，可見其「不仕」未必受到政治壓迫，個人主觀意志影響更大。竇嬰平七國之亂有功，方因軍功封侯，由外戚進一步成為軍功貴族。雖然也封侯拜相，但竇嬰「不仕」的時間僅止於身為外戚，而立功、封侯、拜相等皆在其後，雖然仍可視為新世家，但與王、周稍有區別。

張摯是張釋之之子。張釋之位列九卿，不可不謂高位，但張釋之出身稱不上富豪，雖能「以訾為騎郎」，但仍有「久宦減仲之產」疑慮，深怕拖累兄長資產，頂多只是小康。張摯雖一度官至大夫，但一方面因張釋之曾得罪景帝，另一方面又有「以不能取容當世」的傲氣，因此終身不仕。從《史記》的記載來看，張摯的社會基礎應該包含了原本小康之家的家族資產，以及張釋之多年仕途的累積，方能支撐其不仕。

張摯既無爵位，亦非外戚權貴，在漢初新世家形成的階段，暫時不以世家貴族稱之，故以「名臣子」之類獨立。漢初七十餘年，以名臣子不仕的例子僅有此一例，由於其社會基礎與貴族一樣，多少與父蔭有關，因此這裡將其與貴族合併討論。武帝以後，世代居官的例子明顯增加，待下一章再接續討論。

五、小結：「天地一大變局」中的仕宦抉擇

趙翼稱秦、漢間為「天地一大變局」[130]，商、周以下的封建制度至此結束，而中央集權的皇帝官僚制度從此開展。劇烈的變

化不但表現在政治制度上，也衝擊著「士」的知識背景、身分地位以及各種抉擇。歷來對於士人的討論多半集中於「仕」途相關的部分，本書特別著重「不仕」，透過此一現象的耙梳與歸納，來觀察此時代變局下的種種變遷。

　　通過以上的表列與分析，本章共計蒐得秦與西漢初年的不仕之士共 32 人，若加上秦時的蟄伏之士，則有 39 人。現將相關的人數統計數字與本章粗略的分類整理為表格。首先是秦時不仕之士與蟄伏者，合併表列如下：

	儒生	縱橫游士	道家游士	貧寒游士	貴族	市井技藝	合計
秦時不仕之士	3	3	2				8
秦時蟄伏之士				2	4	1	7

以及漢初的不仕之士，人數統計表如下：

	隱居山林	隱士	賓客	儒生	舊貴族	新世家	名臣子	合計
漢初不仕之士	6	2	5	5	2	3	1	24

　　由二表的分類可知，從秦到漢初，史料所呈現的不仕現象已經有了不小的改變。先論「游士」，秦雖藉由併吞六國海內一統消滅了游士周遊的對象，但各種類型的游士仍蠢蠢欲動，秦時不仕與蟄伏者表中包含了三類游士，企圖出入於不同陣營之間，包含

---

[130] 清・趙翼著，王樹民校證：《廿二史劄記校證（訂補本）》（北京：中華書局，1984.01），卷 2，頁 36。

縱橫游士、道家游士與貧寒游士，但漢初的不仕表中僅見以賓客身份不任職官的不仕者，未見不合則去的游士。

秦時不仕之游士多與秦末英雄併起有關，延續著戰國士人周遊求用的特色，然而漢興之後周遊條件再度被削弱，因此如蒯通這般直言「臣唯獨知韓信，非知陛下也」的說客便不復存在，致使「游士」之「游」的可能性大減。戰國時代賓客與游士具有高度的重疊，時至漢初，雖有不仕之賓客，漢初賓客中亦不乏豢養於漢初諸侯國者，但從「游士」變成「賓客」之間，士人實際上可以做出的政治抉擇不得不限縮。如田橫二客已無齊田氏可追隨，其餘賓客亦難以有「仕於漢」與「不仕」二者之外的其他選擇。

雖然秦漢都是統一王朝，但從秦始皇到漢武帝之間，政治環境仍然有不小變化，這也表現在士對於仕的不同態度。整體而言秦時以待時而出的蟄伏為主，項梁、項羽固然如此，如叔孫通、蒯通、韓信等亦然。漢興之後，惡不由其道的隱士、節士浮出臺面，四皓、魯二儒生可為代表。田橫及其門客之所以不接受漢朝官職，亦與不能接受新時代、新統治者有關。文景時期除了惡不由其道的穆生、申公、張摯之外，又有憂懼而退的不仕者，如周勃之類。隨著漢朝統治的深入，周遊之路閉塞，此類不仕者也日益增加，將擠壓道家型不仕的數量比例，此趨勢將於後面章節繼續分析討論。

漢興之後，隱居山林之隱士有 6 人，加上河上公與司馬季主則有 8 人，但在秦時，則幾乎不見隱居山林的隱士。這個差異表現出兩個層面的意義：其一，此些隱逸者不僅隱於漢時，秦時同

樣隱而不見，是真正意義上的「隱」，願意於漢初躍上歷史舞臺，表現出漢初較為開放的政治環境，隱逸者願意在某些條件之下現身。

其二，從秦之暴虐，高祖之無禮，到惠帝以後為人君者多見仁孝恭敬，可見為人君者一方面藉由政治力量推動士人與歷史文化的變遷，另一方面士人與歷史文化也反過來形塑並改造了人君，使他們更接近於心目中的理想樣貌。不論是商山四皓、東郭先生、梁石君或河上公，這些真偽難辨的隱士們之所以現身，與大時代變化下人君（或掌權者）逐漸符合士人期待不無關係。

這兩方面的變化基本上集中表現在高祖一朝。若將漢初的不仕之士更進一步細分，以不仕現象出現於何朝天子為界，更能看出高祖一朝的特殊之處：

	高祖	惠帝	呂后	文帝	景帝	合計
隱居山林	6					6
隱士				2		2
賓客	3			1	1	5
儒生	2	1			2	5
舊貴族	2					2
新世家			1	1	1	3
名臣子					1	1
漢初不仕之士	13	1	1	4	5	24

高祖定天下之後在位 7 年，不仕之士足足有 13 人；而惠帝與呂后掌天下合計約 15 年，不過各 1 人；文帝在位 23 年，僅 4 人；

景帝在位 16 年，有 5 人。漢初高祖至景帝五朝，高祖時期的不仕之士佔了總數一半以上，如蓋公、四皓皆現身於高祖時期。四皓以現身來傳達對於理想君王的期待；而魯二儒生則以激烈的不仕，來表達對於政局的某種看法。或許可以這麼說：漢初士人透過了高祖的豁然大度，在政治變遷中以隱與現、仕與不仕的抉擇，引導了一部分漢朝文化的創造。

　　另一個不仕之士的變化，在於貴族不仕的情況。如本書第一章所述，封建時代的貴族本無「不仕」的選項，只有「隱」與「見」的抉擇，但戰國以來由於封建的崩壞，貴族亦有了是否入仕擔任職位的問題。秦既廢封建，那麼在舊時代承擔統治與學術知識的貴族，本應有仕宦與否抉擇，但秦時幾乎不見舊貴族擁有仕的機會，加上亡國之恥，這些舊貴族不得不蟄伏等待時機再出。漢興之後，一方面漢高祖比秦始皇更能容納政府組織當中包含舊貴族的存在（如田橫）；另一方面舊貴族也開始學習接納新時代的需求（如張良）。因此不仕之舊貴族在漢興之後反而有了仕與不仕的抉擇，相對於秦時出現了真正意義上的不仕。

　　此外，漢興之後出現了一批新的軍功貴族，隨著漢朝根基扎穩，統治時間拉長，世代居官的新世家也逐漸出現，並且在武帝經術取士之後，再度轉化其入仕的方式。新世家與名臣子的不仕，或可作為東漢士族不仕現象隱約的遠祖。

　　貴族之外，雖然秦與漢初皆亦有儒生不仕，相對於戰國時代已經增加不少，但秦與漢初兩階段所見的不仕之儒，性質略有差別。秦時不仕之儒生或為盧生這般以方術士見用者，或為叔孫通

這般以「面諛以得親貴」受譏者；漢興之後，不仕之儒生先有面斥叔孫通的魯二儒生，後又有申公、穆生這般守道的通經大儒。雖然漢初不仕之儒生不多，但這幾個例子亦表現出了儒生在「不仕無義」的旗幟之下，何以在西漢末年王莽時期會大量出現不仕的儒生。

最後再與戰國時期的不仕現象相比較。本書第二章曾統計過戰國時期的不仕之士，並將其與第一章所見《莊子》書中的有道之士合併觀察。將其再與秦及漢初相比，首先可見隱居山澤巖穴依舊是隱逸典範之一，從戰國到漢初都有一定數量，此隱逸傳統並未消失。然而除此之外，以農、牧、漁或各種技藝為社會基礎的隱士卻大量的減少了，這也反映出了時代的演進。在戰國時期，各國競相變法，求賢若渴，即便身無道術，僅有一技之長亦有值得看重之處，因此小民有藝或可上通國君，才士隱身卑職賤位亦不足恥。但在以律令章程為主體的官僚體系當中，農、牧、漁或各種技藝，本為編戶齊民的重要組成，若不通刑法，不諳文書，自然被排除於仕途之外，因此也沒有選擇「不仕」的可能。如無類似東漢光武帝表彰氣節，凸顯逸民之政治舉措，那麼這樣的處士便會自然消逝於歷史舞臺之下。以律令章程為取士標準的情況，造成漢初人才來源的貧瘠，要到武帝時代透過選舉制度以及博士弟子員補郎機制的建立，官僚體制的人才儲備情況才能有所改善。

另外，戰國時代不仕者或《莊子》中的有道者，除了技藝之外，還有大量不同學術脈絡的諸子百家，如陳仲子、許行、田駢等。但秦與漢初時期的不仕者卻更明顯地往儒、道二家集中。由

諸子百家而趨向儒、道，不免令人想到〈論六家要旨〉以及〈諸子略序〉中，各別引述《易傳》「同歸而殊塗」[131] 來論證天下學術將歸於道家或儒家的說法。若不仕之士在趨勢上減少了技藝者或耕、牧者，是由於政治制度的變遷的話，那麼在趨勢上減少了儒、道之外的百家言，則無疑與學術文化的變遷有關。

整體而言，秦及漢初不仕之士的社會基礎調查，正足以佐證趙翼所言的「天地一大變局」並不僅止於「布衣將相之局」的展現。相反的，在布衣將相之外，戰國的遺緒與新時代的開啟，同樣的交織在此時刻游移於仕途之外的士人當中。

---

[131] 日・瀧川資言會注考證：《史記會注考證》，卷 130〈太史公自序〉，頁 4304。
　　清・王先謙補注：《漢書補注》，卷 30〈藝文志〉，頁 3007。

第四章　「修六藝之術，通萬方之略」：武帝至王莽秉政前的不仕之士

一、西漢「不仕」的辨別

　　戰國時期由於士階層的跨大，加上各國競相變法，社會風氣相對開放多元，因此士人在山林巖穴與懷印結綬之間，猶有相當多的選擇。經過了秦及漢初的過渡，西漢時期不論在仕途或學識方面，都有更加集中化、統一化的傾向。仕途的部分，漢初七國之亂後，游士幾乎消逝於中國歷史舞臺之上，漢朝的官僚組織幾乎成為唯一的選擇；學識方面，秦時以吏為師，漢興又因循而不革，代表士人若要入仕，只能以法令章程為主。武帝尊儒之後，以博士弟子補郎吏，「儒」與「吏」成為仕途的兩大要求，古代士人的知識學問也因此由百家爭鳴，逐步往此兩方向靠攏。祿利之路將士群體整體的由戰國游士帶往漢代儒吏前進，但卻不代表必然全體進入仕途之中。不論在什麼時代，總有拒絕仕宦的知識分子，即使是熱衷改造社會的西漢士人也是如此。而此即為本書所要討論的幾個問題：在西漢時代拒絕仕宦的士人，來自於哪些知識與社會背景？憑藉著什麼社會基礎支持其選擇？時代的變遷，除了造成了政府組成分子的變化之外，是否也整體影響了仕途內外的所有士人？

　　前面諸章已經分別討論了戰國時代、秦，以及西漢初年，本章接續往下蒐集史料中的不仕之士。討論範圍上起漢武帝尊儒之後，下至王莽專政之前。本書將所謂的「不仕」定義為：拒絕可以擁有的仕宦機會，亦即其必須有不願進入官場的意願，且至少

有一段時間是無政治職位在身的情況。史料案例基本上依此原則
篩選進行討論，如果明確是因為政治壓力、犯罪、或無仕宦可能
等等因素，「不能仕」而非「不願仕」者，則本章將盡量將其排除
在討論範圍之外。如朱雲：

> 朱雲字游，魯人也，徙平陵。少時通輕俠，借客報仇。……
> 有司考雲，疑風吏殺人。……上於是下咸、雲獄，減死為
> 城旦。咸、雲遂廢錮，終元帝世。
> 至成帝時，丞相故安昌侯張禹以帝師位特進，甚尊重。雲
> 上書求見，公卿在前。雲曰：「……臣願賜尚方斬馬劍，斷
> 佞臣一人，以屬其餘。」上問：「誰也？」對曰：「安昌侯
> 張禹。」上大怒，曰：「小臣居下訕上，廷辱師傅，罪死不
> 赦！」……上意解，然後得已。
> 雲自是之後不復仕，……薛宣為丞相，雲往見之。宣備賓
> 主禮，因留雲宿，從容謂雲曰：「在田野亡事，且留我東
> 閣，可以觀四方奇士。」雲曰：「小生乃欲相吏邪？」宣不
> 敢復言。[1]

　　朱雲雖有不仕之記錄，但其不仕並非來自於主動意願，第一
次是犯罪下獄，減刑後被廢，第二次是當廷污辱帝師張禹，雖未

---

[1]　東漢・班固，清・王先謙補注：《漢書補注》（上海：上海古籍出版社，2008
年），卷 67〈楊胡朱梅云傳〉，頁 4588、4590–4593。

被治罪，但後續「不復仕」，恐怕並非出於主動意願。丞相薛宣邀請朱雲「留我東閣」，意謂引朱雲為其賓客，而非體制內之掾吏臣僚，朱雲直問是否「相吏」，薛宣又不敢言了。顯見朱雲之不仕，乃因為其個性不容於朝廷體制，而非其願。如朱雲之例，便不在本書討論之中。

　　從「拒絕可以擁有的仕宦機會」的角度出發，很容易連結至傳統儒家與道家的兩種隱士，亦即「時隱」與「身隱」[2]的不同態度。《漢書》特以〈王貢兩龔鮑傳〉記載了兩種類型的士人，並於傳首序文說明此間區別：

> 自園公、綺里季、夏黃公、甪里先生、鄭子真、嚴君平皆未嘗仕，然其風聲足以激貪厲俗，近古之逸民也。若王吉、貢禹、兩龔之屬，皆以禮讓進退云。[3]

　　所謂「以禮讓進退」，本為儒生風範，其不仕並非某種生活原則，而在於政治出現了特殊事故，違背了他們心中的道，可謂時勢使然，屬於「時隱」。但所謂「近古之逸民」，如漢代通稱之四皓：東園公、甪里先生、綺里季、夏黃公，亦因高祖「慢侮人」而「逃匿山中，義不為漢臣」，若太子（惠帝）「為人仁孝，恭敬

[2] 借劉紀曜之語，參見劉氏著：〈仕與隱：傳統中國政治文化的兩極〉，見黃俊傑主編：《中國文化新論思想篇一：理想與現實》（臺北：聯經出版社，1982年），頁295–297。
[3] 清・王先謙補注：《漢書補注》，卷72〈王貢兩龔鮑傳〉，頁4757。

愛士」則可「為太子死者」[4]，如此則四皓何嘗不是一種「時
隱」？先秦隱者諸如長沮、桀溺、荷蓧丈人、漁父等等，身固不
仕，名亦不傳，當為道家「身隱」之典範。而鄭子真、嚴君平卻
不然，揚雄稱鄭子真「名震於京師」[5]，嚴君平則得「蜀人愛敬，
至今稱焉」[6]。其身雖不仕，而名顯於外，未必能與先秦之隱逸
傳統相接。《漢書》作於東漢，無《後漢書》所見之〈逸民列傳〉，
《漢書》以〈王貢兩龔鮑傳〉論君子出處，卻罕見山林巖穴之士，
是否代表西漢時期並無嚴格意義的道家身隱之士?亦頗值得探討。

　　西漢末年王莽專政，進而代漢立新，造成了大量士人因各種
理由去官不仕於莽，此為兩漢之際士風的一大變故，影響所及，
至東漢而不衰。因兩漢之際不仕之士的案例甚多，留待本書後面
章節再接續討論。

二、尊儒之後的不仕與隱者

　　漢初不少儒生懷抱有治國之心，卻因環境使然，未有能進者。
但史料記載不仕之儒生稱不上多，除了史官所採不見及之外，由
於當時戰國游士之風仍未止息，儒生或為賓客遊走於王國之間，

---

[4] 日・瀧川資言會注考證：《史記會注考證》（上海：上海古籍出版社，2015
年），卷55〈留侯世家〉，頁2616-2619。
[5] 清・王先謙補注：《漢書補注》，卷72〈王貢兩龔鮑傳〉，頁4755。按：《法
言》原作：「名振于京師」，見西漢・揚雄著，汪榮寶義疏：《法言義疏》（北
京：中華書局，1987.03），卷8〈問神〉，頁173。
[6] 清・王先謙補注：《漢書補注》，卷72〈王貢兩龔鮑傳〉，頁4755。

或學神僊方術而見於朝廷，或雖為儒生，實則兼通法律，因能行文史之事而見用。到了武帝一朝，尤其是竇太后崩後，朝廷「絀黃老、刑名百家之言，延文學儒者數百人」，情況大有變化。其中影響整個漢朝政治走向的關鍵角色，自然是「以春秋白衣為天子三公」的公孫弘。《史記‧儒林列傳》記載：

> 公孫弘為學官，悼道之鬱滯，乃請曰：「……古者政教未洽，不備其禮，請因舊官而興焉。為博士官置弟子五十人，……一歲皆輒試，能通一藝以上，補文學掌故缺；其高弟可以為郎中者，太常籍奏。……請選擇其秩比二百石以上，及吏百石通一藝以上，補左右內史、大行卒史；比百石已下，補郡太守卒史：皆各二人，邊郡一人。先用誦多者，若不足，乃擇掌故補中二千石屬，文學掌故補郡屬備員。請著功令。佗如律令。」制曰：「可。」自此以來，則公卿大夫士吏斌斌多文學之士矣。[7]

此政治舉措開啟了儒生仕宦之途，雖然儒生所學與當時入仕治官相差甚遠，導致儒生格格不入。上一章舉了兒寬的例子說明儒生進入漢代官場之後，不得不因為「不習事」而無法具體負責職務，可見即使有了入仕的途徑，儒生在官場中仍不得不受盡打

---

[7] 日‧瀧川資言會注考證：《史記會注考證》，卷121〈儒林列傳〉，頁4068-4069。

壓。但也因制度化的管道建立，懷抱教化天下的儒生可以在官場中學習並獲得完整的政治經驗，實踐儒門政治理想，甚至逐步改變漢朝的政治與社會樣貌。

　　尊儒之後，天下士人由百家言匯往王官學，儒生的數量大增。但除了官僚組織當中出現更多儒生之外，由於儒家本有去取之道，不仕之儒生以相對比例來說也增加了。然而如前所述，儒生之不仕，未必自絕於仕途之外，往往是因為現實環境不能與其所守之道相符，進退去取，乃因時而定。如王吉：

> 王吉字子陽，琅玡皋虞人也。少時學明經，以郡吏舉孝廉為郎。……
>
> 是時宣帝頗修武帝故事，宮室車服盛於昭帝。時外戚許、史、王氏貴寵，而上躬親政事，任用能吏。吉上疏言得失，……其指如此，上以其言迂闊，不甚寵異也。吉遂謝病歸琅邪。
>
> ……元帝初即位，遣使者徵貢禹與吉。吉年老，道病卒，上悼之，復遣使者弔祠云。[8]

　　王吉是西漢典型的儒吏，能明經，更能依官僚體制之升遷管道逐步晉升。然而一旦升至高位，便表現其儒生衛道忠直諫正之

---

[8] 清・王先謙補注：《漢書補注》，卷72〈王貢兩龔鮑傳〉，頁4757、4762、4765-4766。

風範，所言不受宣帝重視，寧可「謝病」去官。元帝即位時徵王
吉，而王吉因舟車勞頓而「道病卒」，顯見其入仕之心未失。再回
頭看宣帝時的「謝病」，儘管當時可能已有病在身，但真實的不仕
理由，應該是宣帝「不甚寵異」的緣故。

因為環境而離開官僚體制，若環境有變，則不妨再度入仕，
如王吉。但若環境始終如此，其守道則一轉而為名節，如龔勝與
龔舍：

> 兩龔皆楚人也，勝字君賓，舍字君倩。二人相友，並著名
> 節，故世謂之楚兩龔。少皆好學明經，勝為郡吏，舍不仕。
> 龔舍以龔勝薦，徵為諫大夫，病免。復徵為博士，又病去。
> 頃之，哀帝遣使者即楚拜舍為太山太守。舍家居在武原，
> 使者至縣請舍，欲令至廷拜授印綬。舍曰：「王者以天下為
> 家，何必縣官？」遂於家受詔，便道之官。既至數月，上
> 書乞骸骨。上徵舍，至京兆東湖界，固稱病篤。天子使使
> 者收印綬，拜舍為光祿大夫。數賜告，舍終不肯起，乃遣
> 歸。
> 舍亦通五經，以《魯詩》教授。[9]

二龔最終以「名節」著稱，皆因能以其「道」對抗來自朝廷

---

[9] 清·王先謙補注：《漢書補注》，卷72〈王貢兩龔鮑傳〉，頁4782、4787–
4788。

的入仕壓力。龔勝故事屬拒仕王莽之類，將留待於下一章再討論。龔舍早年不仕，後陸續為諫大夫、博士、太山太守等職，皆以病為由去官。從種種表現來看，龔舍要到最後一次徵召、賜告「終不肯起」，才真正完全拒絕仕途。在此之前若逢徵召，則往往依違於仕與不仕之間。由於《漢書》並未明言龔舍不仕的理由，但其儒生之身分毋庸置疑，或可從「無道則隱」的方向來思考。

值得注意的是，名節、節義之德行往往與不仕有所連結，而此乃是兩漢之際不仕之士大量爆發的主要原因。推其士風，則西漢已發其端，早期的代表人物則是韓福。《漢書・昭帝紀》元鳳元年三月記云：

> 賜郡國所選有行義者涿郡韓福等五人帛，人五十匹，遣歸。詔曰：「朕閔勞以官職之事，其務修孝弟以教鄉里。今郡縣常以正月賜羊酒。有不幸者賜衣被一襲，祠以中牢。」[10]

此詔在〈王貢兩龔鮑傳〉當中記載得更詳細，平帝王莽秉政時以「韓福故事」作為表彰年老而不仕之人：

> 自昭帝時，涿郡韓福以德行徵至京師，賜策書束帛遣歸。……於是王莽依故事，白遣勝、漢。策曰：「惟元始二年六月庚寅，……蓋聞古者有司年至則致仕，所以恭讓而

---

[10] 清・王先謙補注：《漢書補注》，卷7〈昭帝紀〉，頁320–321。

> 不盡其力也。今大夫年至矣，朕愍以官職之事煩大夫，
> 其……，皆如韓福故事。所上子男皆除為郎。」[11]

　　王莽以「年至則致仕」為由，表彰龔勝、邴漢，引韓福故事為例。但不能因此將韓福視為年老退休的代表。東漢江革以孝稱，母卒之後亦有不仕之行，漢章帝以「夫孝，百行之冠」為理由表彰之，目的是「以顯異行」[12]，詔下要求長吏按時存問，其相關措施與韓福故事一致，惠棟云：「案章帝此詔，用昭帝優賜韓福故事也」[13]。由此可知，韓福故事為朝廷表彰擁有德行、節義之不仕之士的早期代表，不僅於致仕而已。

　　韓福未必是儒生，昭帝時此類表彰恐怕也並非常例，但西漢末年王莽執政以後，不仕的儒生極快速的增加，好名之王莽可能為了合理化這樣的現象，因此尋得韓福故事作為先例，欲透過表彰民間處士來扭轉「無道則隱」的觀感。這種表彰有德不仕者的政策被東漢光武帝更進一步的繼承，形成了東漢以下的以拒仕為高的士風。若從整個漢朝士史的角度來推原其始，昭帝時期的韓福故事具有相當的意義。

　　回頭再說因為環境而離開官僚體制的不仕現象。除了儒生有

---

[11] 清・王先謙補注：《漢書補注》，卷72〈王貢兩龔鮑傳〉，頁4786–4787。

[12] 東晉・袁宏著，周天游校注：《後漢紀校注》（天津：天津古籍出版社，1987年），卷11〈後漢孝章皇帝紀上〉，頁303。

[13] 清・惠棟等著：《後漢書補注等四書》（臺北：鼎文書局，1977年），卷10，頁418。

「無道則隱」的理念之外，也可能來自於懼禍。董仲舒因遼東高廟災事而不敢復言災異，又因兩相驕王，數上疏諫爭，恐久獲罪而去位歸居[14]，正是顯例。除此之外，前述之王吉之子王駿也值得一述：

> 初，吉兼通五經，能為《騶氏春秋》，以《詩》、《論語》教授，好梁丘賀說《易》，令子駿受焉。駿以孝廉為郎。左曹陳咸薦駿賢父子，經明行修，宜顯以厲俗。光祿勳匡衡亦舉駿有專對材。遷諫大夫，使責淮陽憲王。遷趙內史。吉坐昌邑王被刑後，戒子孫毋為王國吏，故駿道病，免官歸。起家復為幽州刺史，遷司隸校尉。……[15]

王吉、王駿父子為世代通經之儒。王吉曾任昌邑國中尉，因昌邑王事被牽連，其子王駿先以諫大夫「責淮陽憲王」，後又遷趙國內史，在王吉坐昌邑王被刑之後，便「戒子孫毋為王國吏」，因此王駿道病免官而歸。此時王駿之所以不仕，與董仲舒「事驕王」而「恐久獲罪」懼禍心態幾乎一致，然而只要「毋為王國吏」，亦即環境若允許，並不排斥再次入仕。

---

[14] 按，董仲舒先後任江都相與膠西相，《漢書・董仲舒傳》：「天子以仲舒為江都相，事易王。易王，帝兄，素驕，好勇。」「膠西王亦上兄也，尤縱恣，數害吏二千石。弘乃言於上曰：『獨董仲舒可使相膠西王。』」董仲舒不仕事詳後。清・王先謙補注：《漢書補注》，卷56〈董仲舒傳〉，頁4052-4054。

[15] 清・王先謙補注：《漢書補注》，卷72〈王貢兩龔鮑傳〉，頁4767。

　　漢代士人以儒生、文吏為主，儒生身分來自於通經，而文吏則與官僚體制的訓練有關。那麼是否有不仕的文吏？就筆者蒐集的案例所見，並未見不仕之文吏。如杜欽，雖出身法律世家，祖杜周、父杜延年皆為名吏，但杜欽「少好經書」[16]，能引諸經論事，已具有儒生風範，不能以文吏世家視之。

　　儒生、文吏之外，此時期仍有零星之傳統隱者，在類型上與戰國時期的隱士較為接近。或隱居山林巖穴，如《高士傳》中有摯峻；或以技藝藏身市井，如於成都市卜筮的嚴君平；亦有隱其姓名的彭城老父。在戰國游士凋零的時代，史家對於史料的抉擇更偏向於王朝的運作以及儒家主流思想的貫徹，少數傳統隱士的存在多少表現出一種時代背後的伏流。雖無法彌補《漢書》欠缺類似《後漢書》專篇列舉逸民入傳之缺憾，但或可從中窺探古代隱逸傳統的傳承與變化。

　　以下將西漢時期的不仕之士略分為兩大部分，不仕的儒生，以及儒生之外的不仕者，分別論其社會基礎以及不仕之抉擇。

三、儒生的不仕抉擇

　　筆者就可見之史料蒐集不仕之士的相關例證，此節以武帝以後至王莽秉政之前的西漢儒生為主，並旁及韓福。所引例證多見於《漢書》，亦有見於其他史料如《華陽國志》、《孔叢子》、《高士

---

[16] 清‧王先謙補注：《漢書補注》，卷60〈杜周傳〉，頁4275。

傳》等等。

　　以下不仕之儒生共計 18 例，其中前引文提過的韓福，因不能確定是否能稱為儒生，單獨列於最前面，合併為 19 例：

	活躍時代	姓名	出處	相關事蹟	分類
1.	昭帝	韓福	漢書、高士傳	自昭帝時，涿郡韓福以德行徵至京師，賜策書束帛遣歸。詔曰：「朕閔勞以官職之事，其務修孝弟以教鄉里。……」[17] 韓福者，涿人也，以行義修潔著名。昭帝時，將軍霍光秉政，表顯義士，郡國條奏行狀，天子謂福等五人行義最高，以德行徵至京兆，病不得進。元鳳元年，詔策曰：「朕愍勞福以官職之事，賜帛五十疋，遣歸。其務修孝弟以教鄉里。」福歸，終身不仕，卒于家。[18]	處士
2.	武帝	董仲舒	漢書	膠西王聞仲舒大儒，善待之，仲舒恐久獲罪，病免。……仲舒在家，朝廷如有大議，使使者及廷尉張湯就其家而問之，其對皆有明法。[19]	儒生（教授）、世家
3.	昭一宣帝	王吉	漢書	王吉字子陽，琅邪皋虞人也。少時學明經，以郡吏舉孝廉為郎，……宣帝頗修武帝故事，宮室車服盛於昭帝。……吉上疏言得失，……其	儒生（教授）、世家

---

[17] 清・王先謙補注：《漢書補注》，卷 72〈王貢兩龔鮑傳〉，頁 4786。

[18] 西晉・皇甫謐：《高士傳》（上海：商務印書館《叢書集成初編》據《古今逸史》本影印，1937 年），卷中〈韓福〉，頁 73。

[19] 清・王先謙補注：《漢書補注》，卷 56〈董仲舒傳〉，頁 4054。

				指如此，上以其言迂闊，不甚寵異也。吉遂謝病歸琅邪。……元帝初即位，遣使者徵貢禹與吉。吉年老，道病卒。……初，吉兼通五經，能為騶氏春秋，以詩、論語教授。[20]	
4.	元一成帝	孔光	漢書	光，最少子也，經學尤明，……為諫大夫。坐議有不合，左遷虹長，自免歸教授。成帝初即位，舉為博士，數使錄冤獄。[21]	儒生（教授）、世家
5.	成帝一王莽	孔子立	孔叢子	仲驩生子立，善詩、書，少游京師，與劉歆友善。嘗以清論譏貶史丹，史丹諸子並用事，為是不仕，以詩、書教於闕里數百人。[22]	儒生（教授）、世家
6.	宣一元帝	疏廣	漢書	疏廣字仲翁，東海蘭陵人也。少好學，明春秋，家居教授，學者自遠方至。徵為博士太中大夫。……廣謂受曰：「……如此不去，懼有後悔，豈如父子相隨出關，歸老故鄉，以壽命終，不亦善乎？」受叩頭曰：「從大人議。」即日父子俱移病。滿三月賜告，廣遂稱篤，上疏乞骸骨。上以其年篤老，皆許之。[23]	儒生（教授）、世家
7.	宣一元帝	翼奉	漢書	翼奉字少君，東海下邳人也。治齊詩……惇學不仕，好律曆陰陽之	儒生、世家

---

[20] 清・王先謙補注：《漢書補注》，卷72〈王貢兩龔鮑傳〉，頁4757、4762、4765–4767。

[21] 清・王先謙補注：《漢書補注》，卷81〈匡張孔馬傳〉，頁5113。

[22] 傅亞庶校釋：《孔叢子校釋》（北京：中華書局，2011年），卷7〈連叢子上〉，頁453。

[23] 清・王先謙補注：《漢書補注》，卷71〈雋疏于薛平彭傳〉，頁4734–4735。

			占。元帝初即位，諸儒薦之，徵待詔宦者署，數言事宴見，天子敬焉。……上以奉為中郎……奉以中郎為博士、諫大夫，年老以壽終。子及孫，皆以學在儒官。[24]	
8.	宣一成帝	王駿	漢書	初，吉兼通五經，能為騶氏春秋，以詩、論語教授，好梁丘賀說易，令子駿受焉。……光祿勳匡衡亦舉駿有專對材。遷諫大夫，使責淮陽憲王。遷趙內史。吉坐昌邑王被刑後，戒子孫毋為王國吏，故駿道病，免官歸。起家復為幽州刺史。[25]	儒生、世家
9.	成帝	杜欽	漢書	欽字子夏，少好經書，……會皇太后女弟司馬君力與欽兄子私通，事上聞，欽慙懼，乞骸骨去。……欽以前事病，賜帛罷，後為議郎，復以病免。徵詣大將軍莫府，國家政謀，鳳常與欽慮之。……優游不仕，以壽終。欽子及昆弟支屬至二千石者且十人。[26]	儒生、世家
10.	王莽	邴丹	漢書	漢兄子曼容亦養志自修，為官不肯過六百石，輒自免去，其名過出於漢。[27] 易有施、孟、梁丘之學。……饟授張禹、琅邪魯伯。……魯伯授太山毛莫如少路、琅邪邴丹曼容，著清名。[28]	儒生、世家

[24] 清‧王先謙補注：《漢書補注》，卷75〈眭兩夏侯京翼李傳〉，頁4889、4893、4906。

[25] 清‧王先謙補注：《漢書補注》，卷72〈王貢兩龔鮑傳〉，頁4767。

[26] 清‧王先謙補注：《漢書補注》，卷60〈杜周傳〉，頁4275、4279、4285、4289。

[27] 清‧王先謙補注：《漢書補注》，卷72〈王貢兩龔鮑傳〉，頁4787。

11.	宣一元帝	疏受	漢書	廣徙為太傅，廣兄子受字公子，亦以賢良舉為太子家令。……頃之，拜受為少傅。……即日父子俱移病。……皆許之。[29]	儒生、世家
12.	成帝一王莽	郇越	漢書	自成帝至王莽時，清名之士，……太原則郇越臣仲、郇相稚賓，……皆以明經飭行顯名於世。……郇越、相同族昆弟也，並舉州郡孝廉茂材，數病，去官。越散其先人貲千餘萬，以分施九族州里，志節尤高。[30]	儒生、世家（豪族）、牧
13.	成帝一王莽	郇相	漢書	郇越、相同族昆弟也，並舉州郡孝廉茂材，數病，去官。……相王莽時徵為太子四友，病死，莽太子遣使祝以衣衾，其子攀棺不聽，曰：「死父遺言，師友之送勿有所受，今於皇太子得託友官，故不受也。」京師稱之。[31]	儒生、世家
14.	成一哀帝	龔舍	漢書	兩龔皆楚人也，勝字君賓，舍字君倩。……少皆好學明經，勝為郡吏，舍不仕。……便道之官。既至數月，上書乞骸骨。上徵舍至京兆東湖界，固稱病篤。天子使使者收印綬，拜舍為光祿大夫。數賜告，舍終不肯起，乃遣歸。舍亦通五經，以魯詩教授。[32]	儒生（教授）

---

[28] 清・王先謙補注：《漢書補注》，卷88〈儒林傳〉，頁 5425–5426。

[29] 清・王先謙補注：《漢書補注》，卷71〈雋疏于薛平彭傳〉，頁 4734–4735。

[30] 清・王先謙補注：《漢書補注》，卷72〈王貢兩龔鮑傳〉，頁 4800–4801。

[31] 清・王先謙補注：《漢書補注》，卷72〈王貢兩龔鮑傳〉，頁 4801。

[32] 清・王先謙補注：《漢書補注》，卷72 〈王貢兩龔鮑傳〉，頁 4782、4787–4788。

15.	宣一元帝	貢禹	漢書	貢禹字少翁，琅邪人也。以明經絜行著聞。……復舉賢良為河南令。歲餘，以職事為府官所責，免冠謝。禹曰：「冠壹免，安復可冠也！」遂去官。元帝初即位，徵禹為諫大夫，……[33]	儒生
16.	成帝	成公	高士傳	成公，成帝時人，自隱姓名，常誦經，不交世利，時人號曰「成公」。成帝出遊，問之成公，不屈節，上曰：「朕能富貴人，能殺人，子何逆朕？」成公曰：「陛下能貴人，臣能不受陛下之官；陛下能富人，臣能不受陛下之祿；陛下能殺人，臣能不犯陛下之法。」上不能折，使郎二人就受政事十二篇。[34]	儒生
17.	成帝一王莽	林閭[35]	華陽國志	林閭，字公孺，臨邛人也。善古學。古者，天子有輶軒之使，自漢興以來，劉向之徒但聞其官，不詳其職。惟閭與莊君平知之，曰：「此使考八方之風雅，通九州之異同，主海內之音韻，使人主居高堂知天下風俗也。」揚雄聞而師之，因此作方言。閭隱遯，世莫聞也。[36]	儒生

---

[33] 清・王先謙補注：《漢書補注》，卷72〈王貢兩龔鮑傳〉，頁4769–4770。

[34] 西晉・皇甫謐：《高士傳》卷中，〈成公〉頁74。

[35] 一說林閭為復姓，其姓名當為「林閭翁孺」，參見東漢・應劭著，王利器校注：《風俗通義校注》（北京：中華書局，1981年），〈風俗通義序〉，頁11、12注四。

[36] 東晉・常璩，任乃強校注：《華陽國志校補圖注》（上海：上海古籍出版社，1987年），卷10〈先賢士女總讚論〉，頁533。按：林閭事亦見揚雄〈答劉歆書〉：「嘗聞先代輶軒之使，奏籍之書，皆藏于周秦之室，及其破也，遺棄無見之者。獨蜀人有嚴君平，臨邛林閭翁孺者，深好訓詁，猶見輶軒之使所奏

18.	成帝—王莽	李弘	華陽國志、高士傳	仲元抑抑，邦家儀形。李弘，字仲元，成都人。少讀五經，不為章句。處陋巷，淬勵金石之志。威儀容止，邦家師之。以德行為郡功曹，一月而去。[37] 李弘字仲元，蜀人也。居成都，里中化之，班白不負擔，男女不錯行。弘嘗被召為縣令，鄉人共送之，元無心就行，因共酤飲，月餘不去。刺史使人喻之，仲元遂遊奔，不之官。[38]	儒生
19.	成—哀帝	宋勝之	高士傳	宋勝之者，……貧依姊居，數歲，乃至長安，受易通明，以信義見稱。從兄襃為東平內史，遣使召之，勝之曰：「眾人所樂者，非勝之願也。」乃去。遊太原，從郇越牧羊，以琴書自娛。丞相孔光聞而就太原辟之，不至。[39]	儒生、牧

　　從時間來看，西漢中前期不仕之儒生數量少於中後期。漢武帝在位五十餘年，而武帝時期不仕之儒生僅董仲舒 1 位；其後昭、宣、元三朝亦五十餘年，不仕之儒生加上韓福，則有 8 位，其中王駿不仕於宣帝即位之初，孔光不仕於元帝時，二人活躍時間則跨至成帝時期。成帝至西漢亡於新莽不足四十年，在本章去除因王莽因素而不仕的情況下，不仕之儒生則有 10 位。其中邴丹無法

　　言。」見清・嚴可均輯：《全上古三代秦漢三國六朝文》（北京：中華書局，1958 年），《全漢文》卷 35〈答劉歆書〉，頁 410 下左、411 上右。

[37] 任乃強校注：《華陽國志校補圖注》，卷 10 上〈先賢士女總讚論〉，頁 533。

[38] 西晉・皇甫謐：《高士傳》，卷中〈李弘〉，頁 82。

[39] 西晉・皇甫謐：《高士傳》，卷中〈宋勝之〉，頁 76。

判斷活躍時間，從《漢書》記載的前後文來看，或許大約在王莽秉政之後，以不仕之時間來說，可與兩漢之際不仕之士並列。但邴丹並非因王莽而不仕，因此仍列於本章此處討論。

由此可見，西漢時期不但儒生總體數量增加，官僚群體當中的儒生、儒吏比例大增，因各種原因而不仕的儒生也有漸次增長的情況。

正因為儒生的數量是漸次增長，因此昭帝時期的韓福，相對來說時代較早，是否能被視為儒生，還需要多一點考慮。韓福本人的社會基礎並未被更清楚的記載，史料僅稱其「有行義者」、「以德行徵」，時代較晚的皇甫謐《高士傳》則稱其「行義修潔」，皆未稱其通經。詔書中有「其務修孝弟以教鄉里」的勉勵，看似與儒生相關，但漢朝以孝治國，孝惠帝時便有「舉民孝弟力田者，復其身」[40]之政治舉措，高后時更「初置孝弟力田二千石者一人」[41]，相當於要求各郡必須在鄉間查訪孝悌、力田者，予以免除勞役之獎勵。因此所謂的「務修孝弟以教鄉里」，本為漢朝立國以來的政策，不但官府極力勸賞，更期待民間賢人共同努力，未必與通經儒生直接相關。換言之，韓福之「行義」、「德行」，符合了漢朝對於民間賢人的期待，至於是否明經，能稱之為儒，未可斷言。

韓福之外，成公與林閭也尚有疑慮。成公故事見於皇甫謐《高

---

[40] 清・王先謙補注：《漢書補注》，卷2〈惠帝紀〉，頁135。
[41] 清・王先謙補注：《漢書補注》，卷3〈高后紀〉，頁143。

士傳》，所謂「自隱姓名」並非隱身山澤的逸民之類，而是姓名不欲為人所知，身則無妨面見天子。從成公與成帝的對話，以及「使郎二人就受《政事》十二篇」這兩部分來推敲，成公對於政治之事頗為熱衷，並有一套對於政事的看法。《政事》十二篇當屬子書，不見於《漢書・藝文志》，從書名來看，如不入於儒家，則當近乎法家或黃老道家。若成公為法家之流，雖可解釋「臣能不犯陛下之法」，但不為官不受祿，則又非法家之類。從漢成帝時期儒學已然興盛的情況來看，成公「常誦經」之「經」，仍以儒家經典較為可能，而非黃老道家之經典，因此將其列於儒生之列。

　　林閭故事則見於《華陽國志》與揚雄〈答劉歆書〉，其事蹟與知古代「輶車之使」求異代方言有關，亦即其「善古學」的部分。「輶車之使」為先秦古制，由於未見於五經之中，因此不稱明經而云善古學，然而此類古學與儒家所論之王官學是一致的，因此同樣將其列於儒生。

　　以上三例，林閭之事蹟記載極少，《華陽國志》稱其「隱遯」、「世莫聞也」，不知其社會基礎。不過〈答劉歆書〉提到「翁孺（即林閭）與雄外家牽連之親」，不知是否為地方宗族豪強。韓福雖然不仕，卻受到朝廷關注賞賜，但除此之外同樣不知其社會基礎，未必全仰賴朝廷照護。成公「誦經」且「不交世利」，如果皇甫謐所記之事蹟為真，那麼其社會基礎很有可能是講授經典為生的儒者。

　　自孔子以下，傳道授徒本為先秦儒者常見的生活樣貌，漢初的代表人物當為申公，《史記》云其：「弟子自遠方至，受業者百

餘人」[42]。申公之後，董仲舒亦有授徒，如呂步舒等，但《漢書》
本傳記載董仲舒「去位歸居，終不問家產業，以修學著書為事」，
並非全以教授為業。從朝廷有大議便「使使者及廷尉張湯就其家
而問之」來看，董仲舒極有可能如韓福一般，受到朝廷照護。再
加上「子及孫皆以學至大官」，其社會基礎亦可歸於世家一類。

　　董仲舒之外，王吉「兼通五經」，「以《詩》、《論語》教授」，
又出身郡吏，擁有完整的文史訓練，其仕宦乃西漢時期儒吏兼修
之典型，其不仕亦為以明經教授為社會基礎的不仕之士模範。尤
其值得注意的是，王吉包含其子王駿、其孫王崇，官皆過二千石，
亦為通經世家，《漢書》記載其經濟生活，頗耐人尋味：

> 自吉至崇，世名清廉，然材器名稱稍不能及父，而祿位彌
> 隆。皆好車馬衣服，其自奉養極為鮮明，而亡金銀錦繡之
> 物。及遷徙去處，所載不過囊衣，不畜積餘財。去位家居，
> 亦布衣疏食。天下服其廉而怪其奢，故俗傳「王陽能作黃
> 金」。[43]

　　如王吉世家清廉之名並無狡詐之嫌，那麼祿位與教授所帶來
的經濟收益，在太平之時足使王家擁有「自奉養極為鮮明」的生
活，而無「金銀錦繡之物」，亦無法有「畜積餘財」。所謂「服其

---

[42] 日・瀧川資言會注考證：《史記會注考證》，卷121〈儒林列傳〉，頁4072-
4073。
[43] 清・王先謙補注：《漢書補注》，卷72〈王貢兩龔鮑傳〉，頁4769。

廉而怪其奢」,可推論漢代廉吏理當無法「好車馬衣服」,亦即做不到如此程度的「自奉養」,而王吉祖孫三代之所以能有這樣的經濟收入,可能便來自於明經教授。東漢時期常有儒生不仕,純以教授為生,授徒多者亦未見貧困;西漢時代教授者,漢初申公不過百餘人,時代晚於王吉的孔子族裔孔子立,教授則有數百人,推估王吉教授當在百餘人之譜,所得能使王駿、王崇奉養鮮明,亦在情理之中。

孔子後人孔光、孔子立為通經世家,故不待言。《漢書》記孔光之父孔霸為關內侯,屬孔子世家大宗。另據《孔叢子》記載,子立一門高祖時有功封侯,亦世代為官,因此不但是傳經之家,亦是官宦之家。孔光為諫大夫,因坐議有不合左遷,因此自免歸教授,其後再為博士;而孔子立則因「以清論譏貶史丹」而不仕。二人的經濟來源除了教授之外,孔子世家身分理當也有所助益。

疏廣「明《春秋》」、「家居教授」,後為太傅,為儒生無疑。疏廣兄子疏受為少傅,在獨尊儒術的此時擔任少傅,當為儒生。本書對於西漢的「新世家」取捨較為寬鬆,在戰國舊貴族消亡之後,凡宗族中有二人在西漢中期以後仕宦並載於史籍者,便以世家視之。疏廣、疏受同為師傅,又有鄉里宗族與居家教授的情況,其後人亦於《晉書》有傳[44],視之為世家當無疑慮。

翼奉與董仲舒相似,「子及孫皆以學在儒官」,不過不仕的歷

---

44 唐・房玄齡等撰:《晉書》(北京:中華書局,1974 年),卷 51〈束皙〉,頁 1427。按:疏廣後人於王莽時避亂改姓,詳本書第六章。

程略有不同，董仲舒是晚年「恐久獲罪」而去位歸居，而翼奉則是早年「惇學不仕」。從西漢的文史文化以及翼奉的生平來看，所謂的「惇學不仕」可能與不願從基層文史學習法令章程之事有關，因此其仕途中所任職之待詔、中郎、博士、諫大夫等，皆為論事起議之類，非治民之官。但翼奉也確實透過了通經入仕，甚而使子孫以學為官。

　　杜欽的例子略有不同。董仲舒等人是透過通經而仕宦，而杜欽比較接近透過仕宦而通經。或者可以這樣說：前者是「儒生學吏」，後者則是「文史學經」。杜欽是西漢著名酷吏杜周之孫，《漢書》稱杜欽「子及昆弟支屬至二千石者且十人」，不可不謂顯赫。班固〈杜周傳贊〉中稱其「起文墨小吏」、「俱有良子，德器自過，爵位尊顯，繼世立朝」[45]，堪稱法律世家。但如前文所引述，杜欽「少好經書」，做為大將軍王鳳之屬僚，或引《禮》《樂》《詩》《書》為諫，或延《春秋》災異為說，其表現與西漢儒生無異。杜欽有此轉換，對於仕途本大有可為，但他選擇入王鳳幕府，優游不仕的社會基礎除了其世家背景之外，自然也與王鳳有關。

　　附記於《漢書》龔勝傳之後的邴漢、邴丹叔姪，以較為寬鬆的定義來說，由於邴氏二人皆為官，因此也被列入世家。邴漢因王莽秉政而與龔勝俱乞骸骨，當列為兩漢之際不仕之士討論。邴丹附記於邴漢之後，無法判斷其不仕的時間，只知道其「養志自修」並非反對王莽，而是另有「為官不肯過六百石」的堅持，姑

---

[45] 清‧王先謙補注：《漢書補注》，卷60〈杜周傳〉，頁4294–4295。

且視其與邴漢同時代，列入西漢時期。

董仲舒以下這些儒學世家案例中，雖然個別不仕之原因、不仕的時間與結果各有不同，但整體而言漢代士人由通經而能仕宦，由仕宦而成世家，由世家而能不仕。對比兩漢之間士風的趨勢，其中關連不可不察。

郇越、郇相同族昆弟則是另一種案例。《漢書》稱其「皆以明經飭行顯名於世」，或可稱為是通經家族，兩人並舉郡孝廉茂材，也同樣去官。但《漢書》又稱郇越「散其先人訾千餘萬，以分施九族州里」，若其「先人」也是通經仕宦而有訾財，《漢書》無有道理隻字不提。郇越家族以何事業致富？又郇越既散家產，不仕之後以何社會基礎支撐其生活？《高士傳》中所見的宋勝之故事或可窺知一二。

宋勝之雖然「貧依姊居」，但有兩條件可恃之入仕，其一是「受《易》通明」，其二是「從兄褒為東平內史」。就這兩條件而言，宋勝之及其宗族也有通經、仕宦、世家的可能性，但其從兄宋褒不見於史傳，「東平內史」為東平國長吏，級秩權位不低，也可能是官僚體系中陸續遷轉上來的能吏，未必是通經儒生。可能因為學識上的差異，使宋勝之說出：「眾人所樂者，非勝之願也」而不仕。

無論如何，宋勝之選擇了不仕，而其不仕的社會基礎是「從郇越牧羊」，此選擇頗有古隱者棄官躬耕之風，以農、漁、牧等經濟生產事業來維繫生活。而《高士傳》這條資料也可參證郇越不仕的社會基礎可能與牧羊有關，近乎卜式之類，在類型上與其他

儒生有異。

　　純粹以通經教授為業者，當為前文討論過的龔舍。如前所述，龔舍多次擺盪於去取之間，而以稱病去官為多，從《漢書》所見之「以《魯詩》教授」以及「郡二千石長吏初到官皆至其家，如師弟子之禮」等記載來看，龔舍當為楚地著名經師，且長吏到任都必須如師弟子之禮存問，則教授當為龔舍不仕最重要的社會基礎。

　　跟東漢相比，甚至與西漢末年王莽秉政時期相比，西漢儒生以經教授者同樣算不上多。推其原因，或許西漢儒生之人生志向仍以通經致用為要，因此居家教授並非第一選項，如疏廣乃教授於舉博士之前，而孔光亦等待時機再度舉為博士等等。此外，從本節的整理約略可知，西漢不仕之儒生或有世家身分，或並非長期自絕於宦途，純以教授為生而不仕者為極少數，可見遲至王莽當政之前，通經教授在西漢時期只能作為儒生經濟來源的一種重要輔助，尚不能躍居主幹位置。相對於東漢，西漢儒生的社會基礎較為薄弱，更加仰賴來自朝廷的各種支援，如此一來，選擇不仕也相對的更加困難。

　　儒生不仕，明經教授是想當然爾的選項，但家族若多人為官，家族或宗族的資產往往也是士選擇不仕的一個重要原因。西漢時期世家大族逐漸興起，雖然不若東漢士族如此強力，但蛛絲馬跡亦可見於本章此處的整理。撇開孔子世家的超然地位先不說，前述董仲舒子及孫皆「以學至大官」，某種程度上已開啟了世代通經並世代為官的先河。王吉、王駿也是父子通經，而王駿之子王崇

亦為大官[46]，三人皆有不仕之記錄。

其他尚有不知其社會基礎的不仕之儒，分別是貢禹、李弘。貢禹以明經著聞，先任博士，再舉賢良任河南令。河南令是基層長吏，要負擔沉重的治民工作。儒生出身的貢禹擔任河南令是西漢典型的儒生學吏，也就是在遷轉過程中歷練文吏職事。然而貢禹也因職事為府官所責，並因此去官。此一行為與翼奉「淳學不仕」類似，皆與儒、吏之間的學識扞格有關。不過貢禹也因為曾經經歷過這樣的職事歷練，後續擔任御史大夫時，方能苦民之苦，提出多項與基層百姓息息相關的改革。

李弘在史傳當中的資料不多，僅《華陽國志》中可見其事蹟。首先就「少讀《五經》，不為章句」來看，李弘雖為儒生，但因西漢經術取士之徒必守師法，其「不為章句」某種程度上也是自絕於祿利之路之外。再從「以德行為郡功曹，一月而去」以及《高士傳》中「嘗被召為縣令」、「無心就行」等行為推敲，郡功曹、縣令都有治民之責，必須面對大量的律令文書，李弘為儒生而不樂為吏，或者與翼奉、貢禹相似，抗拒刀筆文書之職。而「州從事」則略有不同，為刺史幕僚，而刺史職在監察百官，非治民之長吏，因此李弘得「以公正諫爭為志」。

李弘在傳世典籍中其名不顯，但在蜀地頗有名望，《華陽國志》記其「邦家儀形」，同為蜀人的揚雄也在《法言》中論其為人：

---

[46] 王崇不仕王莽，非本章論述範圍。詳第五章。

> 或問：「子，蜀人也，請人。」曰：「有李仲元者，人也。」……「如是，則奚名之不彰也？」曰：「無仲尼，則西山之餓夫與東國之紲臣惡乎聞？」曰：「王陽、貢禹遇仲尼乎？」曰：「明星皓皓，華藻之力也與？」曰：「若是，則奚為不自高？」曰：「皓皓者，己也；引而高之者，天也。子欲自高邪？仲元，世之師也。……」[47]

此段述李弘名之不彰，是因為欠缺能「引而高之者」的因素，並非李弘本身欠缺德行。汪榮寶所言十分精當：「王、貢之名所以彰於仲元者，非獨其節行使然，由其仕宦之顯也。」[48]

此也帶出了西漢時期不仕之士數量略少的因緣：若無「仕宦之顯」，節行之人則有「名之不彰」之慮。如其人本不慕聲名，以古之隱逸為尚則罷，但如李弘，本有公正諫爭之志，則名之不彰不免遺憾。與東漢初年表彰氣節之後大量出現的節士相比，李弘故事正可做一極強烈的對比。此外，比起魏晉以後之名士風流，漢代顯然更重視士之致用，因此作於東漢之《漢書》比起作於南朝宋之《後漢書》，在史料選擇上也欠缺能將「明星皓皓」類型之士人「引而高之」的力量。士風尚治平之道，既為少不仕之士之因，亦為逸民無傳之果也。

---

[47] 汪榮寶義疏：《法言義疏》，卷 17〈淵騫〉，頁 490–491。
[48] 汪榮寶義疏：《法言義疏》，卷 17〈淵騫〉，頁 494。

四、儒生之外

討論完不仕的儒生之後，此節接續討論武帝以後至王莽秉政之前，除了儒生之外的不仕之士。以下包含田畜、卜筮、巫醫、各種隱士以及名臣之子幾個部分，共計 14 例：

	活躍時代	姓名	出處	相關事蹟	分類
20.	成帝	鄭樸	漢書	其後谷口有鄭子真，蜀有嚴君平，皆修身自保，非其服弗服，非其食弗食。成帝時，元舅大將軍王鳳以禮聘子真，子真遂不詘而終。……谷口鄭子真不詘其志，耕於巖石之下，名震於京師，豈其卿？豈其卿？[49]	耕
21.	武帝	卜式	史記	卜式，河南人也。以田畜為事。……是時漢方數使將擊匈奴，卜式上書，願輸家之半縣官助邊。天子使使問式：「欲官乎？」式曰：「臣少牧，不習仕宦，不願也。」……初，式不願為郎。上曰：「吾有羊上林中，欲令子牧之。」式乃拜為郎，布衣屩而牧羊。……上以式為奇，拜為緱氏令試之，緱氏便之。遷為成皋令，將漕最。[50]	牧

[49] 清・王先謙補注：《漢書補注》，卷72〈王貢兩龔鮑傳〉，頁 4755。
[50] 日・瀧川資言會注考證：《史記會注考證》，卷30〈平準書〉，頁 1686–1688。

22.	成帝	嚴遵 （莊遵）	漢書	君平卜筮於成都市，……裁日閱數人，得百錢足自養，則閉肆下簾而授老子。……杜陵李彊……至蜀，致禮與相見，卒不敢言以為從事，乃歎日：「楊子雲誠知人！」君平年九十餘，遂以其業終，蜀人愛敬，至今稱焉。[51]	技藝（卜）
23.	成帝	安丘望之	高士傳	安丘望之者，京兆長陵人也，少治《老子》經，恬靜不求進宦，號日安丘丈人。成帝聞，欲見之，望之辭不肯見。上以其道德深重，常宗師焉，望之不以見敬為高，愈日損退，為巫醫於民間，著《老子章句》，故老氏有安丘之學。扶風耿況、王汲等皆師事之，從受老子。終身不仕，道家宗焉。[52]	技藝（巫醫）
24.	平帝—新—公孫述	任文公	後漢書	任文公，巴郡閬中人也。父文孫，明曉天官風角祕要。文公少修父術，州辟從事。……文公遂以占術馳名。辟司空掾。平帝即位，稱疾歸家。王莽纂後，文公推數，知當大亂，……遂奔子公山，十餘年不被兵革。[53]	技藝（方術）
25.	武帝	摯峻	高士傳	摯峻，字伯陵，京兆長安人也。少治清節，與太史令司馬遷交好。峻獨退身修德，隱於阰山。遷既親貴，乃以書勸峻……峻遂高尚不仕。[54]	隱居山林

---

[51] 清・王先謙補注：《漢書補注》，卷72〈王貢兩龔鮑傳〉，頁4755。

[52] 西晉・皇甫謐：《高士傳》，卷中〈安丘望之〉，頁75。

[53] 南朝宋・范曄著，唐・李賢等注：《後漢書》（北京：中華書局，1965年），卷82上〈方術列傳上〉，頁2707-2708。

[54] 西晉・皇甫謐：《高士傳》，卷中〈摯峻〉，頁71-72。

26.	王莽時	彭城老父	高士傳、漢書	彭城老父者，楚之隱人也，見漢室衰，乃自隱修道，不治名利，至年九十餘。王莽時，徵故光祿大夫龔勝，……勝遂不食而死。……老父痛勝以名致禍，乃獨入哭勝，甚悲。既而，曰：「嗟乎！薰以香自燒，膏以明自銷。龔先生竟夭天年，非吾徒也。」哭畢而趨出，眾莫知其誰也。[55] ……有老父來弔，哭甚哀，既而曰：「嗟虖！薰以香自燒，膏以明自銷。龔生竟夭天年，非吾徒也。」遂趨而出，莫知其誰。[56]	隱士
27.	平帝一王莽	張仲蔚	高士傳、文選注	張仲蔚者，平陵人也，與同郡魏景卿俱修道德，隱身不仕。明天官，博物，善屬文，好詩賦，常居窮，素所處蓬蒿沒人，閉門養性，不治榮名，時人莫識，唯劉龔知之。[57] 顧念張仲蔚，蓬蒿滿中園。[58]	隱士
28.	平帝一王莽	魏景卿	高士傳	張仲蔚者，平陵人也，與同郡魏景卿俱修道德，隱身不仕。[59]	隱士
29.	宣帝	韓延壽三子	漢書	延壽三子皆為郎吏。且死，屬其子勿為吏，以己為戒。子皆以父言去官不仕。至孫威，乃復為吏至將軍。威亦多恩信，能拊眾，得士死力。[60]	世家
30.					
31.					

---

[55] 西晉・皇甫謐：《高士傳》，卷中〈彭城老父〉，頁80-81。

[56] 清・王先謙補注：《漢書補注》，卷72〈王貢兩龔鮑傳〉，頁4789。

[57] 西晉・皇甫謐：《高士傳》，卷中〈張仲蔚〉，頁77。

[58] 南朝梁・蕭統編，唐・李善等六臣注：《文選》（臺北：藝文印書館，2003年初版14刷），卷31左記室思〈詠史〉，頁456下左。

[59] 西晉・皇甫謐：《高士傳》，卷中〈張仲蔚〉，頁77

[60] 清・王先謙補注：《漢書補注》，卷76〈趙尹韓張兩王傳〉，頁4953。

| 32. | 昭帝 | 車千秋子 | 漢書 | （魏相）後遷河南太守，禁止姦邪，豪彊畏服。會丞相車千秋死，先是千秋子為雒陽武庫令，自見失父，而相治郡嚴，恐久獲罪，乃自免去。相使掾追呼之，遂不肯還。[61] | 世家 |
| 33. | 成帝一王莽 | 羊耷[62] | 華陽國志 | 仲魚謙沖。羊耷，字仲魚，郪人也。父甚為交州刺史，卒官。耷迎喪，不敢取官舍一物。郡三察孝廉，公府辟州別駕，皆不應。[63] | 世家 |

　　與西漢時代逐漸增加的不仕儒生相比，武帝以後非儒生的不仕之士卻相對的減少了。史料中可見的不仕之士裡，儒生的數量已經超越了非儒生的部分，這一部分表現出社會文化的發展，另一方面可能也表現出史官對於西漢史事、史料剪裁的特定偏重。西漢以前的不仕之士常見以農、牧等生產活動作為生活的憑藉，但在西漢時期這樣的記載少得多，且其中還包含了如郇越、宋勝之這樣兼有通經儒生身分的。

　　西漢不仕之士有農耕記錄的，為鄭樸。鄭樸在〈王貢兩龔鮑傳〉中與嚴君平並稱，同時代的揚雄曾於《法言》中提及鄭子真：「耕乎巖石之下，名振于京師」[64]。從相關記載來看，鄭樸名聲

---

[61] 清‧王先謙補注：《漢書補注》，卷74〈魏相丙吉傳〉，頁4845。

[62] 《華陽國志》：「後為太守孫寶、蔡茂功曹。」按：孫寶、蔡茂皆哀、平時人，故羊耷不仕當屬西漢末。見任乃強校注：《華陽國志校補圖注》，卷10中〈廣漢士女〉，頁565、575注第25。

[63] 任乃強校注：《華陽國志校補圖注》，卷10中〈廣漢士女〉，頁565。

[64] 汪榮寶義疏：《法言義疏》，卷8〈問神〉，頁173。

震京師的主要原因可能與不詘於王鳳之聘有關。至於「耕乎巖石之下」是高其隱逸的虛寫還是事實，無法判斷，暫且不論。

農耕之外，則為畜牧。除郇越、宋勝之以外，西漢以畜牧為業又有不仕記錄者，當以卜式最著名。但卜式的出身經歷並非典型的士人。《史記‧平準書》記載卜式「以田畜為事」，且不仕之理由為「少牧，不習仕宦」，因此不願為官，自絕於士人之外。但卜式有能力上書輸家產助邊，又拜為郎後，牧羊歲餘便能建言曰：「治民亦猶是也」，顯見其心中有治民之方。且試為緱氏令、成皋令皆有治績，皆表現其對於國事絕非毫無想法，所謂「不習仕宦」未必是真心之論，或可推論為某種拒絕仕宦的藉口。

先秦多有高士逸民隱身山澤以農、漁為業，這些高士們往往以生產之道推論天下治民之術。《莊子》書中虛構或改造了大量的有道之士來作為隱逸的典範，其中也包含了黃帝問塗於牧馬童子的故事：

> 黃帝將見大隗乎具茨之山，……至於襄城之野，七聖皆迷，無所問塗。適遇牧馬童子，問塗焉，……黃帝又問。小童曰：「夫為天下者，亦奚以異乎牧馬者哉？亦去其害馬者而已矣。」黃帝再拜稽首，稱天師而退。[65]

---

[65] 戰國‧莊子，清‧郭慶藩集釋：《莊子集釋》（臺北：萬卷樓圖書公司，2007年再版），卷 8 中〈徐無鬼〉，頁 908–912。

　　《莊子》書中牧馬童子「為天下」的一番論述，與漢武帝時卜式對答武帝的言語極為類似：

> 上過見其羊，善之。式曰：「非獨羊也，治民亦猶是也。以
> 時起居；惡者輒斥去，毋令敗群。」上以式為奇，拜為緱
> 氏令試之，緱氏便之。遷為成皋令，將漕最。上以為式樸
> 忠，拜為齊王太傅。[66]

　　為天下無異乎牧馬，治民亦猶牧羊，皆在斥去有害之惡者。就這個部分來說，卜式似乎與先秦時期《莊子》書中所代表的方外之士有所連結，但卜式的生涯選擇，卻又與古之高士大異其趣。隱逸高士對於仕宦、利祿多半避之唯恐不及，但卜式卻是主動上書與官府接觸，且一路升遷至齊相。卜式早期的不仕，雖不能用終南捷徑形容，但多少有官、民合作企圖創造某種士人新典範的味道。

　　除了農、漁、牧等生產活動之外，另一個常見於先秦至漢初不仕之士的社會基礎則為卜、巫之類，如《史記》之司馬季主，或如說韓信而不聽，佯狂為巫的蒯通，二者皆可為代表。西漢時期則有嚴遵與安丘望之，一為卜筮，一為巫醫，時間皆在西漢末期。

　　嚴遵事主要見於《漢書》，〈王貢兩龔鮑傳〉記「蜀有嚴君

---

[66] 日・瀧川資言會注考證：《史記會注考證》，卷30〈平準書〉，頁1688。

平」、「君平卜筮於成都市」[67]，又〈地理志〉記蜀地有「王褒、
嚴遵、揚雄之徒」[68]，顏師古引《三輔決錄》云「君平名尊」[69]，
則嚴遵字君平，為同一人。據《華陽國志》校補可知，「嚴遵」亦
作「莊遵」[70]，當因東漢明帝劉莊之名避諱而改。此外《後漢書·
逸民列傳》記「嚴光字子陵，一名遵」，則東漢初年會稽有另一嚴
遵，與西漢卜筮於成都之嚴遵當為二人。[71]〈王貢兩龔鮑傳〉記
嚴遵以老子之言為教，卜筮則「得百錢足自養」而已，雖然也有
依於孝、順、忠等言論，但不外乎道家「因勢導之」的實踐。成
都嚴遵的社會基礎雖稱不上結實，卻頗合老、莊養生之道。

　　《漢書》未見安丘望之，史料時代較晚的《後漢書》中，有
耿況與王莽從弟王伋「共學老子於安丘先生」[72]的記載，注引嵇
康《聖賢高士傳》稱之「安丘望之」或「安丘丈人」，為成帝時
人。《後漢書》李賢注引的嵇康《聖賢高士傳》內容與輯自《太平
御覽》題西晉皇甫謐之《高士傳》略同而省，而皇甫謐《高士傳》
言安丘望之「著《老子章句》，故老氏有安丘之學」[73]，復見《隋

---

[67] 清·王先謙補注：《漢書補注》，卷72〈王貢兩龔鮑傳〉，頁4755。

[68] 清·王先謙補注：《漢書補注》，卷28下〈地理志〉，頁2826。

[69] 清·王先謙補注：《漢書補注》，卷72〈王貢兩龔鮑傳〉，頁4755。

[70] 任乃強校注：《華陽國志校補圖注》，卷10上〈先賢士女總讚論〉，頁532。

[71] 嚴光屬於兩漢之際的不仕之士，詳第五章。又《太平御覽》引《益部耆舊傳》
曰：「嚴遵字王思，為揚州刺史。」則蜀人除嚴君平之外，又有一嚴遵字王
思，非逸民之屬。周天游注司馬彪《續漢書·逸民傳》言是也，見周天游輯
注：《八家後漢書輯注（修訂本）》（上海：上海古籍出版社，2020年），頁
497。

[72] 南朝宋·范曄：《後漢書》，卷19〈耿弇列傳〉，頁703。

書‧經籍志》中有「漢長陵三老毌丘望之注《老子》二卷」、「《老子指趣》三卷毌丘望之撰」[74]，「安」、「毌」形近而誤，因此《高士傳》所稱的「安丘之學」顯非空言。

安丘望之的社會基礎包含了「為巫醫於民間」以及《老子》學的傳授。雖然「卜筮」與「巫醫」略有不同，但嚴遵或安丘望之頗有相似之處。二人行跡皆流傳於西漢末年，一方面以數術方技之道混跡於市井，嚴遵於成都，而安丘望之則於京兆；另一方面兩人皆依《老子》等道家文獻講授與著述，並因此在史料中留下名聲。此類不仕者上有司馬季主[75]，下則有東漢韓康[76]，雖然與先秦時期隱其名的隱逸高士仍有區別，但可作為古代隱逸傳統的旁系別支之一。

任文公的身分較接近於方術士之流，以「天官風角祕要」之占卜類術數，而且是家學。西漢學風多圖讖預言，《後漢書》無述任文公通老子、黃老，加上任文公歷任州從事、司空掾等職，應該不是傳統道家隱逸之類，可能更接近於儒生方士。任文公的社會基礎仍未脫離官僚體制，但可推測因「占術馳名」而有其他的經濟收入。其於平帝即位時就「稱疾歸家」，王莽篡位之後又避亂

---

[73] 西晉‧皇甫謐：《高士傳》，卷中〈安丘望之〉，頁75。

[74] 唐‧魏徵、令狐德棻等著：《隋書》（北京：中華書局，1973年），卷34〈經籍志〉，頁1000。

[75] 《史記》：「司馬季主者，楚人也。卜於長安東市。」日‧瀧川資言會注考證：《史記會注考證》，卷127〈日者列傳〉，頁4211。

[76] 《後漢書》：「韓康字伯休，一名恬休，京兆霸陵人。家世著姓。常采藥名山，賣於長安市。」南朝宋‧范曄：《後漢書》，卷83〈逸民列傳〉，頁2770。

奔山，從時間點來看，平帝時的稱疾歸家未必是因王莽秉政之朝政亂象而不仕，因此此案例不列入兩漢之際不仕王莽之類而歸於西漢時代。此外，任文公奔子公山是為了避亂，亦與傳統隱逸山林的隱士不同。

　　隱逸傳統當中最重要的，當屬隱身山林巖穴，而非混跡市井。除了漢初的四皓等人之外，西漢時期隱居山林的不仕之士還有摯峻。摯峻事蹟不見於兩漢時期各類史料，晉時《高士傳》方得記載，《文選》李善注左思〈吳都賦〉亦引了〈摯伯陵答司馬遷書〉。[77]此外，東漢後期有不仕之士摯恂，《後漢書・馬融列傳》記載：「京兆摯恂以儒術教授，隱于南山。」[78]而《高士傳》則稱其為「伯陵之十二世孫」[79]，從司馬遷的人生故事以及當時的社會文化背景來看，隱於阰山的摯峻故事應該不是空穴來風。

　　摯峻故事能流傳於魏晉時期，一個重要的原因在於他曾經與司馬遷有書信往來。司馬遷為完成《史記》遍訪天下，在李陵事件之前，為國舉才而勸進摯峻，亦為當時時代風氣。而摯峻之報書，也符合西漢前期黃老道家轉向儒家過渡期的士風。由四皓與摯峻的相關記載或可推論：當時山林巖穴之間，可能還有更多保持類似人生觀的隱逸高士，在西漢時期的經世致用的士風中真正做到了隱名匿跡。

---

[77] 唐・李善等六臣注：《文選》，卷5左太沖〈吳都賦〉，頁88上左；又卷24潘安仁〈為賈謐作贈陸機〉，頁358上左。

[78] 南朝宋・范曄：《後漢書》，卷60上〈馬融列傳〉，頁1953。

[79] 西晉・皇甫謐：《高士傳》，卷下〈摯恂〉，頁102。

　　同樣不見於兩漢史料而見於《高士傳》與《文選》注的，還有張仲蔚與魏景卿。《高士傳》以張仲蔚為目並附記魏景卿，云二人「俱修道德，隱身不仕」，而張仲蔚也成了魏晉六朝以下常見的文學典故之一，除了左思〈詠史〉之外，又如陶淵明有〈詠貧士詩〉：「仲蔚愛窮居，遶宅生蒿蓬」等等。[80]從《高士傳》的編排來看，張仲蔚應該與宋勝之、嚴遵約略同時，「唯劉龔知之」中的劉龔，應該即是王莽時附和其稱帝的明德侯劉龔，大約屬西漢末年，平帝至新莽之間。

　　魏景卿除了「修道德」之外，幾乎沒有任何其他相關記載，推敲可能也是道家隱士之類。張仲蔚則除了修道德之外，還有明天官、博物、善屬文，好詩賦等知識背景，明顯屬兼通諸家博學多識的類型。再從居窮、處蓬蒿的情況來看，可能並非摰峻之類隱居山林者，更有可能是居處城市而貧困的士人。

　　隱逸高士既隱其名，因此多有文獻記載闕如的情況。彭城老父事蹟是龔勝故事的附傳，除弔、哭甚哀之外，一無所見。時代較晚的《高士傳》中有：「楚之隱人也。見漢室衰，乃自隱修道，不治名利，至年九十餘。」等記載，其中包含了年紀、自隱之原因等等訊息，與《漢書》：「莫知其誰」的說法矛盾，恐怕不可信。

　　總而言之，若以典範的先秦隱逸傳統來說，則名聲不顯，事蹟不載的摰峻、張仲蔚、魏景卿、彭城老父等，無疑更近於荷蓧

---

[80] 東晉・陶潛著，楊勇校箋：《陶淵明集校箋》（臺北：正文書局，1999 年），卷 4〈詠貧士詩〉其六，頁 223。

丈人、接輿之類。

最後再談名臣世家中的不仕之士。漢初不論新、舊貴族皆有選擇不仕的士人，但武帝之後，傳統世家有儒家化的傾向，身為世家卻非通經儒生，同時還選擇不仕的士人，在史料中並不多見。較為典型的，當為車千秋之子。車千秋本姓田，是先齊的諸田王室，其身分原屬於先秦舊貴族，漢時將田氏徙居長陵，車千秋於是在武帝時期為「高寢郎」。顏師古注曰：「高廟衛寢之郎」[81]，可能是諸田居長陵世襲的工作。車千秋死後，有子為雒陽武庫令，畏懼河南太守魏相治郡嚴厲而棄官免去。其後如何，史料並未明言，《漢書》車千秋本傳中有子車順，嗣侯並官至雲中太守[82]，與雒陽武庫令可能不是同一人。

田氏以先秦舊貴族身分活躍於漢朝，某種程度上算是世家的延續，漢初《易》學名家田何也是齊諸田，但田何以齊田徙杜陵[83]，與車千秋並非同支。[84]從史料來看，車千秋此一齊田支屬在西漢時期可能並未儒家化，後續也淡出了歷史舞臺。

---

[81] 清・王先謙補注：《漢書補注》，卷66〈公孫劉田王楊蔡陳鄭傳〉，頁4554、4555注三。

[82] 清・王先謙補注：《漢書補注》，卷66〈公孫劉田王楊蔡陳鄭傳〉，頁4558。

[83] 《漢書・儒林傳》：「漢興，田何以齊田徙杜陵，號杜田生。」清・王先謙補注：《漢書補注》，卷88〈儒林傳〉，頁5423。

[84] 齊田氏有諸多支屬，在漢代各有不同發展，《潛夫論・志氏姓》：「齊人謂陳田矣。漢高祖徙諸田關中，而有第一至第八氏。丞相田千秋、司直田仁，及杜陽田先、碭田先，皆陳後也。武帝賜千秋乘小車入殿，故世謂之車丞相。及莽，自謂本田安之後，以王家故更氏云。莽之行詐，寔以田常之風。」東漢・王符著，胡楚生集釋：《潛夫論集釋》（臺北：鼎文書局，1979年），卷35〈志氏姓〉，頁669。

　　與車千秋類似的例子當舉韓延壽三子以父言而去官不仕。韓延壽本身「少為郡文學」[85]，為吏亦以「上禮義，好古教化」[86]等儒家教訓為要，但韓延壽仍以「善為吏」著稱[87]。《漢書‧循吏傳》更云韓延壽為「漢世良吏」之一[88]，顯見當時儒生、文吏二身份結合的情況。因此韓延壽自身為「郡文學」出身，不代表其三子必定也是循同樣路線成為郎吏，也可能是地方文吏察舉而補郎。韓延壽三子皆不仕，其孫韓威則「復為吏至將軍」、「亦多恩信，能拊眾，得士死力」，表現出武吏出身的樣貌，更可見三子未必皆為儒生。

　　總而言之，韓延壽三子之不仕，未可輕言斷定其皆儒生，從數世為郎來看，作為世家附於此處可能更合理些。

　　最後還有見於《華陽國志》的羊茝，由於資料不多，只知其父為交州刺史，因此也附於此處。值得注意的是，羊茝數次察舉、公府辟除皆不應，但羊茝後仍任功曹入仕。這種基於某種原則或理由的擇官、擇事而仕的現象，在王莽秉政之後頗為常見，從羊茝的例子來看，不仕王莽雖是一時風潮，但此現象未必始於王莽之時。

---

[85] 清‧王先謙補注：《漢書補注》，卷76〈趙尹韓張兩王傳〉，頁4945。

[86] 清‧王先謙補注：《漢書補注》，卷76〈趙尹韓張兩王傳〉，頁4946。

[87] 《漢書‧地理志》：「韓延壽為東郡太守，承聖恩，崇禮義，尊諫爭，至今東郡號善為吏。」清‧王先謙補注：《漢書補注》，卷28下〈地理志〉，頁2850。

[88] 《漢書‧循吏傳》：「故漢世良吏，於是為盛，稱中興焉。若趙廣漢、韓延壽、尹翁歸、嚴延年、張敞之屬，皆稱其位。」清‧王先謙補注：《漢書補注》，卷89〈循吏傳〉，頁5460。

五、小結：西漢盛世不仕現象的變化

　　西漢時代的不仕之士，也就是本章論述範圍中那些曾經拒絕政治，或自絕於官僚體制之外的士人，相對於漢初以前或王莽專政之後，數量相對較少。據筆者耙梳史料之後的統計，秦朝 13 餘年，不仕之士 8 人，漢初不過 70 年，不仕之士 24 人，其中有 13 人集中於高祖一朝。合計秦及漢初，共 86 年[89]，不仕之士有 32 人。而本章所計之西漢時期的不仕之士，去除不仕王莽者，約一百餘年，不仕之士則是 33 人。

　　士人對於仕宦與否的選擇，應該可以表現出文化變遷的脈絡，且表現在兩個層面上。首先是政治環境可能很大程度的影響了士人進入或拒絕仕途的理由，因此某些士人不仕或隱逸於秦，卻在漢初願意現身；另一方面，士人們透過其學識形塑出理想國君的樣貌，並且在改朝換代時發揮影響力，甚至可能推動歷史潮流的演變。這兩個層面，都表現在著名的商山四皓的仕隱抉擇上。

　　漢初之後，不仕之士的總體數量略微減少，除了主要史料《史記》、《漢書》的記載選擇之外，多少與仕進之途的擴張有關。漢朝的官僚體制本以秦之律令文書為主，武帝「絀黃老、刑名百家

---

[89] 按：始皇帝二十六年（西元前 221 年）秦初并天下，至漢武帝建元六年（前 135 年）竇太后崩。日・瀧川資言會注考證：《史記會注考證》，卷 6〈秦始皇本紀〉，頁 328；卷 49〈外戚世家〉，頁 2520。又按：漢書云竇太后「元光六年崩」，顏師古已言其誤。見清・王先謙補注：《漢書補注》，卷 97 上〈外戚傳〉，頁 5929。

之言，延文學儒者數百人」[90]，不過是「諸博士具官待問」身分
的調整。真正影響仕途的，是透過博士弟子補郎制度的建立，打
破了「以吏為師」的官僚體制，從此非文吏訓練出身的士人除了
「具官待問」之外，也有機會實際負擔各種政治任務，擔任官吏。
此一舉措，使武帝之後的仕途比起漢初更加開放，能夠吸納文吏
文化之外的不同學識，從而使得更多的士人得以進入官場。換言
之，這種政治環境的改變，使士人在官場中有更多的發揮空間，
可能促使士人放棄了不仕的念頭。

　　在朝廷與士人之間，相對於分裂且彼此競爭人才的戰國時代，
統一的西漢朝廷顯然是更強而有力，也更具有主動權的。因此若
以推動歷史潮流來說，西漢中央政府的政治舉措改造了士人群體
的樣貌，對於整體文化變遷的影響力毋寧是更大的。但儒生的去
取抉擇，亦即透過「時隱」之手段給予朝廷一定程度的政治壓力，
多少也推動了西漢王朝更進一步的儒化。前文幾次提到的王吉，
其「述舊禮明王制」的強烈主張，與「頗修武帝故事」的宣帝存
在著立場的對抗，宣帝以「以其言迂闊，不甚寵異」對待，王吉
也以「謝病」不仕作為抗議。王吉與貢禹的「取舍同也」[91]的抉
擇若能代表當代儒生的普遍心聲，那麼宣、元之際漢朝由「霸王
道雜之」轉向「純任德教」的變化，士人的不仕顯然也具有與商
山四皓類似的文化影響力。

---

[90] 日・瀧川資言會注考證：《史記會注考證》，卷121〈儒林列傳〉，頁4067。
[91] 清・王先謙補注：《漢書補注》，卷72〈王貢兩龔鮑傳〉，頁4766。

　　回頭繼續說明政治舉措改造士人群體樣貌之後，對於西漢不仕現象的具體影響。首先較為開放的仕途環境雖然主要針對通經之儒，但由於其包含了博士弟子的訓練，這使得戰國時代各憑本事開展新學問的游士群體，因祿利之路與體制建立教育制度的緣故，大量的往儒學、吏事兩方面靠攏。原本就不在少數的儒生數量，更進一步快速增加，並且連帶的使不仕之士當中儒生所佔的相對比例，也明顯的攀升。根據本書前面幾章所統計的戰國、秦、漢初不仕之士的史料耙梳，可將不仕之士中儒生與非儒生簡單列為下表：

戰國至西漢不仕之士中儒生之數量比例表

	儒生		非儒生		不仕之士
戰國[92]	1	5.0%	19	95.0%	20
秦及漢初	8	25.0%	24	75.0%	32
西漢[93]	19	57.6%	14	42.4%	33

　　由表格可以看出，不仕之士中儒生的數量以及所佔的比例，明顯的隨著時間而上升，由 5% 上升到 25%，再進一步提升至 57.6%，即使不計入韓福，西漢不仕之儒生也佔了 56.3%，已經成了不仕之士的主要組成部分。此數據的解讀，不能單純以儒生大量拒絕仕宦來解釋，其背後各自有著不同的歷史因緣。相對於戰國時期儒生可周遊求用，秦及漢初因政治大一統，且以刑名之法

---

[92] 據本書對於不仕之士的定義，戰國不仕儒生僅 1 例，即孟子。
[93] 表中儒生欄位計入韓福。

治民，儒生守道堅貞，因此不仕比例上升。然而武帝之後，儒生仕進之途暢通，且朝廷吏事緣飾以儒術，甚而純用德教，正是儒生改造社會，推行教化的大好時機。此外，西漢時期儒生若脫離仕途，其社會基礎並不穩固，足以支撐儒生不仕的強大的宗族尚未形成，雖然可透過經書的教授獲得一部分的生活資本，但還未及成為生活支柱的程度。儒生高度仰賴政府才能生存，政府亦有引入儒生來改造官僚體系的需求。在這樣的情況下，儒生在不仕之士中的比例依舊大幅上升，其主要原因只能用整體士群體不分仕與不仕，都出現了儒家化與經術化的現象來解釋。

　　儒生的增加來自於政治舉措的推動，但由於孔子「不仕無義」以及「無道則隱」的教訓，士群體大幅度的儒家化，也會蓄積儒生們透過去取抉擇來影響政治的能量。當大量的儒生寧可承受生活困頓也要選擇不仕時，表示當權者乃「無道」者，這將會形成巨大的政治壓力。這樣的現象具體表現在兩漢之際士人對王莽的態度是本書下兩章的重點。

　　不仕的儒生比例增加，相對的以《老子》思想為核心的「道家型隱士」，以及藏身山林巖穴或以農、漁為業的不仕者，此類型的傳統隱逸在史料中出現的比例則降低了。同樣根據筆者耙梳史料後的統計，不仕之士中傳統隱逸的數量與比例簡單列為下表：

戰國至西漢不仕之士中傳統隱逸之數量比例表

	傳統隱逸		非傳統隱逸		不仕之士
戰國	15	75.0%	5	25.0%	20
秦及漢初	10	31.3%	22	68.8%	32
西漢	7	21.2%	26	78.8%	33

　　前文並未特別將非儒生的不仕之士另外區分出傳統隱逸來，如果要以此為參照點去統計的話，大抵就是將 14 例非儒生的不仕之士中，先去掉世家名臣子的 5 例，再去掉主動以財富干政，明顯非傳統隱逸的卜式，以及歷任從事、掾的任文公。剩下的鄭樸、嚴遵、安丘望之、摯峻、彭城老父、張仲蔚、魏景卿等 7 人較接近傳統隱逸。表中可以看出傳統隱逸在進入大一統王朝後急遽下降，武帝之後仍維持減少的趨勢，但下降幅度似乎有趨緩的情況。

　　傳統隱逸在不仕中比例的減少，自然與仕途開放以及儒生比例相對的大幅度增加有關，但這樣的推論必須要加入幾個可能存在的情況。首先武帝之後確實是增加了官僚體系選拔人才的管道，但既罷黜百家，代表地方政府選舉時，以道家思想為主的隱逸未必能像漢初以前那樣受到重視。戰國時代各國求賢若渴，但在博士弟子制度建立之後，王朝有了制度化的人才培育機制，且在承平時期，政府對循吏的需求可能更大於挖掘隱藏的特出人才，這都導致了純粹的隱士因史料選擇而減少。道家思想本身亦不追求仕宦，如彭城老父這般的「身隱」者，若非龔勝之死，恐怕也無緣見載史籍。

　　另一個值得討論的部分是，不仕之士身分背景當中的貴族世家。歷經秦與漢初對於戰國舊貴族的打壓，西漢初年高祖的軍功新世家取代了先秦的封建舊貴族；然而武帝獨尊儒術並以通經取士之後，藉由通經而世代官宦的宗族又開始萌芽，並逐漸佔據官僚體系且延續數個世代，到此則通經新世家又漸漸取代了漢初的軍功貴族。在西漢時代，儒生們的社會基礎遠不如東漢時期厚實，通經世家也才剛剛萌芽，經學講授也還不到能取代祿利之路的地步，因此儒生們還無法自由地出入「仕」與「不仕」之間。然而從本書的統計來看，已經約略可以看出其中趨勢。

　　整體來說，漢武帝至王莽秉政之前的中國，是一個強力政府主導文化變遷的時代。透過士人去取抉擇、不仕之士身分背景的考察、社會基礎的挖掘，可以發現政治力進一步對士群體的收編與改造，而被儒家化與官僚化之後的士人，也逐步展現出下個階段抗拒政治權力的潛力。

第五章　不仕王莽：兩漢之際的
不仕之士（上）

一、兩漢之際「不仕」的辨別

士在不同的時代會有不同的發展樣貌，其仕宦抉擇往往受到許多不同因素的影響而有不小的變化。整體來說，戰國時代的士人選擇較多；入秦之後直到漢初，有一個明顯的過渡時期，從百家爭鳴而往儒、吏兩方向收束；武帝以後，尊儒的效應相當明顯的表現出來，不仕的儒生遠比先秦直至漢初來得更多。

「不仕之士」代表主觀意願上拒絕仕宦機會，且至少有一段時間是無政治職位在身的士人。因此如士人並無拒絕仕宦的意願，卻因政治環境而無法踏入仕途者，則不在本書的論述範圍內，如梅福：

> 梅福字子真，九江壽春人也。少學長安，明《尚書》、《穀梁春秋》，為郡文學，補南昌尉。後去官歸壽春，數因縣道上言變事，求假軺傳，詣行在所條對急政，輒報罷。是時成帝委任大將軍王鳳，鳳專勢擅朝，……
>
> 福孤遠，又讒切王氏，故終不見納。……是時，福居家，常以讀書養性為事。
>
> 至元始中，王莽顓政，福一朝棄妻子，去九江，至今傳以為仙。其後，人有見福於會稽者，變名姓，為吳市門卒云。[1]

梅福因通經而為郡文學，補南昌尉，不知為何而去官歸家，從他後續不斷上言變事的情況來看，恐怕並非主動的抗拒仕途，而是「孤遠」不被官僚體制接受，再加上反對專政的王氏，才是他始終無法再度進入官場的主因。到了王莽顓政時，梅福採取激進的舉措，棄妻子、去九江，從先前的情況來看，固然有類似於夷、齊不食周粟的可能，但與其說是不仕，更像是長期反對王氏而避難遠走。

換言之梅福去官歸壽春之後，便再也沒有獲得仕宦機會，即便他確實因反對王莽而更加遠離仕途，本章亦不將其列入不仕之士討論範圍中，而將其改列下一章的避難之類。

在漢武帝以經術取士改造漢朝的官僚體制之後，戰國時期百家爭鳴的士群體逐漸往儒、吏的方向收攏，且儒生、文吏也開始有疊合身分的情況。西漢中期之後，儒生與文吏成為士群體的最重要的組成分子，由於文吏的價值取向必然在官僚體系當中呈現，因此能依違於仕途內外，以進退去取表現士道的，便集中於儒生身分之中。[2] 相較於西漢初年以前，在漢武帝之後直到王莽秉政這段時間裡，不仕之士的總體人數並未增加，但史料所見的不仕之士中，儒生比例有極大幅度的上升，此或可從反面佐證士群體整體的質變。在漢王朝政治相對穩定的時期，不仕之士的總數不過 33 人，稱不上多，然而「無道則隱」、「賢者辟世」本為孔門教

---

[1] 東漢・班固，清・王先謙補注：《漢書補注》（上海：上海古籍出版社，2008年），卷 67〈楊胡朱梅云傳〉，頁 4593–4594、4604–4605。

[2] 除了儒生之外，還有方士，詳後文。

訓[3]，一旦有劇烈的政治波動，儒家傳統「士道」便會集體表現出來，一方面推動歷史前進，另一方面也會改變隱逸與不仕的樣貌。

　　本章以及下一章將討論西漢末年至東漢光武帝初年這段時間的不仕之士，並簡單將這段時間的不仕現象分為兩大部分。第一個部分是史料當中有明確記載，因王莽當政或改立新朝而不仕的士人。若相關的不仕之士早在王莽執政之前就因其他因素而拒絕仕途，不仕王莽不過是過往抉擇的延續，這類型的不仕者皆已於上一章討論過，不列入本章的討論範圍內。但是若過往的不仕與不仕王莽之間沒有延續性，或者理由全然不同，或者在不仕王莽之前處於仕宦狀態，那麼這個例子便會列入本章的討論之中。

　　《漢書》中的「兩龔」龔勝與龔舍正好可以作為這部分的案例。西漢末年龔舍便多次以病辭官：

> 初，龔舍以龔勝薦，徵為諫大夫，病免。復徵為博士，又病去。頃之，哀帝遣使者即楚拜舍為太山太守。舍家居在武原，使者至縣請舍，欲令至廷拜授印綬。舍曰：「王者以天下為家，何必縣官？」遂於家受詔，便道之官。既至數月，上書乞骸骨。上徵舍，至京兆東湖界，固稱病篤。天子使使者收印綬，拜舍為光祿大夫。數賜告，舍終不肯起，

---

[3] 《論語・泰伯》：「天下有道則見，無道則隱。」〈憲問〉：「賢者辟世，其次辟地，其次辟色，其次辟言。」見南宋・朱熹：《四書章句集注》（臺北：大安出版社，1999 年），《論語集注》，卷 4〈泰伯〉，頁 142；卷 7〈憲問〉，頁 220。

乃遣歸。……舍年六十八，王莽居攝中卒。[4]

　　龔舍故事大約落在哀帝、平帝時期，其不仕的事實，包含了平帝王莽秉政至以假皇帝居攝的這段時間。從史料的記載來看，龔舍不仕的動機其來有自，未必與王莽有關，因此雖然龔舍在這段時間不仕，卻必須將其改列入西漢時期的不仕之士。

　　龔勝在哀帝時期也有不仕的紀錄，但主要原因在於任職有錯遭受貶秩，被外放為渤海太守，因此謝病不任之官直到免歸：

　　……制曰：「貶秩各一等。」勝謝罪，乞骸骨。上乃復加賞賜，以子博為侍郎，出勝為渤海太守。勝謝病不任之官，積六月免歸。

　　上復徵為光祿大夫。勝常稱疾臥。數使子上書乞骸骨，會哀帝崩。……王莽秉政，勝與漢俱乞骸骨。……於是勝、漢遂歸老于鄉里。[5]

　　龔勝雖消極的抗拒渤海太守職位，但當其重新被徵為光祿大夫時便不再強烈抗拒，直到王莽秉政時以年至致仕歸老。若龔勝不仕的紀錄止於此，那麼當與龔舍一樣，列為西漢時期的不仕之士。但龔勝其後卻以激烈的方式抗拒王莽職位：

---

[4] 清・王先謙補注：《漢書補注》，卷72〈王貢兩龔鮑傳〉，頁4787–4788。

[5] 清・王先謙補注：《漢書補注》，卷72〈王貢兩龔鮑傳〉，頁4785–4787。

莽既篡國，遣五威將帥行天下風俗，將帥親奉羊酒存問勝。
明年，莽遣使者即拜勝為講學祭酒，勝稱疾不應徵。後二
年，莽復遣使者奉璽書，太子師友祭酒印綬，安車駟馬迎
勝，……勝自知不見聽，即謂暉等：「吾受漢家厚恩，亡以
報，今年老矣，旦暮入地，誼豈以一身事二姓，下見故主
哉？」……遂不復開口飲食，積十四日死，死時七十九
矣。[6]

　　龔勝不任王莽的講學祭酒、太子師友祭酒等職位，其原因在
於不願「一身事二姓」，因此其所謂的「稱疾不應徵」與當年被任
命渤海太守而「謝病不任之官」並非相同的理由。此外，雖然表
面上的原因都是謝病稱疾，但龔勝之前願受徵為光祿大夫，一度
重新回到仕途，再致仕歸老，因此龔勝的不仕並非延續性的，應
可稱為兩度不仕。依本書的分類原則，龔勝應列入不仕王莽的案
例中討論。

　　不仕王莽者在兩漢之際同時也拒絕光武帝或其他割據勢力的
話，此類型則列入第二部分案例中討論。第二部分的不仕之士，
指從亂世到中興之間，拒絕各方割據陣營的不仕之士，亦包含了
一部分不仕光武帝的不仕之士。所謂的各方割據陣營包含了更始
帝、公孫述、隗囂、竇融等，史料中如有記載拒絕擔任割據勢力
官職的士人，便列入這個部分討論，無論其是否曾經在西漢或王

<hr>

[6] 清・王先謙補注：《漢書補注》，卷72〈王貢兩龔鮑傳〉，頁 4788–4789。

莽時期擔任官吏，或其後是否在東漢時代入仕。除非不仕這些割
據勢力者，同時也有不仕光武的情況。

　　最後需要特別說明一下不仕光武帝的部分。本章所要處理的，
是曾經拒絕王莽或其他割據勢力，同時又拒絕光武帝的不仕之士，
亦即其不仕的行為具有延續性的，在斷代上才能列入兩漢之際。
如果該案例是單純的不仕於東漢，那麼這個案例將列入東漢的不
仕之士另文處理。

　　《後漢書·逸民列傳》記載了嚴光、王霸二人，可以作為本
章取材的例子。先論嚴光：

> 嚴光字子陵，一名遵，會稽餘姚人也。少有高名，與光武
> 同遊學。及光武即位，乃變名姓，隱身不見。帝思其賢，
> 乃令以物色訪之。
> 除為諫議大夫，不屈，乃耕於富春山，後人名其釣處為嚴
> 陵瀨焉。[7]

　　嚴光[8]既與光武同遊學，理當也經歷了王莽時代，但翻遍史
料，幾乎無嚴光於兩漢之際活動的紀錄，其隱身、不仕的記載也
都集中於光武一朝，無法確知是否由西漢乃至於兩漢之際延續而
來。故嚴光之不仕，當列為東漢時代，非本章、本書的討論範圍。

---

[7] 南朝宋·范曄著，唐·李賢等注：《後漢書》（北京：中華書局，1965.5），卷
　　83〈逸民列傳〉，頁 2763–2764。
[8] 本作莊光，因避東漢明帝劉莊名諱而作嚴光，本書依《後漢書》皆稱嚴光。

相對於嚴光的記載只見於東漢，王霸則有王莽時的事蹟：

> 王霸字儒仲，太原廣武人也。少有清節。及王莽篡位，棄
> 冠帶，絕交宦。建武中，徵到尚書，拜稱名，不稱臣。有
> 司問其故。霸曰：「天子有所不臣，諸侯有所不友。」司徒
> 侯霸讓位於霸。閻陽毀之曰：「太原俗黨，儒仲頗有其
> 風。」遂止。以病歸。隱居守志，茅屋蓬戶。連徵不至，
> 以壽終。[9]

同樣是不仕、隱居於東漢，但王霸有「王莽篡位，棄冠帶，絕交宦」的事蹟，雖然可能動機在於避禍，但以較為寬泛的定義，也是一種拒絕仕宦的表現。且這種志向延續到了東漢光武帝時代，因此雖然「徵到尚書」，仍表現其「天子有所不臣」之志。因此王霸將列入本章的討論之中。

　　亂世當中的身分認定還有一個值得討論的，在於「避亂」與「不仕」之間的差別。首先避亂多半是離開朝廷，或離開政治中心動盪的區域，前往地方或政治邊陲相對穩定的地方，此符合了孔子「賢者辟世」之意。以漢朝的察舉制度來說，離開了熟悉的地方，多半也相當於離開了原本具有優勢社會基礎的領域。兩漢之際的避亂者多半不在官僚體制當中，由於放棄了原本建立起來的鄉里名聲以及可能的仕進之途，因此史料中也多有「隱居」的

---

[9] 南朝宋・范曄：《後漢書》，卷 83〈逸民列傳〉，頁 2762。

形容。如果單純就是否成為官吏來說，或許避亂隱居也是一種不
仕，但本書對「不仕」的定義為本有仕宦機會而主動放棄，而兩
漢之際避亂隱居的士人，多半是逃離亂局，而非拒絕仕途，此二
者理當有所區別。

　　「不仕」未必「避亂」，如前述之龔勝止於不仕，並未徙居他
處避王莽之召，但避亂者是否符合本書對不仕的定義，則多半難
以確定。雖然如此，由於避亂有極大可能同時抗拒入仕，因此本
章將史料中所見案例，凡有記載棄官、不仕等記載者，列入不仕
之士討論，而僅記載避亂、避世者，則另外獨立統計討論。如劉
茂，《後漢書》云：「為沮陽令，會王莽篡位，茂弃官，避世弘農
山中教授。」[10]本為沮陽令，因王莽而棄官避世，便符合放棄仕
途的定義，在本章中列為不仕之士討論。但若如沈靖：「濟陰太
守，避王莽之難，隱居桐柏山。」[11]只言避王莽難隱居，未云濟
陰太守是西漢時還是東漢時任官，因此無從判斷是否為棄官避世，
只好單獨列表討論。

　　由於兩漢之際值得討論的案例太多，為避免章節篇幅比重失
衡，本書不得不將兩漢之際的不仕之士切割為上下兩章。本章先
分析討論兩漢之際不仕之士的分類原則，以及第一部分不仕王莽
的諸案例；下一章則接續析論避亂隱居以及第二部分不仕割據勢
力的諸案例，同時將不仕光武之案例單獨討論，以見其中承先啟

[10] 南朝宋・范曄：《後漢書》，卷81〈獨行列傳〉，頁2671。
[11] 北宋・歐陽修、宋祁著：《新唐書》（北京：中華書局，1975），卷74上〈宰
　　相世系表〉，頁3146。

後之關鍵，最後再為兩漢之際的不仕之士做一小結。

二、兩漢之際的儒生與隱士

　　在漢武帝以經術取士，並以儒術緣飾文法吏事之後[12]，西漢的官僚體制便逐漸出現變化，一方面因官學的興辦與擴大取士，「士」與「仕」有了更緊密的結合，儒生進入官僚體制之後不得不學吏，文吏為了更上層樓也不得不學經。西漢中期以後的漢代官僚，出現了許多兼擅經術與吏事的長吏。如丙吉[13]、王尊[14]、翟方進[15]、路溫舒[16]等。再加上傳統的宗族連結，新型態的士人也開

[12] 《史記‧平津侯主父列傳》：「公孫弘……天子察其行敦厚，辯論有餘，習文法吏事，而又緣飾以儒術，上大說之。」西漢‧司馬遷著；日‧瀧川資言會注考證：《史記會注考證》（上海：上海古籍出版社，2015 年），卷 112〈平津侯主父列傳〉，頁 3838。

[13] 《漢書‧魏相丙吉傳》：「（丙）吉本起獄法小吏，後學《詩》、《禮》，皆通大義。及居相位，上寬大，好禮讓。」清‧王先謙補注：《漢書補注》，卷 74〈魏相丙吉傳〉，頁 4860。

[14] 《漢書‧趙尹韓張兩王傳》：「（王）尊竊學問，能史書。年十三，求為獄小吏。數歲，給事太守府，問詔書行事，尊無不對。太守奇之，除補書佐，署守屬監獄。久之，尊稱病去，事師郡文學官，治《尚書》、《論語》，略通大義。」清‧王先謙補注：《漢書補注》，卷 76〈趙尹韓張兩王傳〉，頁 4967。按：兩漢之際另有一不仕王莽之王尊，字君公，與此王尊不同，詳後文。

[15] 《漢書‧翟方進傳》：「（翟）方進年十二三，失父孤學，給事太守府為小史，號遲頓不及事，數為掾史所署辱。方進自傷，乃從汝南蔡父相問己能所宜。蔡父大奇其形貌，謂曰：『小史有封侯骨，當以經術進，努力為諸生學問。』方進既厭為小史，聞蔡父言，心喜，因病歸家，辭其後母，欲西至京師受經。……積十餘年，經學明習，徒眾日廣，諸儒稱之。以射策甲科為郎。二三歲，舉明經，遷議郎。」清‧王先謙補注：《漢書補注》，卷 84〈翟方進

始出現世代為官的情況，如蕭望之之蕭氏[17]，或稍晚的班況班氏[18]。整體而言，西漢的士群體有明顯的儒學化、官僚化、世族化的趨向[19]，並且在這樣的趨勢之下，士人由通經而能仕宦，由仕宦而成世族，在擁有更充裕的經濟生活，更高尚的社會地位情況下，士人因此能累積更多的社會基礎與政治資本，最後個別的士人便能透過更強大的社會基礎而選擇不仕。

　　祿利之路使得士群體逐漸走向儒學化，通經教授也因此成為士人維持經濟生活的方式之一，這使士群體因教育活動的活躍而更擴大，更強化了通經教授的社會需求。在西漢中期，經學教授作為儒生的社會基礎還不夠結實，只能作為利祿之外的輔助。但到了西漢末年，傳經授徒已經到了能與朝廷利祿抗衡的地步，從而倒過來讓儒生有了選擇不仕的可能。當王莽代漢這樣的政治大事件發生時，不仕王莽的選擇便大量的出現了。

　　兩漢之際不仕之儒生相當多，但是否傳經授徒則未必見於史

傳〉，頁 5181。

[16] 《漢書・賈鄒枚路傳》：「路溫舒字長君，鉅鹿東里人也。父為里監門。使溫舒牧羊，溫舒取澤中蒲，截以為牒，編用寫書。稍習善，求為獄小吏，因學律令，轉為獄史，縣中疑事皆問焉。太守行縣，見而異之，署決曹史。又受《春秋》，通大義。」清・王先謙補注：《漢書補注》，卷51〈賈鄒枚路傳〉，頁 3841。

[17] 《漢書・蕭望之傳》：「望之八子，至大官者育、咸、由。」「由字子驕……家至吏二千石者六七人。」清・王先謙補注：《漢書補注》，卷78〈蕭望之傳〉，頁 5040、5043。

[18] 即班固家族，見清・王先謙補注：《漢書補注》，卷100上〈敘傳〉，頁6221。

[19] 參見劉師增貴著：《漢代豪族研究——豪族的士族化與官僚化》（臺北：國立臺灣大學歷史學研究所博士論文，1985年）。

料之中，本章也只能以史料所見作為判斷標準。至於世家，西漢
時期的儒家新世家處於形成階段，不少西漢誕生的世家連綿不斷
直到唐朝，但也有不少未能延續於後世者。因此本書採取較為寬
鬆的認定，只要史料當中見載父子或兄弟俱仕為官者，便將其視
之為世家。

　　兩漢之際的不仕之士當中，同時兼有儒生、教授、世家並見
載於史料者，最為典型的當屬楊震之父楊寶：

> 楊震字伯起，弘農華陰人也。八世祖喜，高祖時有功，封
> 赤泉侯。高祖敞，昭帝時為丞相，封安平侯。父寶，習《歐
> 陽尚書》。哀、平之世，隱居教授。居攝二年，與兩龔、蔣
> 詡俱徵，遂遁逃，不知所處。光武高其節。建武中，公車
> 特徵，老病不到，卒於家。[20]

　　楊寶即漢代赫赫有名的弘農楊氏士族，從高祖定天下起，世
代連綿居官直到魏晉時代以下。楊氏同時也是世代傳經的儒學世
家，除了楊寶的《歐陽尚書》之外，其子楊震更「明經博覽，無
不窮究」，被稱為「關西孔子」。[21]楊寶在哀、平時期便「隱居教
授」，但王莽居攝時期又以遁逃避徵，因此同樣是不仕，兩時期的
狀況不太一樣，其不仕的行為應被列入兩漢之際而非西漢。進入

[20] 南朝宋・范曄：《後漢書》，卷54〈楊震列傳〉，頁1759。
[21] 南朝宋・范曄：《後漢書》，卷54〈楊震列傳〉，頁1759。

東漢之後，楊寶又以老病不到特徵，從活躍時間來看，應該確實
是因為老病而不能到，因此亦不將其視為不仕光武者。

　　作為世家，楊寶的社會基礎已相當穩固了，再加上經學的教
授，楊寶因此能作到幾乎終身不仕。相形之下高容、高詡父子雖
然也是經學世家，卻未有於民間教授的紀錄：

> 高詡字季回，平原般人也。曾祖父嘉，以《魯詩》授元帝，
> 仕至上谷太守。父容，少傳嘉學，哀平閒為光祿大夫。
> 詡以父任為郎中，世傳《魯詩》。以信行清操知名。王莽篡
> 位，父子稱盲，逃，不仕莽世。光武即位，大司空宋弘薦
> 詡，徵為郎。[22]

　　高氏世代傳《魯詩》，同時也世代為官，在王莽篡位後稱盲，
逃而不仕。從《後漢書》的記載來看，高嘉以《魯詩》授元帝，
有可能世代是帝王家的經師，但此是否與民間講授衝突，因史料
缺載而不可知。

　　相對於沒有民間教授記錄的高容、高詡父子，洼丹世代傳經，
卻未必世代為官：

> 洼丹字子玉，南陽育陽人也。世傳《孟氏易》。王莽時，常
> 避世教授，專志不仕，徒眾數百人。建武初，為博士，稍

---

[22] 南朝宋・范曄：《後漢書》，卷 79 下〈儒林列傳〉，頁 2569。

遷，十一年，為大鴻臚。作《易通論》七篇，世號洼君通。丹學義研深，易家宗之，稱為大儒。[23]

　　西漢通經多半能居官，漢代常見以明經察舉入仕[24]，而《孟氏易》於宣帝時便立為學官[25]，因此洼氏既世傳《孟氏易》，在某種程度上也能世代為官。在這種情況下，方能解釋《後漢書》稱洼丹於王莽時「專志不仕」的意涵。不過史料不載洼氏除洼丹之外亦無其他人物見於青史，因此不能稱之為世家。

　　在戰國諸子百家逐漸轉化為通經儒生的過程當中，儒生先是受到祿利之路的引導而擴大，其後依附於朝廷的士人也逐漸發展出各種祿利之外的社會基礎。宗族互相支援的力量是其一，而知識傳授則是其二，這兩條途徑皆與漢代以前的社會傳統相連接，並非突如其來出現的變數。因此儒生社會基礎的變化過程在史料中並不那麼明顯，必須透過更仔細的耙梳與整理，方能窺知一二。

　　此外，如將視野從儒生放大到整個士群體來看，從戰國時代

---

[23] 南朝宋・范曄：《後漢書》，卷 79 上〈儒林列傳〉，頁 2551。

[24] 舉數例如下，金欽：「欽舉明經，為太子門大夫」；又韋玄成：「以明經擢為諫大夫」；又眭弘：「從嬴公受《春秋》。以明經為議郎，至符節令。」又蓋寬饒：「明經為郡文學」；孫寶：「以明經為郡吏」。諸如此類，不勝枚舉。以上諸例見清・王先謙補注：《漢書補注》，卷 68〈霍光金日磾傳〉，頁 4650；卷 73〈韋賢傳〉，頁 4814；卷 75〈眭兩夏侯京翼李傳〉，頁 4869；卷 77〈蓋諸葛劉鄭孫毋將何傳〉，頁 4987、5004。

[25] 《漢書・儒林傳贊》：「至孝宣世，復立大小夏侯《尚書》，大小戴《禮》，施、孟、梁丘《易》，穀梁《春秋》。」清・王先謙補注：《漢書補注》，卷 88〈儒林傳〉，頁 5457。

到西漢末年這段時間裡，士群體明顯的由多元而走向以經術為主體的融合。在這個過程當中，士不同的身分背景以及不同的社會基礎，會逐漸的疊合在一起。因此當我們耙梳史料，分析西漢末年士人的出身背景與社會基礎時，同樣是儒生，便可看出因史料取捨而有不同疊合方式的樣貌。雖然，史料未載不代表西漢末年全體士人都已經是儒生、官僚、世家的綜合體，西漢儒生世族化的情況遠不如魏晉以下普遍，貧寒儒生在兩漢之際選擇不仕的也非罕見，如劉茂：

> 劉茂字子衛，太原晉陽人也。少孤，獨侍母居。家貧，以筋力致養，孝行著於鄉里。及長，能習《禮經》，教授常數百人。……遭母憂去官。服竟後為沮陽令。會王莽篡位，茂棄官，避世弘農山中教授。[26]

劉茂家貧「以筋力致養」母親，從《後漢書》的記載來看，並沒有宗族給予接濟。但在王莽篡位後，仍選擇了棄官、教授的途徑。從劉茂的例子來看，也可推敲經學的教授已經隱隱可與祿利之路相抗衡了。

除了文史官僚之外，另一個常與儒生身分疊合的，則是方士。儒生與方士的界線早在秦時便相當模糊，秦始皇怒韓眾、徐市、盧生等求奇藥之方士，將阬之咸陽，而扶蘇勸諫則稱之曰：「諸生

---

[26] 南朝宋・范曄：《後漢書》，卷81〈獨行列傳〉，頁2671。

皆誦法孔子」[27]，顯見儒生方士兩身分未可嚴格區別。入漢之後，
經術又有災異讖緯之學，雖與方僊道不同類，但同可稱之為方術。
《後漢書》中有〈方術列傳〉，其中郭憲亦不仕王莽：

> 郭憲字子橫，汝南宋人也。少師事東海王仲子。……及後
> （王莽）篡位，拜憲郎中，賜以衣服。憲受衣焚之，逃于
> 東海之濱。莽深忿憲，討逐不知所在。
> 光武即位，求天下有道之人，乃徵憲拜博士。[28]

「東海王仲子」即王良，亦不仕。《後漢書》本傳稱王良：
「習《小夏侯尚書》」[29]，則師事王良的郭憲於東漢時期當以《小
夏侯尚書》為博士，為通經之儒生無疑。然范曄《後漢書》不以
郭憲入〈儒林列傳〉而入〈方術列傳〉，多少有其史家之批判。

　　本章由郭憲之故，將二不仕方術士案例併於儒生一類討論。
值得注意的是，方術士若不仕，以所知之方術於民間為生，則多
見以巫、醫、卜等技藝混跡市井，如嚴遵、安丘望之云云。此二
人皆非儒生，更接近於傳統隱逸。以源頭來說，卜筮等方術可能
更早於儒家經學，作為古代中國之傳統文化，故能滲透影響不同
學術支流。依《漢書‧藝文志》所見之漢代學術分類，則方技、
術數皆可自成一類，方士可為儒生，亦可為道士，不可一概而論。

---

[27] 日‧瀧川資言會注考證：《史記會注考證》，卷6〈秦始皇本紀〉，頁361。
[28] 南朝宋‧范曄：《後漢書》，卷82上〈方術列傳〉，頁2708。
[29] 南朝宋‧范曄：《後漢書》，卷79上〈儒林列傳〉，頁2566。

　　回頭續論士之社會基礎。儒生若選擇不仕，或因宗族支持，或以教授為業，少部分又有方術背景，可見西漢末年儒生社會基礎有多面向的發展。不過同樣因史家對史料的抉擇，不仕之儒生不知其是否教授，或是否有宗族；某些世代為官的宗族同樣未能知其是否為儒生，其世家未必儒家化。這些類型本書都會盡量做出區隔來分析，此處便不再舉例。

　　儒生之外，兩漢之際的傳統的道家型隱逸，接續著西漢時代減少的趨勢，人數相對更少，如向長：

> 向長字子平，河內朝歌人也。隱居不仕，性尚中和，好通《老》、《易》。貧無資食，……王莽大司空王邑辟之，連年乃至，欲薦之於莽，固辭乃止。潛隱於家。……建武中，男女娶嫁既畢，敕斷家事勿相關，當如我死也。於是遂肆意，與同好北海禽慶俱遊五嶽名山，竟不知所終。[30]

　　向長好通《老》、《易》，本就隱居不仕，受大司空王邑召「連年乃至」，亦即拒絕了多次才受召，其後又潛隱於家。從史料的記載來看，其不仕的行為具有一貫性，延續至王莽以及光武時代。依本書的定義，若向長於東漢時期入仕，則此案例當列入西漢時代討論。但向長於建武中採取由「不仕」而「隱逸」，不知所終，加上先前一度應王莽朝之招辟，因此當歸類於下一章的不仕光武一類。

---

[30] 南朝宋‧范曄：《後漢書》，卷83〈逸民列傳〉，頁2758–2759。

　　傳統的道家型隱逸日益減少，一來與士群體中的儒生比例大
幅上升有關，二來在於當代史家是否能關注到那些不求其名的隱
逸士人。兩漢之際的史料以《漢書》、《後漢書》為主，成書於東
漢的《漢書》是距離兩漢之際最近的重要史料，但班固對於不仕
與隱逸算不上重視，僅以〈王貢兩龔鮑傳〉記載相關事蹟。《後漢
書》對於士的不同姿態特別留意，不但有〈逸民列傳〉專記隱逸
之士，又有〈獨行列傳〉記載各種「名體雖殊而操行俱絕」的獨
行之士，顯然受到了魏晉以下性分學說的影響。然而《後漢書》
成書於南北朝時期，距離兩漢之際有四百年之久，雖然保存了不
少兩漢之際不見於《漢書》的不仕之士資料，但史料湮滅難免，
即令范蔚宗也無可奈何。

　　兩漢之際的不仕之士，最重要的是發展出了從重視「去就之
節」到「絕塵不反」的不同型態。士人風尚在兩漢之際的轉變，
《後漢書》頗有記載，〈黨錮列傳〉云：

> 至王莽專偽，終於篡國，忠義之流，恥見纓紱，遂乃榮華
> 丘壑，甘足枯槁。雖中興在運，漢德重開，而保身懷方，
> 彌相慕襲，去就之節，重於時矣。[31]

　　范曄〈黨錮列傳〉序頗有「秦漢士史」之意，如其所述，因
王莽之故，即使漢室已中興，「去就之節」仍「重於時矣」。值得

---

[31] 南朝宋・范曄：《後漢書》，卷 67〈黨錮列傳〉，頁 2185。

注意的是：所謂的「去就」，依孔子的教訓而言，當以「有道則見，無道則隱」的原則來做抉擇，因此若天下無道，賢者避世不仕是合理的選擇，但若邦有道，孔子便云「貧且賤焉，恥也」[32]。西漢後期劉向於《說苑》中有云：

> 審乎人情。知所去就，故雖窮不處亡國之勢，雖貧不受汙君之祿。……賢者非畏死避害而已也，為殺身無益而明主之暴也。……是以賢人閉其智，塞其能，待得其人然後合；故言無不聽，行無見疑，君臣兩與，終身無患。[33]

儒家「待得其人然後合」，因此有所去，亦有所就，乃傳統意義上的「去就」[34]。然而光武中興之後，此時已非專偽篡國之勢，不仕者仍以「保身懷方」為其「節」，則士人的「去就」與外在環境的有道、無道未必相關，可說是一種內在的個人選擇。如單就「節」而言，堅持信守某種承諾皆可為守節，為特定君主盡忠不移為節，如荀息死奚齊[35]，太史公稱之為「守節」[36]；而季札堅辭

---

[32] 南宋・朱熹：《論語集注》，卷 4〈泰伯〉，頁 142。

[33] 西漢・劉向，向宗魯校證：《說苑校證》（北京：中華書局，1987 年），卷 17〈雜言〉，頁 410–411。

[34] 其原始或可追溯至孔子之前，儒家思想尚未誕生之時，詳本書第一章。

[35] 《左傳》僖公九年：「十月，里克殺奚齊于次，書曰：『殺其君之子』，未葬也，荀息將死之，人曰：『不如立卓子而輔之。』荀息立公子卓以葬。十一月，里克殺公子卓于朝。荀息死之。」楊伯峻注：《春秋左傳注》（臺北：洪業出版社，1993 年），僖公九年，頁 329。

[36] 《史記・鄭世家》：太史公曰：「守節如荀息，身死而不能存奚齊。」日・瀧

君位，無論父、兄、吳人之命皆不受，亦為守節。[37]換言之在兩漢之際，士人之「節」已由為君王盡忠的「荀息式守節」，轉而出現了不受祿位的「季札式守節」。前者在光武中興之後自然達節再度入仕，而後者則從此「絕塵不反」，〈逸民列傳〉云：

> 漢室中微，王莽篡位，士之蘊藉義憤甚矣。是時裂冠毀冕，相攜持而去之者，蓋不可勝數。……光武側席幽人，求之若不及，旌帛蒲車之所徵賁，相望於巖中矣。若薛方、逄萌聘而不肯至，嚴光、周黨、王霸至而不能屈。群方咸遂，志士懷仁，斯固所謂「舉逸民天下歸心」者乎！肅宗亦禮鄭均而徵高鳳，以成其節。……蓋錄其絕塵不反，同夫作者，列之此篇。[38]

王莽之後，不仕之士由天下無道「恥見纓紱」，轉變為未必與政治直接相關的節操，因此即使是東漢的太平盛世，仍以「成其

川資言會注考證：《史記會注考證》，卷42〈鄭世家〉，頁2206。

[37] 《左傳》襄公十四年：「吳子諸樊既除喪，將立季札，季札辭曰：『曹宣公之卒也，諸侯與曹人不義曹君，將立子臧，子臧去之，遂弗為也，以成曹君，君子曰：「能守節」。君，義嗣也，誰敢奸君？有國，非吾節也。札雖不才，願附於子臧，以無失節。』固立之，棄其室而耕，乃舍之。」見楊伯峻注：《春秋左傳注》，襄公十四年，頁1007–1008。曹宣公之子公子欣時（字子臧）云：「前志有之曰：『聖達節，次守節，下失節。』為君非吾節也，雖不能聖，敢失守乎？」見成公十五年，頁873。按：季札之節來自子臧，而季札之名盛，故以其為類型之名。

[38] 南朝宋・范曄：《後漢書》，卷83〈逸民列傳〉，頁2756–2757。

節」為要。這種以季札式守節為志向的不仕之士，萌芽於西漢後期，成形於兩漢之際，而大盛於東漢時代。

守節作為不仕之士的一大類型，與儒生身分同樣多有重疊，典型者如〈逸民列傳〉所列舉的周黨：

> 周黨字伯況，太原廣武人也。家產千金。少孤，為宗人所養，……既而散與宗族，悉免遣奴婢，遂至長安遊學。……敕身脩志，州里稱其高。
>
> 及王莽竊位，託疾杜門。……
>
> 建武中，徵為議郎，以病去職，遂將妻子居黽池。復被徵，不得已，乃著短布單衣，穀皮綃頭，待見尚書。及光武引見，黨伏而不謁，自陳願守所志，帝乃許焉。……黨遂隱居黽池，著書上下篇而終。邑人賢而祠之。
>
> 初，黨與同郡譚賢伯升、鴈門殷謨君長，俱守節不仕王莽世。建武中，徵並不到。

逸民之逸，歷來或以「遁」為逸[39]，或謂之「節行超逸」[40]，

---

[39] 如成帝鴻嘉二年詔曰：「官無廢事，下無逸民。」顏師古注「逸民」云：「逸，遁也。」又《後漢書·逸民列傳》范曄開篇序曰：「《易》稱『遯之時義大矣哉』」，皆是其例。見清·王先謙補注：《漢書補注》，卷10〈成帝紀〉，頁437–438。南朝宋·范曄：《後漢書》，卷83〈逸民列傳〉，頁2755。

[40] 何晏：「逸民者，節行超逸也。」見三國魏·何晏集解，北宋·邢昺疏：《論語注疏》（臺北：藝文印書館，1976，據阮元校刻《十三經注疏附校勘記》影印），卷18〈微子〉，頁166下右。

二者意韻略有差別。以「遁」解「逸」者，在於心跡離俗遁世而不現，以「節行超逸」解「逸」者，則是拔高於塵俗之上，有出類拔萃而突顯之感。本書從後者之解釋，將「隱」與「逸」之意義區別開來，但兩種解釋實可並存，即因超逸出塵，無所容身，故而隱遁不見。後世論逸民，卻未必有「遁」之意，常以超逸且不仕論。周黨敕身脩志，卻不隱其名，使州里稱高；徵不願到，卻著書存跡，甚至使「邑人賢而祠之」。換言之周黨的「隱居」不過是「不仕」而已，其志節未嘗有隱遁之意。

更值得注意的是，周黨雖然隱居黽池，但並非傳統的道家型隱逸，西漢時期他曾經「至長安遊學」，因此有儒生的背景。周黨有「家產千金」，少孤而「為宗人所養」，顯然少時也有不算弱的宗族能給予一定程度的支持。從宗族與遊學兩部分來看，周黨宗族雖不見於史料，但很有可能正是前述西漢儒家化、官僚化、世族化的情況下，士人得以選擇不仕的代表，因此成為東漢以下不仕逸民的典範。

雖然《後漢書》成書較晚，但附記於周黨傳後的譚賢、殷謨，只云「俱守節不仕」而已，某種程度上或許也代表著「守節」在兩漢之際也可以獨立作為士人的一種標誌了，無須作為儒生或其他身分背景的旁襯。

本章以下的分析討論將所有的不仕之士區分為兩大部分，已如前言所述，由於身分背景與社會基礎的不同，又可依其不仕之理由而區分為下列六類：

01 儒生

02 世家

03 豪族

04 道家

05 守節

06 避亂或隱居

　　其中第一類儒生的數量最多，因此再從身分背景與社會基礎在史料中不同的記載差異、疊合的程度區別，將其分為六個子類型：

01-1 儒生、世家、教授

01-2 儒生、世家

01-3 儒生、教授

01-4 儒生、市井

01-5 儒生、方術士

01-6 儒生

　　兩漢之際史料中未見有以教授《老子》等其他經典而不仕的士人，因此其中教授的部分沒有疑慮，全部都是儒生。世家則未必都是儒生，凡世家而有儒生身份者，皆合併於第 1 類的「儒生」之中，其餘無法判斷的，則列為第 2 類「世家」。第 3「豪族」與第 2「世家」的分類定義略有不同，「世家」指家庭或家族中有多人為官者，「豪族」則是地方上社會地位或經濟實力特強的宗族，二者若有重疊，則合併於第 2 類世家之中。

　　列為第 4 類的「道家」，是史料有明確記載其學識背景為黃、老，或老、易之類的傳統道家型隱逸者，類似西漢時期河上公之

類。本書以討論社會基礎優先，因此史料若有混跡市井如屠肆、
儈牛之類，本當另獨立為一類市井，然而兩漢之際市井案例僅得
二人，一為儒生，一屬世家，因此分別併入儒生與世家案例中。
兩漢之際為亂世，又涉及改朝換代，因此守節與避亂者眾，凡於
仕宦中有所堅持，又不屬前述諸類者，則列為第 5 類守節之中。

　　前言部分有討論過避亂隱居的情況，本章亦獨立為第 6 類，
但避亂隱居者若身分符合上述 1 至 5 類者，則以前述類型分類之。

　　此處所分辨的案例類型與分類方式，將分別於本章與第六章
具體討論。以下先從兩漢之際數量最多，影響最大的不仕王莽部
分談起。耙梳史料的結果，共蒐得 46 個不仕王莽的案例，由於例
子眾多，以下再將所有案例依史料記載的情況，區分為儒生，以
及儒生以外兩大部分，分別論述。

三、不仕王莽：儒生

　　兩漢之際有不仕王莽記錄的史料案例極多，本章將其中不仕
其他割據勢力以及不仕光武的部分都切割出去，第六章再做討論。
這裡先析論單純不仕王莽的史料案例。

　　不仕王莽的案例當中，史料明確記載可知為儒生共有 21 例，
絕大多數都見於《漢書》與《後漢書》中。如上節所述，依身分
與社會基礎的重疊情況，又可分為 6 個類型，以下先表列前 5 類，
即除了儒生之外，尚可判斷有世家、通經教授、方術或混跡市井
等相關記載的不仕之士，共有 13 例，表列如下：

活躍時代	姓名	出處	相關事蹟	分類
1. 哀一居攝一光武	楊寶	後漢書	父寶，習歐陽尚書。哀、平之世，隱居教授。居攝二年，與兩龔、蔣詡俱徵，遂遁逃，不知所處。光武高其節。建武中，公車特徵，老病不到，卒於家。[41]	01-1儒生、世家、教授
2. 新	劉宣[42]	後漢書	初，茂與同縣孔休、陳留蔡勳、安眾劉宣、楚國龔勝、上黨鮑宣六人同志，不仕王莽時，並名重當時。劉宣字子高，安眾侯崇之從弟，知王莽當篡，乃變名姓，抱經書隱避林藪。建武初乃出，光武以宣襲封安眾侯。[43]	01-2儒生、世家
3. 新	孔子建	後漢書	曾祖父子建，少遊長安，與崔篆友善。及篆仕王莽為建新大尹，嘗勸子建仕。對曰：「吾有布衣之心，子有袞冕之志，各從所好，不亦善乎！道既乖矣，請從此辭。」遂歸，終於家。[44]	01-2儒生、世家

[41] 南朝宋・范曄：《後漢書》，卷54〈楊震列傳〉，頁1759。

[42] 劉宣從兄劉崇，《後漢書集解》引顧炎武說：「『崇』當從漢表作『寵』。」又引陳景雲說：「崇死於莽未篡漢之先，建武二年，從父弟寵紹封，此傳寫誤也。」則劉崇另有從弟劉寵，與劉宣有異。又校補云：「『宣』與『寵』自係一人名，因形近而誤」，則劉宣與劉寵為一人。按，今暫依《後漢書・卓魯魏劉列傳》作劉宣。見南朝宋・范曄著，清・王先謙集解：《後漢書集解》（北京：中華書局據1915年盧受堂刊本影印，1984年），卷15〈李王鄧來列傳〉，頁214左上。

[43] 南朝宋・范曄：《後漢書》，卷25〈卓魯魏劉列傳〉，頁872。

[44] 南朝宋・范曄：《後漢書》，卷79上〈儒林列傳上〉，頁2560。按：孔子建事亦見《孔叢子》，見傅亞庶校釋：《孔叢子校釋》（北京：中華書局，2011年），卷7〈連叢子上〉，頁453。

4.	新	高容	後漢書	容，少傳嘉學，哀平間為光祿大夫。……王莽篡位，父子稱盲，逃，不仕莽世。[45]	01–2 儒生、世家
5.	新一光武	高詡	後漢書	詡以父任為郎中，世傳魯詩。以信行清操知名。王莽篡位，父子稱盲，逃，不仕莽世。光武即位，大司空宋弘薦詡，徵為郎，除符離長。去官，後徵為博士。[46]	01–2 儒生、世家
6.	新	鮑宣	漢書、後漢書	鮑宣字子都，渤海高城人也。好學明經，為縣鄉嗇夫，守束州丞。……平帝即位，王莽秉政，陰有篡國之心，乃風州郡以皋法案誅諸豪桀，及漢忠直臣不附己者，宣及何武等皆死。[47] ……上黨鮑宣六人同志，不仕王莽時，並名重當時。[48] 鮑永字君長，上黨屯留人也。父宣，哀帝時任司隸校尉，為王莽所殺。[49]	01–5 儒生、世家
7.	新	牟長	後漢書	牟長字君高，樂安臨濟人也。其先封牟，春秋之末，國滅，因氏焉。長少習歐陽尚書，不仕王莽世。建武二年，大司空弘特辟，拜博士，稍遷河內太守，坐墾田不實免。長自為博士及在河內，諸生講學者常有千餘人，著錄前後萬人。[50]	01–3 儒生、教授

[45] 南朝宋・范曄：《後漢書》，卷79下〈儒林列傳下〉，頁2569。

[46] 南朝宋・范曄：《後漢書》，卷79下〈儒林列傳下〉，頁2569。

[47] 清・王先謙補注：《漢書補注》，卷72〈王貢兩龔鮑傳〉，頁4790、4799。

[48] 南朝宋・范曄：《後漢書》，卷25〈卓魯魏劉列傳〉，頁872。

[49] 南朝宋・范曄：《後漢書》，卷29〈申屠剛鮑永郅惲列傳〉，頁1017。

[50] 南朝宋・范曄：《後漢書》，卷79上〈儒林列傳上〉，頁2557。

8.	新	洼丹	後漢書	洼丹字子玉，南陽育陽人也。世傳孟氏易。王莽時，常避世教授，專志不仕，徒眾數百人。建武初，為博士，稍遷，十一年，為大鴻臚。作易通論七篇，世號洼君通。丹學義研深，易家宗之，稱為大儒。[51]	01–3 儒生、教授
9.	新	薛方	漢書	薛方嘗為郡掾祭酒，嘗徵不至，及莽以安車迎方，方因使者辭謝曰：「堯舜在上，下有巢由，今明主方隆唐虞之德，小臣欲守箕山之節也。」使者以聞，莽說其言，不強致。方居家以經教授，喜屬文，著詩賦數十篇。……世祖即位，徵薛方，道病卒。[52]	01–3 儒生、教授
10.	新	劉茂	後漢書	劉茂……獨侍母居。家貧，以筋力致養，孝行著於鄉里。及長，能習禮經，教授常數百人。……遭母憂去官。服竟後為沮陽令。會王莽篡位，茂弃官，避世弘農山中教授。建武二年，歸，為郡門下掾。……詔書即徵茂拜議郎，遷宗正丞。[53]	01–3 儒生、教授、貧
11.	新	王尊[54]	後漢書、司馬彪續漢書	初，萌與同郡徐房、平原李子雲、王君公相友善，並曉陰陽，懷德穢行。房與子雲養徒各千人，君公遭亂獨不去，儈牛自隱。時人謂之論曰：「避世牆東王君公。」[55] 平原王君公以明道深曉陰陽，懷德	01–4 儒生、市井

---

[51] 南朝宋・范曄：《後漢書》，卷79上〈儒林列傳上〉，頁2551。

[52] 清・王先謙補注：《漢書補注》，卷72〈王貢兩龔鮑傳〉，頁4801。

[53] 南朝宋・范曄：《後漢書》，卷81〈獨行列傳〉，頁2671。

[54] 或作「遵」，見三國魏・嵇康著，張亞新校注：《嵇康集詳校詳注》（北京：中華書局，2021年），餘編〈聖賢高士傳贊〉，頁1030–1032。

[55] 南朝宋・范曄：《後漢書》，卷83〈逸民列傳〉，頁2760。

			滅行，和光同塵，不為皎皎之操。王莽世退身，儈牛自給。[56]	
12.	平帝	郭憲	後漢書	郭憲字子橫，汝南宋人也。少師事東海王仲子。時王莽為大司馬，……莽陰奇之。及後篡位，拜憲郎中，賜以衣服。憲受衣焚之，逃于東海之濱。莽深忿恚，討逐不知所在。光武即位，求天下有道之人，乃徵憲拜博士。再遷，建武七年，代張堪為光祿勳。……憲對曰：「齊國失火，故以此厭之。」後齊果上火災，與郊同日。……憲遂以病辭退，卒於家。[57]	01–5 儒生、方術士
13.	新	許楊[58]	後漢書	許楊字偉君，汝南平輿人也。少好術數。王莽輔政，召為郎，稍遷酒泉都尉。及莽篡位，楊乃變姓名為巫醫，逃匿它界。莽敗，方還鄉里。……建武中，太守鄧晨欲修復其功，聞楊曉水脈，召與議之。……晨大悅，因署楊為都水掾，使典其事。[59]	01–5 方術士

　　不仕王莽的儒生世家，在史料當中有清楚記載的有 6 例，其中楊寶已於上個小節討論過，兼具著世家與通經教授的雙重社會基礎。

　　本書所論之「世家」採以較寬鬆的定義，其中高容、高詡父

---

[56] 周天游輯注：《八家後漢書輯注（修訂本）》（上海：上海古籍出版社，2020年），司馬彪《續漢書》，頁 496–497。

[57] 南朝宋・范曄：《後漢書》，卷 82 上〈方術列傳上〉，頁 2708–2709。

[58] 謝承《後漢書》作「許陽」，見周天游輯注：《八家後漢書輯注（修訂本）》，頁 182。

[59] 南朝宋・范曄：《後漢書》，卷 82 上〈方術列傳上〉，頁 2710。

子已如前述，此處不復贅言。但高容父子之外，漢朝宗室的劉宣與孔子族裔孔子建都是相當典型的世家大族。

　　劉宣從兄安眾侯劉崇於王莽居攝時率眾從者數百人攻之，族人中有隨之攻莽者[60]，有附莽而主張嚴懲劉崇者[61]，亦有如劉宣乃變名姓，「抱經書隱避林藪」者。西漢劉姓宗室儒家化源遠流長，前有河間獻王劉德[62]，後有領校祕書的劉向、劉歆父子，其間亦不乏以經學教授者，如劉向長子伋以《易》教授之類。[63]劉宣變名姓避亂，隱避林藪亦不忘「抱經書」，或有經學教授而未知。

　　孔子建於《後漢書‧儒林列傳》敘述不多，不過孔子族裔有《孔叢子》一書傳世，保存了不少孔子世家事蹟。孔子後世自謂：「以經學為業，家傳相承」[64]，孔子建祖父孔子立亦不仕，「以

---

[60]　《漢書‧王莽傳》：「安眾侯劉崇與相張紹謀曰：『安漢公莽專制朝政，必危劉氏。天下非之者，乃莫敢先舉，此宗室恥也。吾帥宗族為先，海內必和。』紹等從者百餘人，遂進攻宛，不得入而敗。」劉崇帥宗族為先，合張紹等不過百餘人，則劉崇所帥宗族人數不甚多，如劉嘉、劉宣等不同選擇的族人理當不少。清‧王先謙補注：《漢書補注》，卷99上〈王莽傳〉，頁6085-6086。

[61]　即劉崇族父劉嘉，見清‧王先謙補注：《漢書補注》，卷99上〈王莽傳〉，頁6086-6089。

[62]　《漢書‧景十三王傳》：「獻王……其學舉六藝，立《毛氏詩》、《左氏春秋》博士。修禮樂，被服儒術，造次必於儒者。山東諸儒者從而游。」清‧王先謙補注：《漢書補注》，卷53〈景十三王傳〉，頁3896。

[63]　楚元王世家頗能表現劉姓宗室儒家化的痕跡，楚元王好《詩》亦家傳《魯詩》，但其後有「好讀《詩》，能屬文」之劉辟彊，亦有「修黃老術，有智略」之劉德，顯見儒家化並不徹底。而劉向由「通達能屬文辭」進而「受《穀梁》，講論五經於石渠」，亦表現出儒學經術浸潤之痕跡。參見清‧王先謙補注：《漢書補注》，卷36〈楚元王傳〉，頁3249、3253-3254、3257、3303-3304。

《詩》、《書》教於闕里數百人」[65]，因此孔子建不仕王莽歸鄉里，理當亦有經學之教授而史料不載者。

　　鮑宣、鮑永父子皆為官，與前文已經提過的高容、高詡父子一樣，皆不仕王莽。鮑氏作為世家不如劉與孔，鮑宣傳稱其「好學明經」，自是儒生無疑。《漢書·儒林傳》云，林尊事歐陽高為博士，授平當，平當又授鮑宣。[66]《後漢書》鮑永傳又云永：「習《歐陽尚書》」[67]，鮑永子鮑昱亦「少傳父學」。由此可見鮑宣以下世傳《歐陽尚書》，鮑宣即使不是出身世家，至少也是世家之始。若依《漢書》本傳而論，鮑宣於哀帝時任司隸校尉時便犯罪被刑，平帝時王莽秉政，因不附從王莽而藉故殺之，當時無有職位，似乎未曾有拒絕仕宦機會的情況。然而《後漢書》多以鮑宣為「不仕王莽」[68]、「不仕新室」[69]之代表人物之一，所謂「不附己」是否包含王莽以職位試探不可知，這裡暫且依《後漢書》列入不仕之士中。

　　不仕王莽的儒生而明確有以經學教授的，亦有 5 人，前文已談論過楊寶；還有避世教授徒眾數百人，傳孟氏易的洼丹，以及家貧以筋力致養母親的劉茂。這三人分別代表著三種不同的經師典型：楊寶是漢初軍功世家後轉為儒生世家；洼丹是傳《易》學

---

[64] 傅亞庶校釋：《孔叢子校釋》，卷 7〈連叢子上〉，頁 447。

[65] 傅亞庶校釋：《孔叢子校釋》，卷 7〈連叢子上〉頁 453。

[66] 清·王先謙補注：《漢書補注》，卷 88〈儒林傳〉，頁 5434。

[67] 南朝宋·范曄：《後漢書》，卷 29〈申屠剛鮑永郅惲列傳〉，頁 1017。

[68] 南朝宋·范曄：《後漢書》，卷 25〈卓魯魏劉列傳〉，頁 872。

[69] 南朝宋·范曄：《後漢書》，卷 50 下〈蔡邕列傳〉，頁 1979。詳後蔡勳例。

家法的學官經師；劉茂則少孤、家貧，出身地方小吏，雖然通經，卻不以經學升遷，反而以「天下義士」著名。

除此之外，尚有牟長、薛方。牟長類似洼丹，是習《歐陽尚書》的學官經師，因此皆於光武時拜博士，也同樣以經學教授。比較特別的地方在於，牟長有先秦舊貴族的背景，秦漢之後，舊貴族皆為編戶齊民，《後漢書・儒林列傳》看不出來牟長是否也與洼丹一樣世傳《尚書》學，因此很難判斷其是否也世代為官。

薛方曾經為「郡掾祭酒」，與劉茂一樣出身地方，而受禮遇則過之。值得注意的是「祭酒」本為「同輩之長」，司馬彪《續漢書志・百官志二》「博士祭酒」條下劉昭注引胡廣曰：「官名祭酒，皆一位之元長者也」[70]，因此布衣、掾吏、學士、近御皆可為祭酒，可為職官之長，亦可純為尊奉之意。[71]如《後漢書・循吏列傳》記龍丘萇：「乘輦詣府門，願得先死備錄。……遂署議曹祭酒。」其中所謂「備錄」，注云：「請編名錄於郡職也。」[72]則龍丘萇為職官無疑。又《後漢書・卓魯魏劉列傳》記卓茂：「常為門下掾祭酒，不肯作職吏。」[73]則卓茂為郡太守所尊，不受職位。

薛方作為郡掾祭酒，是如龍丘萇般「備錄」，抑或如卓茂般

---

[70] 西晉・司馬彪：《後漢書志》（北京：中華書局，併於范曄《後漢書》中，1965年），卷25〈百官志二〉，頁3572。

[71] 趙翼述之甚詳：「祭酒本非官名，古時凡同輩之長皆曰祭酒，蓋飲食聚會，必推長者先祭。」見清・趙翼著：《趙翼全集》（南京：鳳凰出版社，2009年），《陔餘叢考》，卷26〈祭酒〉，頁472-473。

[72] 南朝宋・范曄：《後漢書》，卷76〈循吏列傳〉，頁2461。

[73] 南朝宋・范曄：《後漢書》，卷25〈卓魯魏劉列傳〉，頁871。

「不肯作職吏」呢？從《後漢書》有限的記載來看無法判斷。但從「嘗為郡掾祭酒」到「居家教授」之間，合理推論其曾受郡守禮遇而「居郡廷」，在此期間可能拒絕了郡廷職位或中央職位的徵召，因此《漢書》記「嘗徵不至」。其後辭謝王莽使者，則以「守箕山之節」改為「居家」。既有此一差別，故本章將其列為兩漢之際。

王尊為儒生之中極為特殊的案例。王尊字君公，諸家《後漢書》都稱王君公，嵇康〈聖賢高士傳贊〉云：「逢萌、徐房、李雲、王尊。同時相友。世號之四子。」[74]則王君公名尊。

王尊事蹟在史料當中記載的頗分散，《後漢書》只記載了：「君公遭亂獨不去」，但司馬彪《續漢書》有：「王莽世退身」的文字，因此這裡將其列為不仕王莽的一個案例。此外，嵇康〈聖賢高士傳贊〉又云：

> 君公明《易》，為郎。數言事不用，乃自汙與官婢通，免歸。[75]

王尊既能以「明易」為郎，當屬儒生之類，而其「王莽世退身」的原因在於「數言事不用」，故「自汙」而被免歸。換言之王尊之不仕，不因王莽政亂，乃所言不見用而主動的退出仕途。就

---

[74] 張亞新校注：《嵇康集詳校詳注》，餘編〈聖賢高士傳贊〉，頁 1029。
[75] 張亞新校注：《嵇康集詳校詳注》，餘編〈聖賢高士傳贊〉，頁 1030。

這個部分來說，王尊頗有儒生風範，但范曄將王尊附傳於〈逸民
列傳〉的逢萌傳後，逢萌於兩漢之際解冠不仕，或客於遼東，或
隱於琅邪勞山，[76] 而王尊則「儈牛自隱」。李賢注曰：「儈，謂平
會兩家賣買之價」[77]，即今所謂商業仲介之類。王尊既以「儈牛」
為業，所居自然不離於市，因此被稱為「避世牆東」。相對於其他
儒生多見通經教授之類，儈牛自隱屬於混跡市井一類，與後文將
會提到的胡剛頗為類似，與儒生身份有些格格不入。雖然王尊以
明《易》為郎，但《易》畢竟為占卜之書，是否代表王尊之《易》
學，頗有超出漢代通經致用之處？或可稱王尊非典型的儒生。

　　不仕王莽的方術士有二，其中郭憲已如前述，另一例則為許
楊。許楊於王莽輔政時遷至酒泉都尉，而於王莽篡位時逃匿它界，
當為棄官而走，自然列於不仕王莽一類。從〈方術列傳〉相關記
載來看，許楊無疑屬水利工程興修之技術官僚一類，本傳僅云許
楊「少好術數」，又「為巫醫」，未必是儒生。然而王莽多用儒生，
既召為郎，則或有經術也說不定，只是史料缺載，不可斷言，姑
且與郭憲同列於此處。

　　除了許楊之外，以上諸例多為儒生而身兼其他身份或社會基
礎，以下 8 例，則只能判斷皆為儒生：

---

[76] 南朝宋・范曄：《後漢書》，卷 83〈逸民列傳〉，頁 2759–2760。

[77] 南朝宋・范曄：《後漢書》，卷 83〈逸民列傳〉，頁 2760。

	活躍時代	姓名	出處	相關事蹟	分類
14.	平帝	彭宣	漢書	彭宣字子佩，淮陽陽夏人也。治易，事張禹，舉為博士，遷東平太傅。……會哀帝崩，新都侯王莽為大司馬，秉政專權。宣上書言：「……臣資性淺薄，年齒老眊，數伏疾病，昏亂遺忘，願上大司空、長平侯印綬，乞骸骨歸鄉里，俟填溝壑。」……莽恨宣求退，故不賜黃金安車駟馬。宣居國數年，薨，諡曰頃侯。[78]	01-6 儒生
15.	平帝一新	龔勝	漢書	薛廣德……以魯詩教授楚國，龔勝、舍師事焉。[79]……勝謝罪，乞骸骨。上乃復加賞賜，以子博為侍郎，出勝為渤海太守。勝謝病不任之官，積六月免歸。……莽遣使者即拜勝為講學祭酒，勝稱疾不應徵。後二年，莽復遣使者奉璽書，太子師友祭酒印綬，安車駟馬迎勝，……勝自知不見聽，即謂暉等：「吾受漢家厚恩，亡以報，今年老矣，且暮入地，誼豈以一身事二姓，下見故主哉？」……語畢，遂不復開口飲食，積十四日死，死時七十九矣。[80]	01-6 儒生
16.	新	栗融	漢書	齊栗融客卿、北海禽慶子夏、蘇章游卿、山陽曹竟子期皆儒生，去官不仕於莽。[81]	01-6 儒生

[78] 清・王先謙：《漢書補注》，卷71〈雋疏于薛平彭傳〉，頁4749-4751。
[79] 清・王先謙：《漢書補注》，卷71〈雋疏于薛平彭傳〉，頁4743。
[80] 清・王先謙：《漢書補注》，卷72〈王貢兩龔鮑傳〉，頁4784、4786-4789。
[81] 清・王先謙：《漢書補注》，卷72〈王貢兩龔鮑傳〉，頁4802。

17.	新	禽慶	漢書、後漢書	齊栗融客卿、北海禽慶子夏、蘇章游卿、山陽曹竟子期皆儒生，去官不仕於莽。 （向長）……與同好北海禽慶俱遊五嶽名山。[82]	01-6儒生
18.	新	蘇章	漢書	齊栗融客卿、北海禽慶子夏、蘇章游卿、山陽曹竟子期皆儒生，去官不仕於莽。	01-6儒生
19.	新	曹竟	漢書	齊栗融客卿、北海禽慶子夏、蘇章游卿、山陽曹竟子期皆儒生，去官不仕於莽。莽死，漢更始徵竟以為丞相，封侯，欲視致賢人，銷寇賊。竟不受侯爵。會赤眉入長安，欲降竟，竟手劍格死。[83]	01-6儒生
20.	新	范升	後漢書	范升……少孤，依外家居。九歲通論語、孝經，及長，習梁丘易、老子，教授後生。王莽大司空王邑辟升為議曹史。時莽頻發兵役，徵賦繁興，升乃奏記邑曰：「……今眾人咸稱朝聖……願蒙引見，極陳所懷。」邑雖然其言，而竟不用。升稱病乞身，邑不聽，令乘傳使上黨。升遂與漢兵會，因留不還。建武二年，光武徵詣懷宮，拜議郎，遷博士……[84]	01-6儒生
21.	新	陳宣	謝承後漢書	陳宣字子興，沛國蕭人也。剛猛性毅，博學明魯詩。遭王莽篡位，隱處不仕。光武即位，徵拜諫議大夫。[85]	01-6儒生

[82] 南朝宋‧范曄：《後漢書》，卷83〈逸民列傳〉，頁2759。

[83] 清‧王先謙：《漢書補注》，卷72〈王貢兩龔鮑傳〉，頁4784、4786-4789。

[84] 南朝宋‧范曄：《後漢書》，卷36〈鄭范陳賈張列傳〉，頁1226-1227。

　　以上 8 例，龔勝已於前文討論過，是東漢以後著名不仕王莽
的人物之一。尚有值得討論之處在於，龔勝歸老鄉里之後，是否
有經學教授的情況？〈王貢兩龔鮑傳〉將兩龔合傳，事蹟亦交錯記
之，述龔勝歸老鄉里之後，先言「舍終不肯起」，並補下數句：

> 舍亦通五經，以《魯詩》教授。舍、勝既歸鄉里，郡二千
> 石長吏初到官皆至其家，如師弟子之禮。[86]

　　龔勝與龔舍皆通《魯詩》，但《漢書》僅記龔舍以《魯詩》教
授，不言龔勝，可能龔勝並無教授之實。雖然如此，龔勝畢竟是
名儒，縱無大規模的講授，仍有門人學生，因此王莽遣使者「五
日壹與太守俱問起居」時，龔勝家中除兩子之外，又有「門人高
暉」[87] 隨侍。由於史料並無更明確的教授記載，僅云長吏「至其
家如師弟子之禮」之類，以及單一的門人高暉，不能視之為龔勝
的社會基礎。

　　再說彭宣。彭宣事張禹，張禹為施讎弟子，張禹與彭宣都是
通經為博士至高官的典型。彭宣位列三公且封侯，卻自稱「資性
淺薄」、「昏亂遺忘」而不能擔任三公之職。從王莽「恨宣求退」
的情況來看，所謂「覆亂美實」[88] 當為不仕王莽的委婉藉口。此

---

[85] 周天游輯注：《八家後漢書輯注（修訂本）》，謝承《後漢書》，頁 209。

[86] 清‧王先謙補注：《漢書補注》，卷 72〈王貢兩龔鮑傳〉，頁 4788。

[87] 清‧王先謙補注：《漢書補注》，卷 72〈王貢兩龔鮑傳〉，頁 4789。

[88] 清‧王先謙：《漢書補注》，卷 71〈雋疏于薛平彭傳〉，頁 4751。

外，彭宣雖然同時上還大司空、長平侯印綬，但王莽仍保留了他的侯爵並命就國，也居國數年並傳子至孫，其社會基礎自不待言。可見不仕王莽有多種型態，有如龔勝這般以死明志者，亦有如彭宣這般婉轉求全的。

栗融、禽慶、蘇章、曹竟四人並列於《漢書·王貢兩龔鮑傳》中，資料極少，只記載了「皆儒生，去官不仕於莽」寥寥數語，難以確知其社會基礎。禽慶與《後漢書·逸民列傳》所見之尚長為友，共遊五嶽名山，但也沒有更多紀錄了。四人之中，僅曹竟仕更始而有更多記載，《後漢書·馮岑賈列傳》云：

> 更始數欲遣光武徇河北，諸將皆以為不可。是時左丞相曹竟子詡為尚書，父子用事，異勸光武厚結納之。及度河北，詡有力焉。[89]

綜合《漢書》、《後漢書》之所見，曹竟去官不仕王莽之後，應更始帝徵，任左丞相但不受侯爵。光武帝欲往河北時，曹竟與其子曹詡勸光武結納更始帝下諸將，並協助光武渡河北。其後赤眉入長安，曹竟不降，與之搏鬥而死。由此可知，曹竟雖不仕王莽，但仕更始，親光武，不降赤眉，從更始徵為丞相來看，應為兩漢之際重要的通經大儒，其所作為亦符合儒生風範。

范升為東漢初年反對費氏易、左氏春秋立博士的大將之一。

---

[89] 南朝宋·范曄：《後漢書》，卷17〈馮岑賈列傳〉，頁640。

但在王莽時不過是大司空王邑下的議曹史，亦強烈的想透過王邑施行抱負，因此有「願蒙引見，極陳所懷」的說法。從這樣的記載來看，范升對於政治是相當有企圖心的，甚至不怎麼反對王莽。其去莽而從漢，更大的可能是因為王邑不能用他，因此另謀他處。

從「少孤，依外家居」的記載來看，范升理當非儒生世家。那麼是否通經教授呢？《後漢書》本傳云其「教授後生」，是以自家後生晚輩為徒，不能簡單視之為社會基礎。《後漢書·儒林列傳》中有楊政：

> 楊政字子行，京兆人也。少好學，從代郡范升受《梁丘易》，善說經書。京師為之語曰：「說經鏗鏗楊子行。」教授數百人。[90]

楊政從代郡范升受《梁丘易》，顯然是范升之學生，然而這亦不能作為范升以通經教授作為社會基礎的原因。漢代經學博士下本有博士弟子，范升既然以《梁丘易》為博士，其下自然有太學弟子從之，此為朝廷祿利之必然。如楊政並非博士，而能教授數百人，方能以教授作為社會基礎。從這個情況來看，范升雖一度去官不仕王莽，但整體而言其依舊是必須依附朝廷方能生存的儒生，並無其他社會基礎。

接著論陳宣。范曄《後漢書》無陳宣之傳，其人見於謝承《後

---

[90] 南朝宋·范曄：《後漢書》，卷79上〈儒林列傳〉，頁 2551–2552。

漢書》。從謝承書的相關記載來看，陳宣多言災異，可能因此而范
曄不錄。雖然陳宣的部分事蹟因劉昭注司馬彪《續漢書》而保留
片段[91]，但其隱處不仕有何社會基礎可憑藉，不得而知。

　　以上所論 21 例兩漢之際的不仕之士，皆為儒生。部分案例可
能兼通他學，如范升為《易》博士而兼通《老子》，但無礙於其儒
生身分。以下接著析論儒生以外的不仕之士。

四、不仕王莽：儒生之外

　　儒生以外的不仕之士共 25 例，其中不少案例史料無從判斷是
不是儒生，也合併於這部分來討論。由於例子不少，以下同樣將
25 例切割為兩個部分來討論。首先是世家 15 例，包含世家而兼
有黃老、市井等知識或社會背景各 1 例，15 例之外，再加上豪族
1 例，道家黃老再 1 例，共 17 例：

	活躍時代	姓名	出處	相關事蹟	分類
22.	平帝	邴漢	漢書	琅邪邴漢亦以清行徵用，至京兆尹，後為太中大夫。王莽秉政，勝與漢俱乞骸骨。……王莽依故事，白遣勝、漢。……於是勝、漢遂歸老于鄉里。漢兄子曼容亦養志自修，為官不肯過六百石，輒自免去，其名過出於漢。[92]	02 世家

---

[91] 今本《後漢書》志即劉昭取自司馬彪《續漢書》補之，引謝承書〈陳宣傳〉
　　見西晉・司馬彪著：《後漢書志》，卷 15〈五行三〉，頁 3307–3308。

23.	平帝一新	宣秉	後漢書	宣秉……少修高節，顯名三輔。哀、平際，見王氏據權專政，侵削宗室，有逆亂萌，遂隱遁深山，州郡連召，常稱疾不仕。王莽為宰衡，辟命不應。及莽篡位，又遣使者徵之，秉固稱疾病。更始即位，徵為侍中。建武元年，拜御史中丞。秉性節約，常服布被，蔬食瓦器。……所得祿奉，輒以收養親族。其孤弱者，分與田地，自無擔石之儲。六年，卒於官，帝敏惜之，除子彪為郎。[93]	02 世家
24.	成帝一新	陳咸	後漢書、漢書	曾祖父咸，成哀閒以律令為尚書。平帝時，王莽輔政，多改漢制，咸心非之。……乞骸骨去職。及莽篡位，召咸以為掌寇大夫，謝病不肯應。……其後莽復徵咸，遂稱病篤。[94] 如陳咸……之屬，皆京師世家。[95]	02 世家
25.	新	陳參	後漢書	莽篡位，召咸以為掌寇大夫，謝病不肯應。時三子參、豐、欽皆在位，乃悉令解官，父子相與歸鄉里，閉門不出入……於是乃收斂其家律令書文，皆壁藏之。[96]	02 世家
26.	新	陳豐	後漢書	莽篡位，召咸以為掌寇大夫，謝病不肯應。時三子參、豐、欽皆在位，乃悉令解官，父子相與歸鄉里。	02 世家

[92] 清・王先謙補注：《漢書補注》，卷72〈王貢兩龔鮑傳〉，頁4786。

[93] 南朝宋・范曄：《後漢書》，卷27〈宣張二王杜郭吳承鄭趙列傳〉，頁927。

[94] 南朝宋・范曄：《後漢書》，卷46〈郭陳列傳〉，頁1547–1548。

[95] 清・王先謙補注：《漢書補注》，卷84〈翟方進傳〉，頁5188。

[96] 南朝宋・范曄：《後漢書》，卷46〈郭陳列傳〉，頁1547–1548。

27.	新	陳欽	後漢書	莽簒位，召咸以為掌寇大夫，謝病不肯應。時三子參、豐、欽皆在位，乃悉令解官，父子相與歸鄉里。	02 世家
28.	平帝	王崇	漢書	駿子崇以父任為郎，歷刺史、郡守，治有能名。……平帝即位，王莽秉政，大司空彭宣乞骸骨罷，崇代為大司空，封扶平侯。歲餘，崇復謝病乞骸骨，皆避王莽，莽遣就國。歲餘，為傅婢所毒，薨，國除。[97]	02 世家
29.	新	高固	三國志魏書	高柔……父靖，為蜀郡都尉。注引陳留耆舊傳曰：靖高祖父固，不仕王莽世，為淮陽太守所害，以烈節垂名。[98]	02 世家
30.	新	逢貞[99]	嵇康聖賢高士傳贊	逢貞字叔平。杜陵人。……貞世二千石。王莽辟不至。嘗為杜陵門下掾。終身不窺長安門。但閉戶讀書。未嘗問政。不過農田之事。[100]	02 世家
31.	居攝	應翊	全晉文	王莽居攝。曰病告歸。後赤眉賊攻其所居城。糧盡。翌曰私穀數十萬斛賑城中。于時粟斛錢數萬。民莫不稱其仁。[101]	02 世家

[97] 清・王先謙補注：《漢書補注》，卷72〈王貢兩龔鮑傳〉，頁4786。

[98] 西晉・陳壽，南朝宋・裴松之注，盧弼集解：《三國志集解》（上海：上海古籍出版社，2009年），《魏書》卷24〈韓崔高孫王傳〉，頁1859。

[99] 又作「王真」、「逢真」，暫從後出之張亞新校本用「逢貞」。見三國魏・嵇康著，戴明揚校注：《嵇康集校注》（北京：中華書局，2014年），附錄〈聖賢高士傳贊〉，頁669；張亞新校注：《嵇康集詳校詳注》，餘編〈聖賢高士傳贊〉，頁1026。

[100] 張亞新校注：《嵇康集詳校詳注》，餘編〈聖賢高士傳贊〉，頁1026。

[101] 清・嚴可均輯：《全上古三代秦漢三國六朝文》（北京：中華書局，1958年），《全晉文》，卷35應亨：〈應翊像讚序〉，頁1663上右。

32.	新	戴遵	後漢書	戴良字叔鸞，汝南慎陽人也。曾祖父遵，字子高，平帝時，為侍御史。王莽篡位，稱病歸鄉里。家富，好給施，尚俠氣，食客常三四百人。時人為之語曰：「關東大豪戴子高。」[102]	02 世家
33.	新	郭堅	後漢書、華陽國志	賀字喬卿，雒人。祖父堅伯，父游君，並修清節，不仕王莽。[103]烏丸校尉郭堅，字闕。[104]	02 世家
34.	新	郭游君	後漢書	賀字喬卿，雒人。祖父堅伯，父游君，並修清節，不仕王莽。	02 世家
35.	新	蔡勳	後漢書	初，……陳留蔡勳……六人同志，不仕王莽時。[105]蔡邕……六世祖勳，好黃老，平帝時為郿令。王莽初，授以厭戎連率。勳對印綬仰天歎曰：「吾策名漢室，死歸其正。昔曾子不受季孫之賜，況可事二姓哉？」遂攜將家屬，逃入深山，與鮑宣、卓茂等同不仕新室。[106]	02 世家、黃老
36.	居攝—新	胡剛	後漢書	胡廣字伯始，南郡華容人也。六世祖剛，清高有志節。平帝時，大司徒馬宮辟之。值王莽居攝，剛解其衣冠，縣府門而去，遂亡命交阯，隱於屠肆之間。後莽敗，乃歸鄉里。父貢，交阯都尉。[107]	02 世家、市井

---

[102] 南朝宋・范曄：《後漢書》，卷83〈逸民列傳〉，頁2772–2773。

[103] 南朝宋・范曄：《後漢書》，卷26〈伏侯宋蔡馮趙牟韋列傳〉，頁908。

[104] 東晉・常璩，任乃強校注：《華陽國志校補圖注》（上海：上海古籍出版社，1987年），卷11〈益梁寧三州先漢以來士女目錄〉，頁691。

[105] 南朝宋・范曄：《後漢書》，卷25〈卓魯魏劉列傳〉，頁872。

[106] 南朝宋・范曄：《後漢書》，卷60下〈蔡邕列傳〉，頁1979。

| 37. | 新 | 王丹 | 後漢書 | 王丹字仲回，京兆下邽人也。哀、平時，仕州郡。王莽時，連徵不至。家累千金，隱居養志，好施周急。……邑聚相率，以致殷富。……會前將軍鄧禹西征關中，軍糧乏，丹率宗族上麥一千斛。禹表丹領左馮翊，稱疾不視事，免歸。後徵為太子少傅。[108] | 03 豪族 |
| 38. | 新 | 閔貢 | 太平御覽、後漢書 | 閔仲叔，太原人，好黃老，清志潔行，不仕王莽之世，恬靜養神，弗役於物。與周黨相友……[109]……建武中，應司徒侯霸之辟，既至，霸不及政事，徒勞苦而已。……遂辭出，投劾而去。復以博士徵，不至。……客居安邑。老病家貧，不能得肉。[110] | 04 道家（黃老） |

　　這部分的世家 15 例，加上前述的儒生世家 6 例，則兩漢之際因王莽而不仕的世家共有 21 例。21 例中包含了儒生的高容、高詡父子，以及陳咸、陳參、陳豐、陳欽父子，可見兩漢之際不仕王莽者若出身世家，舉家不仕的比例不低。此外，王崇其父王駿、祖王吉，於西漢時代亦有不仕的紀錄，雖然理由不一，但在仕宦之途上一家三代都曾經選擇不仕，某種程度上堪稱東漢世家不仕

---

[107] 南朝宋・范曄：《後漢書》，卷 44〈鄧張徐張胡列傳〉，頁 1504。

[108] 南朝宋・范曄：《後漢書》，卷 27〈宣張二王杜郭吳承鄭趙列傳〉，頁 930-931。

[109] 北宋・李昉等編：《太平御覽》（臺北：臺灣商務印書館，據《四部叢刊》三編子部，靜嘉堂文庫藏南宋蜀刊本影印，1967 年），卷 478 人事部〈贈遺〉，頁 2318 下左。

[110] 南朝宋・范曄：《後漢書》，卷 53〈周黃徐姜申屠列傳〉，頁 1740。

之風的源頭。[111]

　　邴漢以「清行」徵用，〈百官公卿表〉記其任京兆尹在成帝綏和二年（西元前 7 年），在此之前則任光祿大夫。平帝元始二年（西元 2 年），因王莽秉政，邴漢與龔勝同時致仕。[112]《漢書》對邴漢的記載很少，但其居官至少九年，應活躍於成哀之間，至平帝時則因王莽秉政而不仕。

　　西漢有丞相丙吉，史書中亦寫作「邴吉」，成帝以「善善及子孫」封丙吉孫丙昌復為博陽侯，邴漢與丙昌同時，如二人皆丙吉之後，則《漢書》當有相關記錄，推論二人為同姓而無關連。

　　邴漢兄子邴曼容亦居官，除此之外，未見其他社會基礎的相關記載。依本書較為寬鬆的世家定義列於此處。

　　再說宣秉，其「少修高節，顯名三輔」，但不知是否仕宦。哀、平之際「據權專政」的王氏即王莽，因此「隱遁深山」以下，也都是針對王莽故而不仕。王莽敗後，不論是更始或是光武，則應徵而仕。其「高節」與龔勝一樣，表現在不仕二姓上，但其學識背景則無從判斷。

---

[111] 如前述楊寶，其家風便為典型。楊寶之子楊震「不荅州郡禮命數十年……年五十，乃始仕州郡」，又楊震之子楊秉：「常隱居教授。年四十餘，乃應司空辟。」又楊秉之子楊賜：「常退居隱約，教授門徒，不荅州郡禮命。……公車徵不至，連辭三公之命。」楊賜之子楊彪：「初舉孝廉，州舉茂才，辟公府，皆不應。」見南朝宋・范曄：《後漢書》，卷 54〈楊震列傳〉，頁 1759-1760、1769、1775-1776、1786。

[112] 《漢書・王貢兩龔鮑傳》：「王莽秉政，勝與漢俱乞骸骨。……策曰：『惟元始二年六月庚寅，光祿大夫、太中大夫者艾二人以老病罷。』」清・王先謙補注：《漢書補注》，卷 72〈王貢兩龔鮑傳〉，頁 4786。

　　宣秉節約至極，但或許不能稱之為貧窮。他收養親族，分田地與親族孤弱者，其子宣彪亦仕，《東觀漢記》云：「宣彪官至玄菟太守」[113]，因此宣秉為官之後，不但照顧宗族，也庇蔭兒子入仕至郡守，因此被列為世家。

　　陳咸、陳參、陳豐、陳欽父子一家身處兩漢之間，陳咸父子不仕之記錄出自《後漢書・郭陳列傳》中的陳寵傳。傳云：「曾祖父咸，成哀閒以律令為尚書」，從〈郭陳列傳〉所見陳咸時代以及出身背景來看，當為《漢書・公孫劉田王楊蔡陳鄭傳》中陳萬年之子。[114]陳萬年位居三公，為御史大夫，陳咸因此成為西漢著名世家，《漢書》多次稱陳咸為「公卿子」、「世家」，如〈蕭望之傳〉：「始（蕭）育與陳咸俱以公卿子顯名」[115]，又〈薛宣朱博傳〉：「前將軍望之子蕭育、御史大夫萬年子陳咸以公卿子著材知名」[116]，又〈翟方進傳〉：「如陳咸、朱博、蕭育……皆京師世家，以材能少歷牧守列卿，知名當世」[117]等等。可見陳咸知名於當世。

---

[113] 東漢・劉珍等著，吳樹平校注：《東觀漢記校注》（北京：中華書局，2008年），卷14，頁518。

[114] 《漢書・公孫劉田王楊蔡陳鄭傳》、〈蕭望之傳〉皆記陳咸十八為「左曹」，應劭《漢官儀》：「左、右曹受尚書事。」則所謂以律令為尚書者，即為左曹也。清・王先謙補注：《漢書補注》，卷66〈公孫劉田王楊蔡陳鄭傳〉，頁4573；卷78〈蕭望之傳〉，頁5042。清・孫星衍等輯：《漢官六種》（北京：中華書局，1990年），應劭《漢官儀》卷上，頁141。

[115] 清・王先謙補注：《漢書補注》，卷78〈蕭望之傳〉，頁5048。

[116] 清・王先謙補注：《漢書補注》，卷83〈薛宣朱博傳〉，頁5165。

[117] 清・王先謙補注：《漢書補注》，卷84〈翟方進傳〉，頁5188。案：朱博出身武吏，既非文吏，更非儒生，原不可以「世家」目之。然朱博後拜相封侯，因受封而稱之世家亦無不可，然陳萬年、陳咸父子皆未曾封侯，此處言及朱

然而《後漢書》中所見之陳咸，與《漢書》記載頗不一致，其中不少細節值得推敲。[118]

其一，《漢書》諸傳頗重翟方進與陳咸在政治上的角力，〈公孫劉田王楊蔡陳鄭傳〉稱：「方進奏歸咸故郡，以憂死」[119]，又〈翟方進傳〉云：「咸既廢錮，復徙故郡，以憂發疾而死」[120]。可見東漢時期對於陳咸的瞭解頗為一致，於翟方進之奏免後歸鄉憂死，無有《後漢書》所載不仕王莽的相關紀錄。如依《漢書》所記，則陳咸乃因翟方進而不得仕，並非不仕，亦非因王莽而「乞骸骨去職。」

由於涉及本書主旨，此部分更必須仔細梳理，筆者以為，此乃史官剪裁史料使然。考陳咸年歲，《漢書》云陳咸於元帝時任御史中丞，當時二十餘歲，[121]而石顯專權，陳咸頗言其短，[122]石顯任中書已久，專權卻在建昭（西元前 38 年）之後[123]。翟方進永始二

博，或因諸人結交故連稱之。

[118] 按：如胡三省注《資治通鑑》便以為二陳咸各是一人：「陳咸以淳于長事，廢歸故郡，以憂死。咸，沛郡相人也。此書沛國陳咸，本之後漢書陳寵傳。光武始改沛郡為沛國，二陳咸雖同居沛，各是一人。」見北宋・司馬光著：《資治通鑑》（北京：中華書局，1956 年），卷 37，頁 1196。

[119] 清・王先謙補注：《漢書補注》，卷 66〈公孫劉田王楊蔡陳鄭傳〉，頁 4575。

[120] 清・王先謙補注：《漢書補注》，卷 84〈翟方進傳〉，頁 5192。

[121] 《漢書・蕭望之傳》：「咸最先進，年十八為左曹，二十餘御史中丞。」見清・王先謙補注：《漢書補注》，卷 78〈蕭望之傳〉，頁 5042。

[122] 《漢書・公孫劉田王楊蔡陳鄭傳》：「萬年死後，元帝擢咸為御史中丞，總領州郡奏事，課第諸刺史，內執法殿中，公卿以下皆敬憚之。是時，中書令石顯用事顓權，咸頗言顯短，顯等恨之。」清・王先謙補注：《漢書補注》，卷 66〈公孫劉田王楊蔡陳鄭傳〉，頁 4573。

年（西元前 15 年）為丞相[124]，同年陳咸被奏免少府。數年後，綏
和元年（西元前 8 年）翟方進以王立說淳于長事趁機奏免陳咸等
人[125]，陳咸廢錮歸郡當在此年，此時距離建昭年間石顯專權最多
不過三十年，則陳咸約五十歲上下。《漢書》記陳咸事止於此，其
後便以陳咸憂死作結。

　　《後漢書・郭陳列傳》所記，則正好接續《漢書》。〈郭陳列
傳〉云「咸乞骸骨去職」乃因「莽因呂寬事誅不附己者何武、鮑
宣等」，呂寬事發生於元始三年（西元 1 年）[126]，則陳咸於此年乃
有職於身。其後莽篡位，亦即始建國元年（西元 9 年）之後，此
時陳咸約莫六十五歲上下，〈郭陳列傳〉再記陳咸兩度謝病不應
徵，先「召咸以為掌寇大夫，謝病不肯應」，後「莽復徵咸，遂稱
病篤」。

　　綜合班、范二史所載陳咸事可知，《漢書》以陳咸續於其父陳

123 《漢書・王商史丹傳喜傳》：「建昭之間，元帝被疾，不親政事，留好音樂。」
　　又《漢書・佞幸傳》：「元帝被疾，不親政事，方隆好於音樂，以顯久典事，
　　中人無外黨，精專可信任，遂委以政。事無小大，因顯白決，貴幸傾朝，百
　　僚皆敬事顯。」則石顯任中書典事已久，但元帝因疾而委政，則在建昭之間。
　　見清・王先謙補注：《漢書補注》，卷 82〈王商史丹傳喜傳〉，頁 5139。卷 93
　　〈佞幸傳〉，頁 5588。
124 清・王先謙補注：《漢書補注》，卷 84〈翟方進〉，頁 5188。漢書，又見清・
　　王先謙補注：《漢書補注》，卷 19 下〈百官公卿表〉，頁 988-989。
125 《漢書・成帝紀》綏和元年：「定陵侯淳于長大逆不道，下獄死。」清・王先
　　謙補注：《漢書補注》，卷 10〈成帝紀〉，頁 453。
126 《漢書・何武王嘉師丹傳》：「元始三年，呂寬等事起。……武在見証中，大
　　理正檻車徵武，武自殺。」清・王先謙補注：《漢書補注》，卷 86〈何武王嘉
　　師丹傳〉，頁 5275。

萬年之下，記事詳於前而略其後；而《後漢書》正好相反，以陳寵為傳主而附傳陳寵曾祖陳咸之事，故詳於後而略其前。逼使陳咸歸鄉的翟方進，早於綏和二年（西元前 7 年）便因熒惑守心被迫自殺[127]，在政敵翟方進死後，不過五十餘歲的陳咸再度復起，亦在情理之中。[128]此後因王莽當權而不仕，並兩度拒絕王莽招聘。如此兩漢書所見的陳咸事蹟，方能有所解釋。

　　續論其二，《後漢書‧郭陳列傳》稱陳咸：

　　咸性仁恕，常戒子孫曰：「為人議法，當依於輕，雖有百金之利，慎無與人重比。」[129]

　　然而《漢書‧公孫劉田王楊蔡陳鄭傳》稱陳咸為官：「公卿以下皆敬憚之。」又言：

　　所居以殺伐立威，豪猾吏及大姓犯法，輒論輸府，以律程作司空，為地曰木杵，春不中程，或私解脫鉗釱，衣服不如法，輒加罪笞。督作劇，不勝痛，自絞死，歲數百千人，久者蟲出腐爛，家不得收。

[127] 清‧王先謙補注：《漢書補注》，卷 84〈翟方進傳〉，頁 5194-5197。按：翟方進因熒惑守心自殺一案，黃一農論述頗精彩，參見黃一農著：〈漢成帝與丞相翟方進死亡之謎〉，載於氏著：《制天命而用：星占、術數與中國古代社會》（成都：四川人民出版社，2018 年），頁 1-17。
[128] 按：班固嘗隨竇憲北征，而陳寵與竇憲有隙，或因此而不知陳咸晚年事也。
[129] 南朝宋‧范曄：《後漢書》，卷 46〈郭陳列傳〉，頁 1548。

……下吏畏之，豪彊執服，令行禁止，然亦以此見廢。[130]

　　所謂「殺伐立威」、「督作劇」云云，與「議法當依於輕」、「無與人重比」堪為南轅北轍，猶如二人。《漢書》記載陳咸因與翟方進有隙而被奏免歸郡，其理由之一為「所居皆尚殘賊酷虐，苛刻慘毒以立威」[131]，陳咸既然因此見廢，或許因此頗有悔悟，乃至於以仁恕戒子孫。《後漢書》成書較晚，或得聽聞陳氏子孫追述先祖事，由於陳咸前後事蹟分別見載兩部史書，更顯差別之大。

　　其三，王莽篡後，兩度徵召陳咸而不應，其中先以「掌寇大夫」召之者。《漢書·王莽傳》記始建國元年曰：

　　　是歲長安狂女子碧呼道中曰：「高皇帝大怒，趣歸我國。不者，九月必殺汝！」莽收捕殺之。治者掌寇大夫陳成自免去官。[132]

　　「陳成」與「陳咸」形近，然《後漢書》云陳咸「謝病不肯應」，並無應召為掌寇大夫，與《漢書》此段言陳成「自免去官」，陳成當與陳咸為二人。

---

[130] 清·王先謙補注：《漢書補注》，卷66〈公孫劉田王楊蔡陳鄭傳〉，頁4573-4574。

[131] 清·王先謙補注：《漢書補注》，卷84〈翟方進傳〉，頁5191。按，〈公孫劉田王楊蔡陳鄭傳〉所載略有不同，當取其大略而已。

[132] 清·王先謙補注：《漢書補注》，卷99中〈王莽傳〉，頁6125。

其四，《漢書‧王莽傳》又記始建國三年云：

> 琅邪左咸為講《春秋》、潁川滿昌為講《詩》、長安國由為講《易》、平陽唐昌為講《書》、沛郡陳咸為講《禮》、崔發為講《樂》祭酒。遣謁者持安車印綬，即拜楚國龔勝為太子師友祭酒，勝不應徵，不食而死。[133]

　　王莽篡後政制頗改，此處所記諸祭酒，或為王莽欲徵之士，非應徵而至者。以時間而論，與《後漢書》云「莽復徵咸，遂稱病篤」符合。然而此處之「沛郡陳咸為講《禮》」與前述陳咸是否為一人，頗啟人疑竇。陳咸乃文法吏出身，且以酷烈知名，雖然漢代文法吏而兼通經書者並不罕見[134]，然以酷吏任六經祭酒，未免不類。由於史料沒有更詳細的紀錄，姑且以王莽政亂視之。

　　以上，陳咸與其三子陳參、陳豐、陳欽本皆在位為官，且皆因王莽而不仕。其世家由陳萬年始，綿延至東漢陳寵之子陳忠，乃至少傳衍六代的文史世家。與儒生世家略有不同，漢代亦有世傳律令之學者，如西漢之如杜周、杜延年父子[135]，又如《後漢書‧郭陳列傳》所見之郭躬、陳寵兩世家皆是。有律令之學，亦有律

---

[133] 清‧王先謙補注：《漢書補注》，卷 99 中〈王莽傳〉，頁 6135。

[134] 如陳咸後人陳寵，《後漢書‧郭陳列傳》便記云：「寵雖傳法律，而兼通經書」。南朝宋‧范曄：《後漢書》，卷 46〈郭陳列傳〉，頁 1555。

[135] 清‧王先謙補注：《漢書補注》，卷 60〈杜周傳〉，頁 4269。按：杜延年子杜欽亦有不仕紀錄，見本書第四章，唯杜欽「少好經書」又「不好為吏」，為律令世家中特出者，當視為儒生。

令世家，如郭躬之父郭弘「習小杜律」[136]等等。這是否代表漢代能以律令教授為社會基礎呢？從史料的記載來看，雖無不可，亦不常見，通經可謂士志於道，若仕途與道不符，自然不仕。然而律令乃官僚體制治民之根本，學律令而不踐之於治民，不免內外不符。如陳咸及其三子之不仕，就其根本，正因王莽「多改漢制」，加上西漢後期士人之儒家化，最終促成了這樣的結果。

接著續論王崇。與儒家化而不仕的世家相比，王吉之孫、王駿之子王崇則可能是另一種相反的類型。《漢書‧王貢兩龔鮑傳》稱王崇「以父任為郎」，哀帝稱王崇「朕以君有累世之美」，可見世家是王崇入仕最重要的憑藉。王莽秉政命王崇任大司空而封扶平侯，而王崇因避王莽謝病乞骸骨，王莽亦使「就國」，亦即其不仕之憑藉乃由仕途所得。換言之，世代居官乃王崇最重要的社會基礎。

然而《漢書》未有任何王崇通經的紀錄。王崇之祖王吉：「兼通五經」、「以《詩》、《論語》教授」，其父王駿受《梁丘易》，父子「經明行修」[137]。此外，王吉與王駿父子亦有經學的傳承，《漢書‧藝文志》記《論語》齊說有：「魯王駿說二十篇。」又云：「傳齊論者，昌邑中尉王吉……，唯王陽名家。」[138]王吉為齊論語名家，以《論語》教授，而子王駿則有齊論說著作，很難想像到了王崇卻沒有學經，但《漢書》確實沒有王崇有任何傳經的紀

---

[136] 南朝宋‧范曄：《後漢書》，卷46〈郭陳列傳〉，頁1543。
[137] 清‧王先謙補注：《漢書補注》，卷72〈王貢兩龔鮑傳〉，頁4767。
[138] 清‧王先謙補注：《漢書補注》，卷30〈藝文志〉，頁2937、2939。

錄，反稱其「治有能名」。

　　這有可能是班固作《漢書》時下筆的抉擇，亦有可能是王吉家族在以明經踏入仕途之後，在仍然相當重視文吏文化的西漢時代，儒生學吏後的結果。總而言之，世代傳經在漢代相當普遍，但亦不能因此簡單判斷只要父兄通經，則子弟必然為儒，因此此處將王崇由儒生中拉出來，作為漢代士人儒家化反面的一個例證。

　　再說高固。除了《三國志》裴注引《陳留耆舊傳》之外，高固不見於兩漢史書，但高固以下子孫世代居官，綿延不絕直至西晉。高固子高慎「撫育孤兄子五人，恩義甚篤」，又云：「以勤身清名為之基，以二千石遺之」[139]，則高氏世家大約正形成於高固前後時。三國高柔之子高光，裴注引《晉諸公贊》稱：「少習家業，明練法理」[140]，則高氏以律令為家業，並非通經世家。

　　接著是逢貞。逢貞不見於史傳，《太平御覽》卷五百十逸民部錄嵇康《聖賢高士傳贊》作「王真」。由於《聖賢高士傳贊》早已殘缺，各本輯佚用字頗有差異，暫且從張亞新校注本作「逢貞」。

　　「世二千石」為高宦，西漢末年的逢貞如已世代高宦，則為世家無疑。漢代即便是世家，也多由基層吏察舉遷轉而上，逢貞嘗為「杜陵門下掾」，即郡之屬吏，可能是年輕時之經歷。但其不

---

[139] 西晉・陳壽著，南朝宋・裴松之注，盧弼集解：《三國志集解》（上海：上海古籍出版社，2009 年），卷 24〈魏書・韓崔高孫王傳〉，頁 1859，裴注引《陳留耆舊傳》。

[140] 盧弼集解：《三國志集解》，卷 24〈魏書・韓崔高孫王傳〉，頁 1875，裴注引〈晉諸公贊〉。

仕之後「閉戶讀書，未嘗問政，不過農田之事」，可見其社會基礎厚實，應該是以世家而有田產佃農，因此一可拒仕，二可不過農事。從《聖賢高士傳贊》來看，「王莽辟不至」是於王莽時拒絕仕宦，列為不仕王莽殆無疑慮，但光武之後是否亦有召辟不應之情況，則不可知。

考《漢書》中逄姓世家知名者，則〈翟方進傳〉中被稱為「京師世家」的逄信[141]可能為逄貞之族屬。其餘見於史料的逄氏有同樣不仕王莽的逄萌，然一來為北海人非杜陵人，二來逄萌家貧，給事縣為亭長，不似「世二千石」之世家。[142]此外又有赤眉將領逄安，逄、逢異體通假，然逄安為琅邪人[143]，起青、徐肌民為盜，亦不似「世二千石」者。

應翊同樣不見載於史書，《全晉文》收錄《太平御覽》所見應亨所作之〈應翊像讚序〉，稱應翊於王莽居攝時「以病告歸」，自然屬不仕王莽之類。漢代常見將值得表彰之人圖像立贊，以勸風俗[144]，新世家興起之後，更有宗族為父祖立碑者，至今頗有留

---

[141]《漢書‧翟方進傳》：「如陳咸、朱博、蕭育、逄信、孫閎之屬，皆京師世家，以材能少歷牧守列卿，知名當世」清‧王先謙補注：《漢書補注》，卷84〈翟方進傳〉，頁5188。

[142] 南朝宋‧范曄：《後漢書》，卷83〈逸民列傳〉，頁2759。

[143]《後漢書‧劉玄劉盆子列傳》：「琅邪人樊崇起兵於莒，……崇同郡人逄安，……」南朝宋‧范曄：《後漢書》，卷11〈劉玄劉盆子列傳〉，頁478。

[144] 如《後漢書‧蔡邕列傳》：「（蔡）邕陳辭謝，乞黥首刖足，繼成漢史。士大夫多矜救之，不能得。……邕遂死獄中。……兗州、陳留閒皆畫像而頌焉。」又如〈酷吏列傳〉：「有詔勒中尚方為鴻都文學樂松、江覽等三十二人圖象立贊，以勸學者。」南朝宋‧范曄：《後漢書》，卷60下〈蔡邕列傳〉，頁2006；

存。[145]〈應翊像讚序〉為應亨所作，而應亨為漢晉著名的文人世家汝南應氏，《全晉文》錄：「亨，貞從孫為著作郎，累遷南中郎長史。有集二卷」[146]。又《晉書·文苑傳》：「應貞字吉甫，汝南南頓人，魏侍中璩之子也。自漢至魏，世以文章顯，軒冕相襲，為郡盛族。」[147]可推測應翊應為汝南應氏之先祖[148]，而〈應翊像讚序〉當為應亨為頌讚宗族所作。

應翊除了不仕王莽之外，另一個值得關注的重點是：「以私穀數十萬斛賑城中，于時粟斛錢數萬。」不可不謂財力雄厚。應翊既仕於西漢末年，家又饒財，或與班固之班氏一樣，本為地方豪族[149]，由官僚化而轉為世代居官的世家。

卷77〈酷吏列傳〉，頁2499。

[145] 如漢代武氏祠，參見蔣英炬、吳文祺著：《漢代武氏墓群石刻研究（修訂本）》（北京：人民美術出版社，2014年），頁47-52。

[146] 清·嚴可均輯：《全晉文》，卷35〈應亨〉，頁1662右下。按：《隋志》云「南中郎長史應亨集二卷，亡」則《應亨集》隋時已亡。唐·魏徵、令狐德棻等著：《隋書》（北京：中華書局，1973年），卷35〈經籍志〉，頁1063。

[147] 唐·房玄齡等著：《晉書》（北京：中華書局，1974年），卷92〈文苑傳〉，頁2370。

[148] 汝南應氏見於史料者，除《晉書》所見應貞之外，如《後漢書·楊李翟應霍爰徐列傳》中的應奉，《三國志·魏書·王衛二劉傳傳》中的建安七子應瑒等等。《後漢書》記應奉曾祖父順：「應奉字世叔，汝南南頓人也。曾祖父順，字華仲。和帝時為河南尹。」此為汝南應氏見於史料中最早者，應翊既不仕王莽，當在應順之先。南朝宋·范曄：《後漢書》，卷48〈楊李翟應霍爰徐列傳〉，頁1606。盧弼集解：《三國志集解》，卷21〈魏書·王衛二劉傳傳〉，頁1654、1660。

[149] 《漢書·敘傳》：「始皇之末，班壹避墜於樓煩，致馬牛羊數千群。值漢初定，與民無禁，當孝惠、高后時，以財雄邊……」清·王先謙補注：《漢書補注》，卷100上〈敘傳〉，頁6220。

　　與應翊類似，作為東漢世家先祖的，還有戴遵、蔡勳與胡剛。
戴遵為東漢逸民戴良曾祖，不仕王莽之餘，又家富而可助人。傳
至戴良，應非世代高宦，因此范曄無相關人物之記載。從朝廷、
州郡皆欲召辟戴良來看，戴氏擁有的仕途機會應該不小，戴遵或
可視為寒門世家之先。

　　郭堅、郭游君的記載不多，《後漢書》稱郭賀祖父「堅伯」，
據《華陽國志》有「烏丸校尉郭堅」，又下司隸校尉郭賀為「堅
孫」，則郭賀祖父名「堅」，「堅伯」或為字。《後漢書》記載郭賀
祖父堅伯，父游君皆「並修清節，不仕王莽」，當為本有職位，因
王莽而不仕。又《華陽國志》記郭堅為烏丸校尉，不知是任職於
西漢末抑或東漢初。

　　此外，應劭《漢官儀》引馬第伯《封禪儀記》云：

　　　車駕正月二十八日發雒陽宮，二月九日到魯，遣守謁者郭
　　　堅伯將徒五百人治泰山道。[150]

　　如此處之「郭堅伯」與郭賀祖父同一人，郭堅當於東漢時出
任謁者。

　　史料未記載不仕王莽前，郭堅、郭游君原本擔任什麼職務，
郭游君更無其他資料可供參考。從「賀能明法」推敲，或許郭氏

---

[150] 清・孫星衍等輯：《漢官六種》，《漢官儀》卷下，頁175。又見：西晉・司馬
　　彪：《後漢書志》，卷97〈祭祀志〉，頁3166–3167，注一。

與沛郡陳氏一樣，是以明法為主的法吏世家。

　　蔡勳則是東漢末年名士蔡邕的六世祖，與卓茂、孔休、劉宣、龔勝、鮑宣並列同志不仕王莽六人。蔡勳平帝時為右扶風轄下之郿縣令，雖為三輔長吏，但未及二千石高宦，王莽以授以「厭戎連率」，即隴西太守[151]，因此王莽是以二千石升遷，而蔡勳則以不仕二姓率家屬逃入深山。

　　比較特別的是《後漢書・蔡邕列傳》稱蔡勳「好黃老」，以漢代的學術環境來說，好黃老既可如河上公一般不仕，亦可如曹參般以清靜無為之術治國，任刑名而不任禮教。蔡勳既為郿令，恐怕非傳統隱逸之類，其逃入深山也不能用傳統的巖穴隱士來理解。

　　接著是胡剛。胡剛為東漢胡廣之六世祖。如蔡勳雖非高宦，至少還是長吏，胡剛為屬吏，比蔡勳更為基層。不過，儘管胡剛只是屬吏，亦於王莽居攝時棄職，乃至於遠避交阯，除了因其志節而不仕之外，當有避亂之意。胡剛為屬吏，後世胡貢任交阯都尉，有世代居官的傾向，但胡氏並未因此累積強大的社會基礎，《後漢書》記載胡廣：

> 廣少孤貧，親執家苦。長大，隨輩入郡為散吏。太守法雄之子真，從家來省其父。真頗知人。會歲終應舉，雄敕真助求其才。雄因大會諸吏，真自於牖閒密占察之，乃指廣

---

[151] 《後漢書・蔡邕列傳》劉昭注：「王莽改隴西郡曰厭戎郡，守曰連率。」南朝宋・范曄：《後漢書》，卷60下〈蔡邕列傳〉，頁1979。

以白雄，遂察孝廉。既到京師，試以章奏，安帝以廣為天
下第一。[152]

　　胡廣入仕由散吏起，由法真「知人」而察舉，並於京師「試
以章奏」第一而進。在這個過程中，胡廣顯然並未從其家世獲得
助益。不過，從六世祖胡剛任司徒屬吏，父胡貢任交阯都尉，再
到胡廣歷任高位，六世三代皆在仕途，則胡氏仍可在本書寬鬆的
定義下列為世家。

　　胡剛的特別之處在於其亡命交阯時「隱於屠肆之閒」，此與早
期隱逸傳統中混跡市井之類相接，先秦之朱亥[153]、聶政[154]，秦末之
樊噲[155]，皆隱屠間，胡剛正好與其隔代相望。

　　以上諸例都是世家。除世家之外，這裡將與世家性質不同，
但與應翊、戴遵一樣家財饒富的豪族王丹，附記於世家案例之後。

　　王丹不仕王莽，而以財助光武手下大將鄧禹西征，亦因此領
左馮翊。《後漢書》云王丹「稱疾不視事，免歸」，是到職了卻不
視事，因此而被罷免，並非不仕。後兩度徵太子少傅皆就任，因

[152] 南朝宋・范曄：《後漢書》，卷44〈鄧張徐張胡列傳〉，頁1505。
[153] 《史記・魏公子列傳》：「侯生謂公子曰：『臣所過屠者朱亥，此子賢者，世莫能知，故隱屠閒耳。』」日・瀧川資言會注考證：《史記會注考證》，卷77〈魏公子列傳〉，頁3090。
[154] 《史記・刺客列傳》：「聶政勇敢士也，避仇隱於屠者之間。」日・瀧川資言會注考證：《史記會注考證》，卷86〈刺客列傳〉，頁3278。
[155] 《史記・樊酈滕灌列傳》：「舞陽侯樊噲者，沛人也。以屠狗為事，與高祖俱隱。」日・瀧川資言會注考證：《史記會注考證》，卷94〈樊酈滕灌列傳〉，頁3445。

此不能視之為不仕光武者。此外，王丹不但「家累千金」，且從「率宗族上麥一千斛」來看，也有宗族聚居的情況。不過從史料記載而論，王丹只能算是民間豪族。南朝宋時士人極重門第，因此范曄《後漢書》諸傳如有可堪記載之士人宗族，多有附傳。王丹既無其他族屬為官，應非世代居官的世家。暫且以豪族身分附於此。

　　世家、豪族之外，傳統隱逸常見的道家士人或以技藝混跡市井者，於兩漢之際案例極少。尤其道家型的士人，由於本章的主旨在於「不仕王莽」，因王莽秉政而不仕方才列入，如「寧生而曳尾塗中」者，則無論誰得天命、誰掌天下，率皆不仕，自然被排除在本章的案例之外。雖然如此，仍有前文談過非典型傳統隱逸而好黃老的蔡勳，而兩漢之際不仕王莽又有好黃老記錄的，還有閔貢。

　　《後漢書》將「識去就之概，候時而處」之士以〈周黃徐姜申屠列傳〉述之，而以閔仲叔列為代表人物之一。依《東觀漢記》以及謝沈《後漢書》所見，閔仲叔名貢[156]。閔貢好黃老且不仕王莽，見於《太平御覽》所抄錄，漢末以後閔仲叔常以典故見諸文學家筆下[157]。但值得注意的是，閔貢以「節士」著稱，包含范曄

---

[156] 《東觀漢記》：「閔貢，字仲叔」。吳樹平校注：《東觀漢記校注》，卷17，頁743。又見周天游輯注：《八家後漢書輯注（修訂本）》，謝沈《後漢書》，頁610。

[157] 如王勃〈江寧吳少府宅餞宴序〉：「梁伯鸞之遠逝，自有長謠。閔仲叔之退征，仍逢厚禮。」見清・董誥等編：《全唐文》（臺北：大通書局，1979年四版），卷182王勃〈江寧吳少府宅餞宴序〉，頁2335上左。

在內的諸家《後漢書》、《東觀漢記》以及袁宏《後漢紀》等，多有記載閔仲叔的部分事蹟，但都沒有記載閔貢不仕王莽，亦無好黃老的敘述。由於《太平御覽》為宋代著名類書，或有史料亡於宋代以後未可知，暫且列入不仕王莽之類。

　　閔貢社會基礎並不結實，故不仕而「老病家貧，不能得肉」，乃至於「日買豬肝一片，屠者或不肯與」。如依《後漢書》所記載，不以「好黃老」作為閔貢學識背景的話，閔貢正是東漢初年典型專志於「去就之節」的士人，與蔡勳一樣，並非傳統的道家隱逸。如閔貢這樣的節士，若有不違其志甚至能如其所願的，則願「且喜且懼」的應聘；如在職有不如志意的，則又「喜懼皆去」而辭。所在亦不隱蔽聲名，因此不但當世能以節士著稱，客居安邑時，縣令亦能稍加照護。此類守節而不仕者，後續還有十數例，此處因閔貢有「好黃老」的記載，較類似傳統隱逸而稍加提前討論。

　　王莽時期除了儒生不仕的情況明顯之外，另一個極為值得關注的現象便是節士的出現。閔貢之外，尚有下列 8 例：

| 39. | 平帝一新 | 龍丘萇 | 後漢書、謝沈後漢書 | 吳有龍丘萇者，隱居太末，志不降辱。王莽時，四輔三公連辟，不到。掾史白請召之。(任) 延曰：「……」積一歲，萇乃乘輦詣府門，願得先死備錄。延辭讓再三，遂署議曹祭酒。萇尋病卒……。[158]
龍丘萇，吳郡人，篤志好學。王莽 | 05　守節、農 |

[158] 南朝宋・范曄：《後漢書》，卷76〈循吏列傳〉，頁2461。

			篡位，隱居大山，以耕稼為業，公車徵，不應。……[159]	
40.	新	徐房	嵇康聖賢高士傳贊	北海逢萌字子康，北海徐房字，平原李曇字子雲，平原王遵字君公。皆懷德穢行，不仕亂世，相與為友，時人號之四子。[160]	05 守節
41.	新	李曇[161]	嵇康聖賢高士傳贊	北海逢萌字子康，北海徐房字，平原李曇字子雲，平原王遵字君公。皆懷德穢行，不仕亂世，相與為友，時人號之四子。	05 守節
42.	平帝一新	孔休	後漢書	茂與同縣孔休……六人同志，不仕王莽時，並名重當時。休字子泉，哀帝初，守新都令。後王莽秉權，休去官歸家。及莽篡位，遣使齎玄纁、束帛，請為國師，遂歐血託病，杜門自絕。光武即位，求休、勳子孫，賜穀以旌顯之。[162]	05 守節
43.	新	侯剛	華陽國志	侯剛哭漢。　剛字直孟，繁人也。為郎。見莽篡位，佯狂，負木斗，守闕號哭。莽使人間之。對曰：「漢祚無窮，吾寧死之，不忍事非主也。」莽追煞之。[163]	05 守節
44.	新	章明	華陽國志	章、王刎首。　章明，字公孺，繁人也。……明為太中大夫。莽篡位，嘆曰：「不以一身事二主。」遂自煞。[164]	05 守節

[159] 周天游輯注：《八家後漢書輯注（修訂本）》，謝承《後漢書》，頁 150。
[160] 張亞新校注：《嵇康集詳校詳注》，餘編〈聖賢高士傳贊〉，頁 1029。
[161] 又作「李雲」，見張亞新校注：《嵇康集詳校詳注》，餘編〈聖賢高士傳贊〉，頁 1030-1031。
[162] 南朝宋‧范曄：《後漢書》，卷 25〈卓魯魏劉列傳〉，頁 872。
[163] 任乃強校注：《華陽國志校補圖注》，卷 10〈先賢士女總讚論〉，頁 538。

| 45. | 居攝 | 郭欽 | 漢書 | 始隃麋郭欽，哀帝時為丞相司直，……平帝時遷南郡太守。……亦以廉直為名。王莽居攝，欽、詡皆以病免官，歸鄉里，臥不出戶，卒於家。[165] | 05 守節（廉直） |
| 46. | 居攝 | 蔣詡 | 漢書、嵇康聖賢高士傳贊 | 杜陵蔣詡元卿為兗州刺史，亦以廉直為名。王莽居攝，欽、詡皆以病免官，歸鄉里，臥不出戶，卒於家。[166]
蔣詡字元卿，杜陵人，為兗州刺史。王莽為宰衡，詡奏事，到灞上，稱病不進。歸杜陵，荊棘塞門，舍中三徑，終身不出。時人諺曰：「楚國二龔。不如杜陵蔣翁。」[167] | 05 守節（廉直） |

　　首先要說明的是，「守節」在這裡被分割為一類，並不代表士除了文吏、儒生、方士，等等在眾多身分之外，還有一個與這些身分都明顯區隔的類型叫做節士。如本書前文所論，漢代士人的身分往往揉合了各種不同的背景，各有不同程度的疊合，文吏可以為儒生，儒生可以為方士之類。西漢末年「守節」此一情操受到重視，因此有儒生之節，堅持以道義作為去就，或其他行為的最重要基礎；亦可以有文吏之節，在官場上堅持廉直、公正等等價值。以下將不仕王莽的士人中，無法判斷是否具有其他身分的

---

164 任乃強校注：《華陽國志校補圖注》，卷10〈先賢士女總讚論〉，頁538。
165 清・王先謙：《漢書補注》，卷72〈王貢兩龔鮑傳〉，頁4801。
166 清・王先謙：《漢書補注》，卷72〈王貢兩龔鮑傳〉，頁4801。
167 張亞新校注：《嵇康集詳校詳注》，餘編〈聖賢高士傳贊〉，頁1022。按：「兗州」張亞新誤作「袞州」，據《太平御覽》改。見北宋・李昉等編：《太平御覽》，卷510逸民部〈逸民十〉，頁2450下左。

節士分別析論。

先說龍丘萇。范曄《後漢書》無龍丘萇傳，事蹟附記於任延傳中，稱「隱居太末，志不降辱」，看似在王莽之前就已隱居，其後又「四輔三公連辟不到」。如果龍丘萇的隱居從西漢到新莽之間是具有連貫性的，則此例應該列入西漢時期才對。然而從幾個地方來看，龍丘萇之不仕，應該與王莽有關。

其一，龍丘萇不應四輔三公之聘，卻願意為了任延「乘輦詣府門，願得先死備錄」，主動入仕。雖然此舉是受到任延感動，但既然願意入仕，則龍丘萇並非悍然拒仕的道家隱逸。此外，任延乃更始所任之會稽都尉，非新莽職，亦與「志不降辱」不相違背。

其二，任延稱「龍丘先生躬德履義，有原憲、伯夷之節」。原憲自云無財，是「貧」也，而非學道而不能行之「病」也[168]，即清節之意。伯夷之隱有二意，其一為不受君位而去，其二為義不食周粟，前者或可用不受政治羈縻作道家型隱逸的解釋，但後者則與政權無道相關。從龍丘萇願意為任延堅持「備錄」的行為來看，龍丘萇並非傳統隱逸之類，更接近於有道而仕、無道而去的類型。如此則龍丘萇之「隱居太末」，當後於其「志不降辱」。

其三，謝沈《後漢書》亦有龍丘萇傳，其記載先稱「王莽篡位」，後云「隱居太末」[169]。可見龍丘萇之隱居，正與王莽篡位有

---

[168] 《史記・仲尼弟子列傳》：「憲攝敝衣冠見子貢。子貢恥之，曰：『夫子豈病乎？』原憲曰：『吾聞之，無財者謂之貧，學道而不能行者謂之病。若憲，貧也，非病也。』」日・瀧川資言會注考證：《史記會注考證》，卷67〈仲尼弟子列傳〉，頁2848。

關，因此當列入不仕王莽之類。

龍丘萇相關事蹟的記載也不多，任議曹祭酒後不久病卒，謝沈《後漢書》云其「以耕稼為業」，可能是親執耒耜，亦有可能另有佃農、奴僕代勞未可知。

徐房、李曇與前文所討論過的王尊並稱。《後漢書・逸民列傳》云「(逢) 萌與同郡徐房、平原李子雲、王君公相友善，並曉陰陽，懷德穢行」[170]，其中李子雲即李曇（或作李雲），王君公即王尊（又作王遵），嵇康〈聖賢高士傳贊〉稱四人皆「不仕亂世」。此時正逢王莽時，逢萌、王尊皆於王莽退身，[171]因此所謂「不仕亂世」也者，當指不仕王莽無疑。

徐房、李曇無他事蹟傳世，姑且列之於守節一類。

孔休則與卓茂、蔡勳、劉宣、龔勝、鮑宣等並列，《後漢書・卓魯魏劉列傳》稱「六人同志，不仕王莽時」，而孔休於王莽秉權時去官。傳中又云：「哀帝初，守新都令」，王莽於成帝時封新都侯，此處「新都令」當為「新都相」，事見《漢書・王莽傳》：

> 始莽就國，南陽太守以莽貴重，選門下掾宛孔休守新都相。休謁見莽，莽盡禮自納，休亦聞其名與相答。後莽疾，休候之，莽緣恩意，進其玉具寶劍，欲以為好。休不肯

---

[169] 原作「大山」，當為「太末」之誤。見周天游輯注：《八家後漢書輯注（修訂本）》，謝承《後漢書》，頁 151 注二。

[170] 南朝宋・范曄：《後漢書》，卷 83〈逸民列傳〉，頁 2760。

[171] 逢萌亦不仕光武，詳第六章。

受。……遂椎碎之，自裹以進休，休乃受。及莽徵去，欲
見休，休稱疾不見。[172]

　　從〈王莽傳〉的記載來看，王莽封新都侯就國時，南陽太守
方選孔休任新都相，輔佐王莽。換言之孔休早於哀帝時便與半隱
居的王莽共事過，亦有相當事蹟見載於《漢書》。由此，王莽由新
都返京師秉朝政大權時，孔休亦同時棄新都相歸，當已知王莽之
偽飾。而王莽篡位後請為國師，亦其來有自。

　　光武即位之後，求孔休子孫「賜穀以旌顯」，並無徵辟孔休紀
錄，可能死於兩漢之際。而《後漢書・朱樂何列傳》記載孔休曾
於亂世中救助過朱暉，《後漢書・朱樂何列傳》記云：

　　　朱暉字文季，南陽宛人也。家世衣冠。暉早孤，有氣決。
　　　年十三，王莽敗，天下亂，與外氏家屬從田閒奔入宛城。

　　此處的「外氏家屬」，《東觀漢記》云：「暉外祖父孔休，以德
行稱於代」，則孔休去官歸家之後，曾經照顧外孫朱暉。朱暉不但
是　「家世衣冠」，且與其父朱岑二人都是太學儒生，與光武有
舊[173]。孔休雖朱氏聯姻，但同為南陽宛人，非孔子裔，而光武亦

---

[172] 清・王先謙補注：《漢書補注》，卷99上〈王莽傳〉，頁6041-6042。

[173] 《後漢書・朱樂何列傳》：「初，光武與暉父岑俱學長安，有舊故。及即位，
　　求問岑，時已卒，乃召暉拜為郎。暉尋以病去，卒業於太學。性矜嚴，進止
　　必以禮，諸儒稱其高。」南朝宋・范曄：《後漢書》，卷43〈朱樂何列傳〉，頁

無徵孔休子孫為官，僅賜穀以旌顯而已。從傳事可見的史料來看，孔休既非儒生，也非世家，因此列於此處。

　　侯剛、章明見於《華陽國志》，兩人皆仕於西漢，〈益梁寧三州先漢以來士女目錄〉稱侯剛為尚書郎[174]，則〈先賢士女總讚論〉所記之「為郎」當為尚書郎。章明則為太中大夫。兩人皆因王莽篡位，不事二主而死，其中侯剛見殺，而章明自殺。

　　《華陽國志》為地方志，比起正史著作保存更多地方史料，侯剛與章明皆不見於正史，但從相關記載來看，兩漢之際因王莽篡位而棄官、致仕、隱居乃至於死亡之士人，當比見載青史的要多更多。

　　接著說郭欽與蔣詡二人。二人同見《漢書・王貢兩龔鮑傳》，郭欽為南郡太守，蔣詡為兗州刺史，兩人居官皆有「廉直」之名，王莽居攝後，郭欽以病免官歸家。從班固將二人附傳於〈王貢兩龔鮑傳〉可知，郭欽、蔣詡所謂「以病免官」乃拒仕王莽之意，故列於此處。

　　《水經注》中另有郭欽之記錄，〈渭水〉：

　　　汧水又東南，逕隃麋縣故城南。王莽之扶亭也。昔郭欽恥王莽之徵，而避跡于斯。[175]

1457。

[174]　《華陽國志・益梁寧三州先漢以來士女目錄》：「尚書郎侯剛，字直孟。（繁人也。）」任乃強校注：《華陽國志校補圖注》，卷11原附〈益梁寧三州先漢以來士女目錄〉，頁668。

　　楊守敬疏云：「今本《漢書・鮑宣傳》郭欽，或是郭歙之誤。」[176]本書仍依《漢書》稱郭欽。由《水經注》之記載可推論，郭欽去官之後，王莽或曾徵辟之，而郭欽不應。亦有可能為北朝時鄉里稗史，因酈道元而見錄。

　　蔣詡於《漢書・王貢兩龔鮑傳》僅記載「以病免官，歸鄉里，臥不出戶」，不過嵇康〈聖賢高士傳贊〉云蔣詡當入朝奏事，至灞上而稱病，棄官歸家。「荊棘塞門，舍中三徑，終身不出」這種因隱居而家門紛亂的景象，成為著名的文學典故。[177]

　　蔣詡的社會基礎不詳，「臥不出戶，卒於家」是否延續至東漢時代，不可考。

　　以上略述守節不仕王莽案例 8 人，若加上先前所析論的各案例，則兩漢之際不仕王莽者至少有 46 例。其中包含了儒生共 21 例，世家也有 21 例，由於有 6 例是儒生兼有世家身分的，因此儒生合併世家共有 36 例。儒生與世家之外尚有 10 例，包含豪族 1 例，好黃老的道家士人 1 例，以及無法分類的守節 8 例。這 10 例的共同特色在於史料記載並不詳盡，或為正史附傳所見，故極為簡略；或為類書或古籍注疏中所見的古佚書片段，故極為破碎。

　　本章的案例分類是以史料是否記載其身分背景而定，僅以可

[175] 北魏・酈道元注，楊守敬、熊會貞疏，楊勉宏、楊世燦、楊未冬補：《水經注疏補・中編》（北京：中華書局，2016 年），卷 17〈渭水上〉，頁 502。
[176] 楊勉宏等補：《水經注疏補・中編》，卷 17〈渭水上〉，頁 502。
[177] 陶潛：〈歸去來辭〉：「三徑就荒，松菊猶存。」見東晉・陶潛著，楊勇校箋：《陶淵明集校箋》（臺北：正文書局，1999 年），卷 5〈歸去來辭并序〉，頁 267。

推知為儒生或宗族中有多人為官之世家兩部分合計 36 例，便佔了所有案例的 78.2%，可以簡單推論兩漢之際抗拒王莽而不仕者，基本上是由儒生以及世家作為主體組成的。

　　儒生 21 例與世家 21 例，皆佔了全部案例的 45.7%，但儒生與世家頗有重疊，儒生當中又可分為不同身分。其中，史料記載不仕之儒生以教授為社會基礎的，有 5 例，世代居官的世家則有 7 例，其中楊寶兼具儒生、教授、世家三者，因此儒生 21 例當中，教授與世家合計共 11 例，大約佔 52.3%。與此相對的，世家 21 例當中，具有儒生身分的為 7 例，大約佔 33.3%。或許可以猜測：在面對改朝換代危機時，選擇不仕的儒生必須比世家考慮更多社會基礎的問題。

　　在兩漢之際的亂世當中，尚有避亂隱居、不仕其他割據勢力，以及不仕光武的其他案例，下一章將接續討論之。

第六章　避亂與守節之間：兩漢之際的不仕之士（下）

一、兩漢之際避亂隱居之士

　　本章除去小結部分，將上一章未及討論完畢的避亂與不仕案例分為三個部分：其一是兩漢之際避亂隱居者，雖然在此時期確實沒有仕宦，亦堪稱為士人，但並不符合本書「不仕」的定義，並非有機會入仕而放棄者。此類共有 18 例，編序不與其他表格編號相連，表示將其獨立討論。其二為不仕更始帝、公孫述、隗囂、竇融等四個割據勢力者，其中不仕公孫述者最多，有 7 例，其餘則零星 1 至 3 例，合計共 13 例。其三為既不仕王莽，同時也不仕光武者，共有 11 例。

　　此節先討論避亂隱居之 18 例。下表依第五章之分類，先儒生，後世家，再其後為守節，無法判斷的避亂隱居者居最後。

	活躍時代	姓名	出處	相關事蹟	分類
1.	新	桓榮	漢書	桓榮字春卿，沛郡龍亢人也。少學長安，習歐陽尚書，事博士九江朱普。貧窶無資，常客傭以自給，精力不倦，十五年不闚家園。至王莽簒位乃歸。會朱普卒，榮奔喪九江，負土成墳，因留教授，徒眾數百人。莽敗，天下亂。榮抱其經書與弟子逃匿山谷，雖常飢困而講論不輟，後復客授江淮閒。建武十九年，年六十餘，始辟大司徒府。[1]	01–3 儒生、教授、世家

---

[1] 清・王先謙：《漢書補注》，卷 36〈桓榮丁鴻列傳〉，頁 1249–1250。

2.	成帝－新	梅福	漢書	梅福……為郡文學，補南昌尉。後去官歸壽春……福孤遠，又譏切王氏，故終不見納。……是時，福居家，常以讀書養性為事。至元始中，王莽顓政，福一朝棄妻子，去九江，至今傳以為仙。其後，人有見福於會稽者，變名姓，為吳市門卒云。[2]	01–5 儒生
3.	新	王興	水經注	易水出西山寬中谷，東逕五大夫城南。昔北平侯王譚，不從王莽之政，子興生五子，竝避時亂，隱居此山，故其舊居，世以為五大夫城，即此。……南流逕五公城西，屈逕其城南。五公，即王興之五子也。光武即帝位，封為五侯：元才北平侯，益才安憙侯，顯才蒲陰侯，仲才新市侯，秀才為唐侯，所謂中山五王也。俗又以五公名居矣。[3]	02 世家
4.	新	王元才	水經注	子興生五子，竝避時亂，隱居此山……元才北平侯……。	02 世家
5.	新	王益才	水經注	子興生五子，竝避時亂，隱居此山……益才安憙侯。	02 世家
6.	新	王顯才	水經注	子興生五子，竝避時亂，隱居此山……顯才蒲陰侯。	02 世家
7.	新	王仲才	水經注	子興生五子，竝避時亂，隱居此山……仲才新市侯。	02 世家
8.	新	王季才	水經注	子興生五子，竝避時亂，隱居此山……季才為唐侯。	02 世家
9.	新	沈靖	新唐書	靖字文光，濟陰太守，避王莽之難，隱居桐柏山。[4]	02 世家

---

[2] 清‧王先謙：《漢書補注》，卷67〈楊胡朱梅云傳〉，頁4593、4604–4605。

[3] 楊熊宏等補：《水經注疏補‧中編》，卷11〈易水〉，頁1–2。

[4] 北宋‧歐陽修、宋祁著：《新唐書》，卷74上〈宰相世系表〉，頁3146。

10.	新	韓騫	新唐書	河南尹騫，避王莽亂，居赭陽。[5]	02 世家
11.	新	田恢	新唐書	……至田豐，王莽封為代睦侯，以奉舜後。子恢避莽亂，過江居吳郡，改姓為媯。五世孫敷，復改姓姚。[6]	02 世家
12.	新	范馥	晉書	范平字子安，吳郡錢塘人也。其先銍侯馥，避王莽之亂適吳，因家焉。平研覽墳素，遍該百氏，姚信、賀邵之徒皆從受業。[7]	02 世家
13.	新	疎孟達	晉書	束皙字廣微，陽平元城人，漢太子太傅疎廣之後也。王莽末，廣曾孫孟達避難，自東海徙居沙鹿山南，因去疎之足，遂改姓焉。[8]	02 世家
14.	新	疎彥則	通志氏族略	漢太子太傅疎廣曾孫彥則，避王莽亂於太原，因氏焉。[9]	02 世家
15.	平帝—新	董子儀	後漢書	時天下新定，道路未通，避亂江南者皆未還中土，會稽頗稱多士。延到，皆聘請高行如董子儀、嚴子陵等，敬待以師友之禮。[10]	05 守節
16.	新	吳羌	嘉泰吳興志	吳羌山在縣東南一里，吳均入東記云：「昔漢高士吳羌，避王莽之亂，隱居此山，後人名焉。」[11]	05 守節
17.	新	錢遜	通志氏族略[12]	漢哀、平間，錢遜為廣陵太守，避王莽亂，徙居烏程。[13]	06 避亂隱居

[5] 北宋・歐陽修、宋祁著：《新唐書》，卷 74 上〈宰相世系表〉，頁 2854。

[6] 北宋・歐陽修、宋祁著：《新唐書》，卷 74 上〈宰相世系表〉，頁 3169。

[7] 唐・房玄齡等撰：《晉書》，卷 91〈儒林〉，頁 2346。

[8] 唐・房玄齡等撰：《晉書》，卷 51〈束皙〉，頁 1427。

[9] 南宋・鄭樵著：《通志二十略》（北京：中華書局，1995 年），卷 4〈氏族略〉，頁 154。

[10] 南朝宋・范曄：《後漢書》，卷 76〈循吏列傳〉，頁 2460–2461。

[11] 南宋・談鑰纂修：《嘉泰吳興志》（北京：中華書局《宋元方志叢刊》，1990. 05），卷 4〈德清縣〉，頁 4702 下右。

| 18. | 新 | 弘宏 | 李玄靖碑 | 先生姓李氏，諱含光，廣陵江都人。本姓弘，以孝敬皇帝諱廟改焉。廿一代祖宏，江夏太守，避王莽，徙居晉陵，遂為郡人。[14] | 06 避亂隱居 |

　　雖然此節所論都不在本書所定義的不仕之士裡，但與第三章論秦時蟄伏之士來探究不得仕、不願仕與不仕的差別一樣，這些案例多少與不仕風氣有些關連。因此以下仍逐一討論。

　　桓榮於兩漢之際教授以歐陽尚書為主的經學，東漢中興之後，又為漢明帝之師。[15]此外，從《後漢書》的記載來看，桓榮本身是否出身世家尚未能定，但據《晉書》，桓榮為東晉著名士族譙國桓氏之遠祖[16]，綿延流長。因此桓榮與楊寶一樣，身兼儒生、教授、世家諸身分背景，只是桓榮為世家的開端，而楊寶由楊喜以

---

[12] 按：《通志・氏族略》「以邑為氏」下有「令狐氏」：「漢有令狐邁，避王莽亂，居燉煌。」因資料簡短，無法確知是否為士，故不錄。南宋・鄭樵著：《通志二十略》，卷3〈氏族略〉，頁85。

[13] 南宋・鄭樵著：《通志二十略》，卷4〈氏族略〉，頁150。

[14] 劉子瑞主編：《顏真卿書法全集》（天津：天津人民美術出版社，2009年），〈李玄靖碑〉，頁1626-1633。《全唐文》「本姓弘」誤作「本姓宏」；「廿一代祖」改作「二十一代祖」，當據碑拓本改。見清・董誥等編：《全唐文》（臺北：大通書局，1979.07四版），卷340顏真卿〈有唐茅山元靖先生廣陵李君碑銘〉，頁4360上左。

[15] 《後漢書・桓榮丁鴻列傳》：「時顯宗始立為皇太子，選求明經，……帝即召榮，令說《尚書》，甚善之。拜為議郎，賜錢十萬，入使授太子。每朝會，輒令榮於公卿前敷奏經書。」南朝宋・范曄：《後漢書》，卷37〈桓榮丁鴻列傳〉，頁1249-1250。

[16] 《晉書・桓彝傳》：「桓彝字茂倫，譙國龍亢人，漢五更榮之九世孫也。」唐・房玄齡等撰：《晉書》，卷51〈桓彝〉，頁1939。

下已綿延了整個西漢。

桓榮並非不仕之士。從「建武十九年，年六十餘」往回推算，桓榮「少學長安」時年方十五上下，大約是哀、平之間，此後「十五年不闚家園」，皆以客傭自給向學，未曾仕。直到王莽篡位，亦即新莽始建國元年（西元 9 年）時，桓榮近而立之年，乃歸家。其後或教授於九江，或避亂講論於山谷，或客授江淮間，皆無仕宦機會，直到建武十九年「始辟大司徒府」為止。因此桓榮長期為經師，未曾居官，乃至於光武帝並不識沛國桓榮。

梅福於後世被視為仙人，《漢書》云「至今傳以為仙」，則成仙傳聞當早於東漢初年。然而梅福並非學老子之道士，與桓榮一樣，都是少學長安的儒生。不過梅福並無教授，亦無後人為官。

《漢書》記載自南昌尉去官歸壽春後，皆以「求假軺傳」方式上書，皆不見採納。換言之元始年間梅福因王莽顓政而「棄妻子，去九江」時，長期不曾居官，亦無仕進機會，去九江至多為避亂隱居，並非不仕。至於「為吳市門卒云」與「傳以為仙」一樣，皆不可信。

王興及其五子事見《水經注》。王興為「北平侯王譚」之子，而王譚「不從王莽之政」，並非不仕。而王興與五子「避時亂」隱居，應該也不含王譚，故不錄。至於王興未知是否為棄官不仕，因此這裡同列避亂。

《水經注》所記載之王興事極可疑。首先孝元皇帝后王政君之弟王譚，是成帝時所封 「五侯」 之一，而此王譚封 「平阿侯」 [17]，並非北平侯。《漢書》 所見之北平侯，唯漢初張蒼而

已。[18]那麼《水經注》所見北平侯王譚，是否即平阿侯王譚？《水
經注疏》引周嬰《卮林》考《漢書》、《後漢書》所見王譚諸子，
無有王興[19]，曰：

> 譚亦憐愛莽矣，所不同於莽者，平阿侯仁也，興豈仁之同
> 生乎？……凡此皆介恃同根，盤跨維城，彼九族之降心，
> 若四體之無骨，獨興父子，自竄北鄙，絕意閏朝，澗泉共
> 清，林風愈引，若非酈氏，幾于無聞矣。……若此言非爽，
> 王氏再世有二五侯矣。[20]

　　周嬰《卮林》雖疑此記載，但仍肯定酈道元所引述之王興父

---

[17] 《漢書‧元后傳》：「上悉封舅譚為平阿侯，商成都侯，立紅陽侯，根曲陽侯，
逢時高平侯。五人同日封，故世謂之『五侯』」清‧王先謙補注：《漢書補
注》，卷98〈元后傳〉，頁6015。

[18] 見日‧瀧川資言會注考證：《史記會注考證》，卷18〈高祖功臣侯者年表〉，頁
1052。按：北平侯張蒼之後，傳爵於武帝建元五年中斷，宣帝時復家，《漢
書‧高惠高后文功臣表》：「建元五年，坐臨諸侯喪後，免」，又「六世，元康
四年，蒼玄孫之子長安公士蓋宗詔復家」則北平侯爵位至元康四年尚由張蒼
之後繼承，餘無他人封北平侯。見清‧王先謙補注：《漢書補注》，卷16〈高
惠高后文功臣表〉，頁708–709。

[19] 楊守敬、熊會貞：《水經注疏》注引《卮林》：「興豈仁之同生乎？考兩《漢
書》，譚諸子，〈董賢傳〉有去疾，哀帝時，侍中。有閎，亦見〈張步傳〉，莽
東郡太守。〈隗囂傳〉有向，莽安定大尹。〈馬嚴傳‧注〉有仁子術，即〈譚
傳〉之述也，莽九江連率。〈馬援傳〉有仁子磐，馮爵土，擁富貲，《東觀記》
以為述子者。」見楊勉宏等補：《水經注疏補‧中編》，卷11〈易水〉，頁2–
3。

[20] 楊勉宏等補：《水經注疏補‧中編》，卷11〈易水〉，頁2–3。

子事。而顧炎武認為「兄弟二名而同其一字者」乃晉末事，漢人起名無有此者，五侯皆二名，乃「是後人追撰妄說」[21]。全祖望同顧炎武說，又稱王譚事有「七謬」[22]，不可信。

如諸家所論，《水經注》所記之王譚，恐怕並非平阿侯王譚。漢代諸史皆無光武即帝位封五侯之事，即令另有五人，當無封侯事。不過兩漢之際世家避難者多，史料必然無法一一載錄，易水既有「五大夫城」，又有「五公城」，東漢表彰氣節，或有隱居於此者，而俗引以為傲，日高其爵，乃至於附會王譚事。本章此節以避難隱居為數，暫且將王興父子六人列名於此。

再論沈靖、韓騫、田恢。魏晉以下士族多自彰家世，雖然《新唐書》以表著稱[23]，然宰相世系表往往祖述上古，多有附會。沈靖、韓騫避王莽難皆出自於《新唐書・宰相世系表》。其事當各自

---

[21] 《日知錄・排行》：「兄弟二名而同其一字者，世謂之排行。如德宗德文，義符義真之類，起自晉末，漢人之所未有也。水經註，昔北平侯王譚，不同王莽之政。子興生五子，竝避亂隱居，光武即帝位，封為五侯。元才北平侯，益才安喜侯，顯才蒲陰侯，仲才新市侯，季才唐侯。是後人追撰妄說。」明・顧炎武著：《原抄本日知錄》（臺北：明倫出版社，1970年三版），卷24〈排行〉，頁680。

[22] 《水經注疏》注引全祖望云：「王譚並不封北平，謬一；又譚卒後，歷王商王根，莽始枋政，安得有不同？謬二；仁已橫死，五才何獨得脫然？謬三；漢人少二名者，即王氏五世可見，而五才皆二名，謬四；封國何以不出中山之境？謬五；安喜、蒲陰，章帝所改，世祖乃取其名以班爵，謬六；班、范、荀、袁皆不及，獨見於《太平御覽》之《河北記》及此《注》，謬七。」楊熊宏等補：《水經注疏補・中編》，卷11〈易水〉，頁3。

[23] 清王鳴盛云：「《新書》最佳者志、表，列傳次之，本紀最下。」見清・王鳴盛著：《十七史商榷》（上海：上海古籍出版社，2013年），卷69〈二書不分優劣〉，頁966。

出自沈姓、韓姓家譜。

　　南朝梁沈約《宋書‧自序》僅稱沈靖任濟陰太守，不言避難隱居事，當與《新唐書》取捨不同。中古士族多出漢代，沈靖隱居事去古不遠，暫且錄之。

　　田恢又可作「媯恢」，亦出自《新唐書‧宰相世系表》，其後再度改為姚姓。田恢避亂而居吳郡，相較之沈靖、韓騫可能更值得信任，因田恢之父田豐，確實見載《漢書》中。〈王莽傳〉云：「田豐為世睦侯，奉敬王後」，敬王當為田完，齊田氏之遠祖[24]。而《漢書》稱「世睦侯」，《新唐書》誤為「代睦侯」。

　　如果《新唐書》之記載可信的話，那麼先秦時代的舊貴族在進入秦漢之後，仍有不少維持著世代官宦的情況，舊貴族轉為新世家的比例或許比想像中的要多。

　　再論范馥。范馥事蹟不多，《晉書》云其為西晉范平先祖，為銍侯。考兩漢史料無有封銍者，同樣暫且錄之。

　　接著是疏孟達、疏彥則。「疏」姓又寫作「疎」[25]，《晉書‧束晳傳》云：「王莽末，廣曾孫孟達避難」，則疏孟達為第四章所討論的疏廣之後。依《晉書》，則疏孟達又稱「束孟達」。本書從原姓表列，並因《漢書》作「疏」。[26]

---

[24] 見《史記‧田敬仲完世家》：「陳完者，陳厲公他之子也。……完卒，謚為敬仲。仲生稚孟夷。敬仲之如齊，以陳字為田氏。」日‧瀧川資言會注考證：《史記會注考證》，卷46〈田敬仲完世家〉，頁2360、2363。

[25] 「疏」姓變為「疎」或「束」余嘉錫辨之甚詳，見南朝宋‧劉義慶著，南朝梁‧劉孝標注，余嘉錫箋疏：《世說新語箋疏》（北京：中華書局，2007年二版），卷中之上〈雅量〉，頁449-451。

　　《通志‧氏族略》以官為氏下有「太傅氏」，云：「漢太子太傅疏廣曾孫彥則，避王莽亂於太原，因氏焉。」則疏彥則又稱「太傅彥則」。疏彥則當與疏孟達為族兄弟，一避難沙鹿山南，一避難太原。

　　另外同樣出自《通志‧氏族略》以官為氏，「錢氏」有廣陵太守錢遜，避亂徙居烏程。並無其他記載。

　　董子儀則僅見於《後漢書‧循吏列傳》任延事中。先稱「避亂江南者皆未還中土」，再言「聘請高行如董子儀」，可見董子儀於兩漢之際避難會稽，與嚴光並稱。

　　再說吳羌。南宋談鑰修《嘉泰吳興志》引南朝梁吳均《入東記》記載：漢高士吳羌避亂隱居，因此吳興德清有「吳羌山」。此與《水經注》云「五大夫城」、「五公城」一樣，或有高士避亂居此而得名。

　　最後則是弘宏，出自唐代顏真卿作〈有唐茅山元靖先生廣陵李君碑銘并序〉。唐高宗時太子名李弘，弘姓因避諱改姓李，因此李含光「二十一代祖宏」當為「弘宏」。顏真卿〈序〉稱弘宏為「江夏太守，避王莽，徙居晉陵」，考《漢書》、《後漢書》不見此人，二十一代相隔久遠，然既非史傳人物，附會古名人的可能性不高，暫且錄之。

　　李含光為道士，其高祖、曾祖居官，已經是南北朝末至唐初之事[27]，距離兩漢之際近六百年之久，中間亦無其他記載，因此

---

[26] 清‧王先謙：《漢書補注》，卷71〈雋疏于薛平彭傳〉，頁4734。

本章將其移出世家之類。

　　以上避亂隱居者共 18 例，其中有 2 例儒生，僅佔 11.1%；有 13 例世家，佔 72.2%。與不仕王莽的案例一樣，儒生與世家有 1 例是兼有雙重身分的。此外尚有 2 例守節高士，2 例無法判斷。

　　世家非常明顯的佔據多數，其原因或有二：其一，漢末以降譜牒之學發達，多追溯先祖，而世家多起於西漢，如宗族不亡於亂世，自然要避亂隱居。其二，亂世之中，相較於獨自隱居巖穴山林，或儒生客居他鄉教授經學，若有宗族的力量能團結抵禦盜匪，則生存機率必然大增。

　　本書上一章耙梳不仕王莽者的社會基礎，以儒生、世家為多。儒有志於道的理想，因此不仕之儒多有死身殉道者。相對而言，世家有厚實的社會基礎，更能苟全亂世，因此其不仕除了志道守節之外，可能也包含了避難之意。與此處避難隱居之案例參看，當可見此一趨勢。

　　以下次論兩漢之際不仕其他割據勢力者，即不仕更始、公孫述、隗囂、竇融等的不仕之士。

二、不仕更始、公孫述、隗囂、竇融之士

　　以下從史料當中整理出 12 例於兩漢之際拒絕於更始帝、公孫

27 顏真卿〈李玄靖碑〉：「高祖文嶷，陳桂陽王國侍郎，曾祖榮，皇朝雷州司馬。」劉子瑞主編：《顏真卿書法全集》，〈李玄靖碑〉，頁 1626、1634–1635。

述、隗囂、竇融屬下仕宦者，並依此順序排列。其中 1 人不仕更始，7 人不仕公孫述，3 人不仕隗囂，1 人不仕竇融。分類方式仍從第五章所述。

	活躍時代	姓名	出處	相關事蹟	分類
47.	莽、更始	居攝一更始	卓茂	後漢書	卓茂字子康，南陽宛人也。父祖皆至郡守。茂，元帝時學於長安，事博士江生，習詩、禮及歷筭，究極師法，稱為通儒。……初辟丞相府史，事孔光，光稱為長者。……及莽居攝，以病免歸郡，常為門下掾祭酒，不肯作職吏。更始立，以茂為侍中祭酒，從至長安，知更始政亂，以年老乞骸骨歸。時光武初即位，先訪求茂，茂詣河陽謁見。初，茂與同縣孔休……六人同志，不仕王莽時，並名重當時。[28]	01–2 儒生、世家
48.	莽、述	新一公孫述	譙玄	後漢書、華陽國志	譙玄字君黃，巴郡閬中人也。少好學，能說易、春秋。仕於州郡。……王莽居攝，玄於是縱使者車，變易姓名，閒竄歸家，因以隱遁。後公孫述僭號於蜀，連聘不詣。述乃遣使者備禮徵之；若玄不肯起，使陽以毒藥。……遂受毒藥。……太守為請，述聽許之。玄遂隱	01–5 儒生、世家

[28] 南朝宋・范曄：《後漢書》，卷 25〈卓魯魏劉列傳〉，頁 869、871–872。

				藏田野，終述之世。[29] 璜善說易，以授顯宗，為北宮衛士令。[30]	
49.	莽、述	居攝—新—公孫述	李業	後漢書	李業……習魯詩，師博士許晃。元始中，舉明經，除為郎。會王莽居攝，業以病去官，杜門不應州郡之命。……王莽以業為酒士，病不之官，遂隱藏出谷，絕匿名跡，終莽之世。及公孫述僭號，素聞業賢，徵之，欲以為博士，業固疾不起。數年，述羞不致之，乃使大鴻臚尹融持毒酒奉詔命以劫業，……遂飲毒而死。[31]	01–5儒生
50.	莽、述	新—公孫述	王皓	後漢書	平帝時，蜀郡王皓為美陽令，王嘉為郎。王莽篡位，並弃官西歸。及公孫述稱帝，遣使徵皓、嘉，恐不至，遂先繫其妻子。使者謂嘉曰：「速裝，妻子可全。」對曰：「犬馬猶識主，況於人乎！」王皓先自刎，以首付使者。述怒，遂誅皓家屬。王嘉聞而歎曰：「後之哉！」乃對使者伏劍而死。[32]	05 守節
51.	莽、述	新—公孫述	王嘉	後漢書	平帝時，蜀郡王皓為美陽令，王嘉為郎。王莽篡位，並弃官西歸。及公孫述稱帝，遣使徵皓、嘉，……王皓先自刎，……王嘉聞而歎曰：「後之	05 守節

---

[29] 南朝宋・范曄：《後漢書》，卷81〈獨行列傳〉，頁2666–2668。

[30] 任乃強校注：《華陽國志校補圖注》，卷1〈巴志〉，頁17。

[31] 南朝宋・范曄：《後漢書》，卷81〈獨行列傳〉，頁2668–2670。

[32] 南朝宋・范曄：《後漢書》，卷81〈獨行列傳〉，頁2670。

				哉！」乃對使者伏劍而死。	
52.	述	公孫述	費貽	後漢書	時亦有犍為費貽，不肯仕述，乃漆身為厲，陽狂以避之，退藏山藪十餘年。述破後，仕至合浦太守。[33]	05 守節
53.	述	公孫述	任永	後漢書	是時犍為任永君業同郡馮信，並好學博古。公孫述連徵命，待以高位，皆託青盲以避世難。永妻淫於前，匿情無言；見子入井，忍而不救。……光武聞而徵之，並會病卒。[34]	05 守節
54.	述	公孫述	馮信	後漢書	是時犍為任永君業同郡馮信，並好學博古。公孫述連徵命，待以高位，皆託青盲以避世難。……信侍婢亦對信姦通。及聞述誅，皆盥洗更視日：「世適平，目即清。」淫者自殺。光武聞而徵之，並會病卒。[35]	05 守節
55.	莽、隗囂	新一隗囂	韓順	高士傳	韓順，字子良，天水成紀人也。以經行清白辟州宰，不詣。王莽末，隱於南山。……隗囂等起兵，自稱上將軍，西州大震。唯順修道山居，執操不回。囂以道術深遠，使人賫璧帛，卑辭厚禮聘順，欲以為師。順因使謝囂曰：「禮有來學，義無往教。即欲相師，但入深山來。」囂聞矍然，不致強屈。其後，囂等諸姓皆滅，	01-5 儒生

---

[33] 南朝宋・范曄：《後漢書》，卷81〈獨行列傳〉，頁2668。
[34] 南朝宋・范曄：《後漢書》，卷81〈獨行列傳〉，頁2670。
[35] 南朝宋・范曄：《後漢書》，卷81〈獨行列傳〉，頁2670。

				唯順山棲安然，以貧潔自終焉。[36]	
56.	避亂、隗囂	新一隗囂	杜林	後漢書	杜林字伯山，扶風茂陵人也。父鄴，成哀閒為涼州刺史。林少好學沈深……時稱通儒。初為郡吏。王莽敗，盜賊起，林與弟成及同郡范逡、孟冀等，將細弱俱客河西。……隗囂素聞林志節，深相敬待，以為持書平。後因疾告去，辭還祿食。囂復欲令彊起，遂稱篤。……林雖拘於囂，而終不屈節。……光武聞林已還三輔，乃徵拜侍御史，引見，問以經書故舊及西州事，甚悅之。[37]	01-2 儒生、世家
57.	隗	隗囂	任延	後漢書	任延字長孫，南陽宛人也。年十二，為諸生，學於長安，明詩、易、春秋，顯名太學，學中號為「任聖童」。值倉卒，避兵之隴西。時隗囂已據四郡，遣使請延，延不應。更始元年，以延為大司馬屬，拜會稽都尉，時年十九，迎官驚其壯。……建武初，延上書願乞骸骨，歸拜王庭。詔徵為九真太守。[38]	01-5 儒生
58.	莽、寵	居攝一新一寵融	蔡茂	後漢書	蔡茂……哀平閒以儒學顯，徵試博士，對策陳災異，以高等擢拜議郎，遷侍中。遇王莽居	01-5 儒生

---

[36] 西晉・皇甫謐：《高士傳》（上海：商務印書館，1937 年），卷中〈韓順〉，頁80-81。

[37] 南朝宋・范曄：《後漢書》，卷27〈宣張二王杜郭吳承鄭趙列傳〉，頁934-936。

[38] 南朝宋・范曄：《後漢書》，卷76〈循吏列傳〉，頁2460、2462。

| | | | | 攝，以病自免，不仕莽朝。會天下擾亂，茂素與竇融善，因避難歸之。融欲以為張掖太守，固辭不就；每所餉給，計口取足而已。後與融俱徵，復拜議郎，再遷廣漢太守，有政績稱。[39] | |

　　首先是卓茂。卓茂父祖皆至郡守，且其二子於東漢時代皆仕宦，卓戎為太中大夫，卓崇官至大司農，並襲爵五世至東漢和帝永元十五年，毫無疑問的是世家。而卓茂學於長安，「究極師法，稱為通儒」，則卓茂既是世家，也是儒生。

　　卓茂列於此處，在於更始以卓茂為侍中祭酒，而卓茂因更始政亂而歸，為不仕更始之例。不過卓茂於王莽居攝時以病去官歸郡，於郡則「不肯做職吏」，換言之卓茂乃先不仕王莽，再不仕更始，直到光武訪求方謁見，任太傅。

　　卓茂是東漢表彰氣節的重要「模範」，除了卓茂本身的德行仁厚之外，在光武即位尚有號召士人的象徵作用。光武詔曰：

> 前密令卓茂，束身自修，執節淳固，誠能為人所不能為。夫名冠天下，當受天下重賞，故武王誅紂，封比干之墓，表商容之閭。今以茂為太傅，封褒德侯，……[40]

---

[39] 南朝宋・范曄：《後漢書》，卷 26〈伏侯宋蔡馮趙牟韋列傳〉，頁 907。
[40] 南朝宋・范曄：《後漢書》，卷 25〈卓魯魏劉列傳〉，頁 871。

比干、商容都是商代不從紂王的賢臣，而周武王表彰之，光
武帝初即位，亦以周武王自比，因此以卓茂為太傅便相當於「封
比干之墓，表商容之閭」。事實上卓茂於西漢時不過一縣令，《東
觀漢記》錄此詔，甚至可見光武帝稱卓茂「斷斷無他」[41]，故范
曄論曰：

> 卓茂斷斷小宰，無它庸能，時已七十餘矣，而首加聘命，
> 優辭重禮，其與周、燕之君表閭立館何異哉？於是蘊憤歸
> 道之賓，越關阻，捐宗族，以排金門者眾矣。[42]

卓茂既非博士鴻儒[43]，亦非高才大能，然而光武帝卻首加聘
命，優辭重禮，並因此引來了蘊憤歸道之賓。其中關鍵，正在於
其不仕王莽，因此能以氣節作為表率。卓茂傳中並列「不仕王莽，
名重當時」之六人，龔勝、鮑宣已死，劉宣為宗室，孔休、蔡勳
或非通儒，最適合作為太傅者，便是卓茂了。

接著論譙玄。譙玄能說《易》、《春秋》，亦為儒生。〈獨行列
傳〉 云：「時兵戈累年，莫能脩尚學業，玄獨訓諸子勤習經
書」[44]，譙玄子譙瑛善《易》，為北宮衛士令，因此巴郡譙氏不但

---

[41] 吳樹平校注：《東觀漢記校注》，卷13，頁472。
[42] 南朝宋・范曄：《後漢書》，卷25〈卓魯魏劉列傳〉，頁872。
[43] 卓茂非光武訪儒之代表，《後漢書・儒林列傳》：「光武中興，愛好經術，未及
下車，而先訪儒雅，⋯⋯莫不抱負墳策，雲會京師，范升、陳元、鄭興、杜
林、衛宏、劉昆、桓榮之徒，繼踵而集。」南朝宋・范曄：《後漢書》，卷79
上〈儒林列傳〉，頁2545。

是世代通經的儒生，也是世代居官的世家。

　　譙玄不仕公孫述，先「連聘不詣」，後公孫述又遣使者，又太守自齎璽書而至，以毒藥逼迫，譙玄寧受毒藥，其子以家錢千萬贖死，此後譙玄便「隱藏田野」。從〈獨行列傳〉的文字來看，應無躬耕而食的情況。

　　除了拒仕公孫述之外，譙玄亦不仕王莽。元始四年王莽秉政時，譙玄為繡衣使者，至王莽居攝，譙玄變「縱使者車，變易姓名，閒竄歸家，因以隱遁」，棄官返鄉。從譙玄傳的內容來看，不仕王莽則由長安隱遁歸巴郡，不仕公孫述則再由巴郡老家隱藏田野，可見亂世當中，不仕且全身之難。

　　李業師博士許晃，以明經為郎，公孫述欲以李業為博士，其為儒生殆無疑義。公孫述稱帝，與譙玄相似的，公孫述徵李業而不起，其後便以毒酒劫之，李業則寧飲毒而死。

　　李業同時也不仕王莽，王莽居攝時以病去官。漢制郡縣長吏必來自外地選任，而屬吏則皆用本地人士。李業以病去官自然歸家，因此「杜門不應州郡之命」，比卓茂不肯做職吏更甚，太守劉咸以牢獄逼迫亦不從，最後「隱藏出谷，絕匿名跡，終莽之世」。從公孫述能徵以為博士來看，應該王莽敗後便離谷返家了。

　　再論王皓、王嘉。王皓為美陽令，王嘉為郎，二人因為同鄉，同受公孫述以「繫其妻子」逼仕，二人也一同以死明志。

　　與前述譙玄、李業一樣，王皓、王嘉在不仕公孫述之前也同

---

44 南朝宋・范曄：《後漢書》，卷81〈獨行列傳〉，頁 2668。

時不仕王莽。美陽令雖然是地方長吏，但美陽縣屬右扶風，因此
能與為郎的王嘉並棄官西歸。

　　費貽、任永、馮信三人皆為〈獨行列傳〉中穿插的附傳，皆
不仕公孫述，事蹟都相當簡略而有共通性。

　　費貽以「漆身為厲陽狂」避公孫述。《史記・刺客列傳》中的
豫讓同樣「漆身為厲」，《史記索隱》云：

　　　　厲音賴。賴，惡瘡病也。凡漆有毒，近之多患瘡腫，若賴
　　　　病然，故豫讓以漆塗身，令其若癩耳。[45]

　　可知「漆身為厲」是以漆塗身致使皮膚病，是自殘行為。而
「陽狂」即「詳狂」[46]，佯為狂也。范雎見秦王稱：「漆身為厲，
被髮為狂，不足以為臣恥」[47]，可見「漆身為厲」非常人所為，
為狂方得如此，古多以此避難。費貽以此法「退藏山藪十餘年」，
公孫述之敗亡乃出。

　　任永與馮信同樣不仕公孫述，而以「託青盲」避之。所謂「青
盲」，《詩經・大雅・靈臺》孔穎達疏「矇瞍奏公」云：「有眸子而
無見曰矇，即今之青盲者也」[48]，隋代巢元方之《諸病源候論》

---

[45] 日・瀧川資言會注考證：《史記會注考證》，卷86〈刺客列傳〉，頁3276。

[46] 《漢書・蒯伍江息夫傳》：「通說不聽，惶恐，乃陽狂為巫。」《史記・淮陰侯
列傳》：「蒯通說不聽，已詳狂為巫。」陽、詳通假。清・王先謙補注：《漢書
補注》，卷45〈蒯伍江息夫傳〉，頁3560。日・瀧川資言會注考證：《史記會
注考證》，卷92〈淮陰侯列傳〉，頁3412。

[47] 日・瀧川資言會注考證：《史記會注考證》，卷79〈范雎蔡澤列傳〉，頁3125。

所述更加清楚：「青盲者，謂眼本無異，瞳子黑白分明，直不見物
耳」[49]。亦即眼睛外觀無有損傷，卻失明無法見物。任永與馮信
「託青盲」，不似「漆身為厲」般激烈，不必自毀其身，但不得不
以過度的表演來換取避世難，因此付出了「妻淫於前，匿情無言；
見子入井，忍而不救。信侍婢亦對信姦通」。激詭的代價。

　　以上諸例不仕公孫述者，多半採取相當激烈的態度。兩漢之
際諸勢力中，公孫述以巴蜀一隅稱帝，不但機心特露，對於異己
的容納度也特低，或以毒相逼，或以妻子要脅。

　　諸例皆出自《後漢書・獨行列傳》，范曄序中稱獨行諸人為：
「蓋失於周全之道，而取諸偏至之端者也」，因此諸例或飲毒明
志，或毀身守節，皆所謂「偏至」者。范曄又言「中世偏行一介
之夫，能成名立方者，蓋亦眾也」。[50]此言偏至而成名者不少。如
范曄所言，則諸例之激詭，乃〈獨行列傳〉收錄傳記的性質，公
孫述即便有容納異己的雅量，也未必見諸史傳。然而〈獨行列傳〉
所錄從兩漢之際直至東漢末年，其中兩漢之際含附傳 11 人，其中
不仕者 8 人，而不仕公孫述者 7 人[51]，以激詭偏行表現不仕者，

[48] 西漢・毛公傳，東漢・鄭玄箋，唐・孔穎達疏：《詩經注疏》（臺北：藝文印
書館，1976，據阮元校刻《十三經注疏附校勘記》影印），卷 16 之 5〈靈臺〉，
頁 581 右上。

[49] 隋・巢元方等編著，丁光迪等校注：《諸病源候論校注》（北京：人民衛生出
版社，2013 年），卷 28〈目青盲候〉，頁 523。

[50] 南朝宋・范曄：《後漢書》，卷 81〈獨行列傳〉，頁 2665。

[51] 按：譙玄、費貽、李業、王皓、王嘉、任永、馮信、劉茂、溫序、索盧放、
周嘉等，計 11 人。溫序、索盧放、周嘉等 3 人非不仕之士，劉茂不仕王莽。

幾乎皆為不仕公孫述者，亦可見公孫述逼迫之甚。

韓順則不見《漢書》、《後漢書》，僅見載皇甫謐《高士傳》。以「經行清白辟州宰」，當為儒生。隗囂具禮欲聘為師，韓順以「即欲相師，但入深山來」婉言相拒，隗囂亦不強屈。

韓順「辟州宰」而「不詣」，州宰當為刺史或州牧之類，不知當屬不仕於西漢時代，或當屬不仕王莽，從「王莽末，隱於南山」的敘述來看，姑且視之為不仕王莽。

再論杜林。杜林父任刺史，外家張竦為張敞孫，堪稱世家聯姻。《東觀漢記》云：「杜林於河西得漆書古文《尚書》經一卷，每遭困厄，握抱此經」[52]，杜林為東漢古文《尚書》的重要傳人，《後漢書·儒林列傳》：「扶風杜林傳古文《尚書》，林同郡賈逵為之作訓，馬融作傳，鄭玄注解，由是古文《尚書》遂顯于世。」[53]古文學多重文字訓詁，《漢書·藝文志》云杜林從張敞受〈蒼頡〉，有〈蒼頡訓纂〉、〈蒼頡故〉各一篇[54]。杜林博洽多聞，時稱通儒，亦有著作為之證明。

杜林原仕新莽[55]，王莽敗後避亂客居相對平穩的河西，一度於隗囂下任「持書平」，不過其後「因疾告去，辭還祿食」。《東觀漢記》的紀錄較為激烈，稱杜林：「終不降志辱身，至簧蒿席草，

---

[52] 吳樹平校注：《東觀漢記校注》，卷14，頁527。

[53] 南朝宋·范曄：《後漢書》，卷79上〈儒林列傳〉，頁2566。

[54] 清·王先謙補注：《漢書補注》，卷30〈藝文志〉，頁2946。

[55] 《漢書·王莽傳》：「遂營長安城南，提封百頃。……及侍中常侍執法杜林等數十人將作。」清·王先謙補注：《漢書補注》，卷99下〈王莽傳〉，頁6177。

不食其粟」[56]。杜林不仕隗囂，應與其見聞有關，因此光武徵見問以「經書故舊及西州事」，除了杜林所熟知的經學之外，當與隗囂有關。

接著是任延。兩漢之際亂事起時，任延尚且年少，從更始元年「年十九」往回推算，任延年十二為諸生時，當為新莽天鳳三年，不久後即逢綠林、赤眉變起[57]，不得不避兵隴西。雖然如此，任延明《詩》、《易》、《春秋》，顯名太學，當為儒生無疑。而隗囂請而不應，可視為不仕隗囂。

不過任延避兵隴西的時間應該不長，《後漢書·循吏列傳》云任延於更始元年為「大司馬屬拜會稽都尉」，則任延隨即仕更始帝並就任會稽都尉。《漢書》記載新莽地皇四年（西元 23 年）三月劉玄稱帝，此年改年為更始元年[58]，同年七月隗囂自稱上將軍以據隴西[59]，因此任延不應隗囂之後，旋即離隴西而就更始。建武初年上書「乞骸骨」，因會稽都尉乃更始帝之任命，由此此上書乃希望歸屬光武帝之意，故稱「歸拜王庭」。

---

[56] 吳樹平校注：《東觀漢記校注》，卷 14，頁 527。

[57] 赤眉起於天鳳五年，《漢書·王莽傳》：「是歲，赤眉力子都、樊崇等以饑饉相聚，起於琅邪，轉鈔掠，眾皆萬數。遣使者發郡國兵擊之，不能克。」清·王先謙補注：《漢書補注》，卷 99 下〈王莽傳〉，頁 6167。

[58] 《漢書·王莽傳》：「（地皇四年）三月辛巳朔，平林、新市、下江兵將王常、朱鮪等共立聖公為帝，改年為更始元年，拜置百官。」清·王先謙補注：《漢書補注》，卷 99 下〈王莽傳〉，頁 6199。按：更始帝劉玄，字聖公。

[59] 《後漢書·隗囂公孫述列傳》：「移檄告郡國曰：『漢復元年七月己酉朔。己巳，上將軍隗囂……』」則隗囂起事當於此月。南朝宋·范曄：《後漢書》，卷 13〈隗囂公孫述列傳〉，頁 515。

　　隗囂遣使請任延而不應，時隗囂初起，當無暇強起之。不過相對於公孫述，隗囂即使有遣刺客欲殺杜林之事，仍稱得上「謙恭愛士」[60]之類。

　　最後是蔡茂。蔡茂以儒學顯，因與竇融相善而避難歸之，但竇融欲以為張掖太守則「固辭不就」，因此列之為不仕竇融之類。蔡茂在此之前亦不仕王莽，王莽居攝其間以病自免，後與竇融同仕於光武。

　　以上所述 12 例，7 人明確可知為儒生，7 儒生當中有 3 人同時可判斷為世家。餘下 5 例因史料不足，以守節目之。若與不仕王莽以及避亂兩部分相比較，則儒生、世家合併同樣佔了比例超過半數，有 58.3%。但若單看世家，則比例卻少了許多，僅剩 25%，相較於不仕王莽的 45.7%，或避亂隱居的 72.2%，都大幅度的減少。儒生的比例較多，當與士群體整體儒家化有關，但其中無一有通經教授的紀錄，除了史料記載的選擇之外，亦有可能與這些割據勢力多處邊陲，遊學風氣不如關中、洛陽有關。而世家比例的減少，若與避難隱居的案例合看，或可推敲其中有兩大原因：

　　其一，世家因社會基礎厚實，遇亂較能長距離的遷徙避難，從而遠離風暴中心。相較之下，欠缺強大宗族力量支持的，不得不選擇滯留隴西、河西，因此不得不再度面對隗囂、竇融之徵辟。

---

[60] 《後漢書‧隗囂公孫述列傳》：「囂素謙恭愛士，傾身引接為布衣交。」南朝宋‧范曄：《後漢書》，卷 13〈隗囂公孫述列傳〉，頁 522。

其二，宗族欲世代居官，往往必須居住於關中三輔，接近政治中心。相較之下，巴蜀偏遠，山川阻隔重重，如不移居關中，則世家規模不得不停留在郡、縣屬吏或文學祭酒之類。史官選材纂史，往往不錄庸庸基層小吏，因此無法判斷為世家。

除了世家人數大量減少之外，另一個值得討論的，在於 12 例中，7 人為不仕公孫述，佔了最多數；其餘隗囂 3 人，竇融、更始各 1 人。在諸割據勢力中，公孫述好士而暴虐，因此不仕者眾；竇融、隗囂以數郡自守，地處西北一隅，因此不仕者也零星。然而更始帝劉玄一度號令天下[61]，不仕者僅 1 人，赤眉劉盆子亦聲勢浩大，而全無不仕者，二者政治極度紊亂，不仕者卻相對為少。其中原因，當在於劉玄、劉盆子手下多屬盜賊之流，不知禮賢招聘士人，又暴虐過甚。如本書所定義之「不仕」，必先有仕宦之機會，方能不仕，而二者則自絕於士林之外了。

割據勢力之外，下面接著論述不仕光武帝者。

三、不仕王莽並不仕光武之士

東漢時代之隱逸至少有一百餘例，而本書以「不仕之士」為論題，案例當在二百例以上。[62]然而部分光武帝時期的不仕之士，

---

[61]《後漢書・張衡列傳》：「更始居位，人無異望，光武初為其將，然後即真，宜以更始之號建於光武之初。」南朝宋・范曄：《後漢書》，卷59〈張衡列傳〉，頁1940。

[62]王仁祥統計東漢隱逸，建安以後不計便有「百餘人」，見王仁祥：《先秦兩漢

於兩漢之際已有不仕之記錄，皆為先不仕王莽，後又不仕光武帝者。今將其表列如下，共計有 10 例。

	活躍時代	姓名	出處	相關事蹟	分類
59.	新─光武	郭丹	後漢書	郭丹字少卿，南陽穰人也。父稚，成帝時為廬江太守，有清名。……既至京師，常為都講，諸儒咸敬重之。大司馬嚴尤請丹，辭病不就。王莽又徵之，遂與諸生逃於北地。更始二年，三公舉丹賢能，徵為諫議大夫，持節使歸南陽，安集受降。……更始敗，諸將悉歸光武，並獲封爵；丹獨保平氏不下，為更始發喪，衰絰盡哀。建武二年，遂潛逃去，敝衣閒行，涉歷險阻，求謁更始妻子，奉還節傳，因歸鄉里。太守杜詩請為功曹，丹薦鄉人長者自代而去。……十三年，大司馬吳漢辟舉高第，再遷并州牧，有清平稱。……後顯宗因朝會問群臣郭丹家今何如，宗正劉匡對曰：「……丹出典州郡，入為三公，而家無遺產，子孫困匱。」帝乃下南陽訪求其嗣。長子宇，官至常山太守。少子濟，趙相。[63]	01-1儒生、世家、教授
60.	新─光武	郅惲	後漢書	理韓詩、嚴氏春秋，明天文歷數。王莽時，……左隊大夫逯並素好	01-3儒生、

的隱逸》（臺北：國立臺灣大學出版委員會，1995 年），頁 189。按：王仁祥所計以隱逸為要，而筆者以「不仕」計，含獻帝建安年間至少有二百四十餘人。案例繁多，非本書研究方法所能容納，當另文論述之。

[63] 南朝宋・范曄：《後漢書》，卷27〈宣張二王杜郭吳承鄭趙列傳〉，頁 940-941。

			士……使署為吏。惲不謁……遂不受署。……建武三年，又至廬江，因遇積弩將軍傅俊東徇揚州。俊素聞惲名，乃禮請之，上為將兵長史，授以軍政。……惲恥以軍功取位，遂辭歸鄉里。……太守歐陽歙請為功曹。……居數月，歙果復召延，惲於是乃去……惲遂客居江夏教授，郡舉孝廉，為上東城門候。……後坐事左轉芒長，又免歸，避地教授，著書八篇。以病卒。子壽。壽字伯考，善文章，以廉能稱，舉孝廉，稍遷冀州刺史。[64]	世家、教授
61.	新一光武	周黨	後漢書	周黨字伯況，太原廣武人也。家產千金。少孤，為宗人所養，而遇之不以理，及長，又不還其財。黨詣鄉縣訟，主乃歸之。既而散與宗族，悉免遣奴婢，遂至長安遊學。初，鄉佐嘗眾中辱黨，黨久懷之。後讀春秋，聞復讎之義，便輟講而還……及王莽竊位，託疾杜門。……建武中，徵為議郎，以病去職，遂將妻子居黽池。復被徵，不得已，……及光武引見，黨伏而不謁，自陳願守所志，帝乃許焉。博士范升奏毀黨曰：「……黨等文不能演義，武不能死君，釣采華名……」……黨遂隱居黽池，著書上下篇而終。……初，黨與同郡譚賢伯升、鴈門殷謨君長，俱守節不仕王莽世。[65]	01-2 儒生、豪族

[64] 南朝宋・范曄：《後漢書》，卷29〈申屠剛鮑永郅惲列傳〉，頁 1023–1032。
[65] 南朝宋・范曄：《後漢書》，卷83〈逸民列傳〉，頁 2761–2762。

62.	新一光武	王良	後漢書	王良字仲子，東海蘭陵人也。少好學，習小夏侯尚書。王莽時，寢病不仕，教授諸生千餘人。建武二年，大司馬吳漢辟，不應。三年，徵拜諫議大夫，……後以病歸。一歲復徵，至滎陽，疾篤不任進道，乃過其友人。友人不肯見，曰：「不有忠言奇謀而取大位，何其往來屑屑不憚煩也？」遂拒之。良慚，自後連徵，輒稱病。[66]	01-3 儒生、教授
63.	平帝一光武	逢萌	後漢書	逢萌字子康，北海都昌人也。家貧，給事縣為亭長。時尉行過亭，萌候迎拜謁，既而擲楯歎曰：「大丈夫安能為人役哉！」遂去之長安學，通春秋經。時王莽殺其子宇，萌謂友人曰：「三綱絕矣！不去，禍將及人。」即解冠挂東都城門，歸，將家屬浮海，客於遼東。……光武即位，乃之琅邪勞山，養志脩道，人皆化其德。……後詔書徵萌，託以老耄，迷路東西，語使者云：「朝廷所以徵我者，以其有益於政，尚不知方面所在，安能濟時乎？」即便駕歸。連徵不起，以壽終。[67]	01-5 儒生
64.	新一光武	向長	後漢書	向長字子平，河內朝歌人也。隱居不仕，性尚中和，好通老、易。貧無資食，好事者更饋焉，受之取足而反其餘。王莽大司空王邑辟之，連年乃至，欲薦之於莽，固辭乃止。潛隱於家。……建武中，男女娶嫁	02 世家、道家

---

[66] 南朝宋・范曄：《後漢書》，卷27〈宣張二王杜郭吳承鄭趙列傳〉，頁932-933。

[67] 南朝宋・范曄：《後漢書》，卷83〈逸民列傳〉，頁2759-2760。

			既畢，勑斷家事勿相關，當如我死也。於是遂肆意，與同好北海禽慶俱遊五嶽名山，竟不知所終。[68] 向栩……向長之後也。……後特徵，到，拜趙相。[69]	
65.	新一光武	王霸	後漢書、新唐書	王霸字儒仲，太原廣武人也。少有清節。及王莽篡位，棄冠帶，絕交宦。建武中，徵到尚書，拜稱名，不稱臣。有司問其故。霸曰：「天子有所不臣，諸侯有所不友。」司徒侯霸讓位於霸。閻陽毀之曰：「太原俗黨，儒仲頗有其風。」遂止。以病歸。隱居守志，茅屋蓬戶。連徵不至，以壽終。[70] 太原王氏出自離次子威，漢揚州刺史，九世孫霸，字儒仲，居太原晉陽，後漢連聘不至。霸生咸，咸十九世孫澤，字季道，鴈門太守。[71]	02 世家
66.	新一光武	李邵公[72]	聖賢高士傳	李邵公，上郡人。……邵公，王莽時辟地河西。建武中，竇融欲薦之，	03 豪族

---

[68] 南朝宋・范曄：《後漢書》，卷 83〈逸民列傳〉，頁 2758-2759。

[69] 南朝宋・范曄：《後漢書》，卷 81〈獨行列傳〉，頁 2693-2694。

[70] 南朝宋・范曄：《後漢書》，卷 83〈逸民列傳〉，頁 2762。

[71] 北宋・歐陽修、宋祁著：《新唐書》，卷 74 上〈宰相世系表〉，頁 2632。

[72] 《太平御覽》卷 510、戴明揚本皆作「李邵公」，《全三國文》、張亞新本則作「李劭公」。《全三國文》謂輯自《太平御覽》卷 510，張亞新未有校文，不知何據，暫從較早之《太平御覽》。參見北宋・李昉等編：《太平御覽》（臺北：臺灣商務印書館，據《四部叢刊》三編子部，靜嘉堂文庫藏南宋蜀刊本影印，1967.11），卷 510 逸民部〈逸民十〉，頁 2450 下左。戴明揚校注：《嵇康集校注》，附錄〈聖賢高士傳贊〉，頁 669。清・嚴可均輯：《全上古三代秦漢三國六朝文》（北京：中華書局，1958.12），《全三國文》，卷 52 嵇康〈聖賢高士傳〉，頁 1348 下左。張亞新校注：《嵇康集詳校詳注》，餘編〈聖賢高士傳

| 67. | 新—光武 | 譚賢 | 後漢書 | 初，黨與同郡譚賢伯升、鴈門殷謨君長，俱守節不仕王莽世。建武中，徵並不到。[74] | 05 守節 |
| 68. | 新—光武 | 殷謨 | 後漢書 | 初，黨與同郡譚賢伯升、鴈門殷謨君長，俱守節不仕王莽世。建武中，徵並不到。 | 05 守節 |

　　首先是郭丹。郭丹兩度拒仕王莽，首先是「大司馬嚴尤請丹，辭病不就」，嚴尤為王莽將，天鳳三年任大司馬[75]，因此郭丹之不就已入新莽時期。其後王莽又徵之，逃於北地，是第二度不仕王莽。後歸更始，受命「持節使歸南陽，安集受降」，在更始諸將悉歸光武時，郭丹保南陽郡平氏縣不降，「求謁更始妻子，奉還節傳」頗有蘇武入匈奴之遺風。雖然更始諸將歸光武而封爵，但郭丹「保平氏不下」不能稱為不仕光武。奉還節傳之後，南陽太守杜詩請為功曹而薦人自代，才是郭丹被列為不仕光武的原因。

　　郭丹也是兩漢之際身兼多種背景身分的代表之一。「從師長安」而為儒生，其後「常為都講，諸儒咸敬重之」。所謂「都講」，不見於《漢書》中。漢代傳經常見弟子依次相受，經師座下協助其師講經之高徒，便為「都講」。經師如為太學博士，享有秩祿，

贊〉，頁 1026。

[73] 張亞新校注：《嵇康集詳校詳注》，餘編〈聖賢高士傳贊〉，頁 1026。

[74] 南朝宋・范曄：《後漢書》，卷 83〈逸民列傳〉，頁 2762。

[75] 《漢書・王莽傳》天鳳三年七月：「戊子晦，日有食之。……大司馬陳茂以日食免，武建伯嚴尤為大司馬。」清・王先謙補注：《漢書補注》，卷 99 中〈王莽傳〉，頁 6185。

當可稱之為仕，但「都講」不過弟子高徒，並非太學中有一職位稱為都講。如丁鴻從桓榮學尚書，《後漢書》云：「善論難，為都講，遂篤志精銳，布衣荷擔，不遠千里」[76]，其為布衣無疑。又楊震不仕，有「冠雀銜三鱣魚」之祥瑞，《後漢書》記「都講取魚進曰」，亦楊震弟子勸師入仕之意。而楊震既不仕居家，其弟子自然也非官吏。西漢雖然已經開始有通經教授的風氣，但不論是太學抑或民間講學，弟子人數的膨脹大約都是兩漢之際以後的事。如弟子不多，自然無須都講；都講既少，見諸史傳的機會自然也少，《漢書》因此不見都講一詞。

　　「都講」雖然有代師講授之行為，不過既未為師，便不能稱為通經教授。但郭丹前已得「諸儒咸敬重之」，後又「與諸生逃於北地」，其中「諸生」應可視為郭丹弟子。如此則郭丹當可視之為通經教授者。

　　除此之外，郭丹雖「家無遺產，子孫困匱」，但仍屬世家一類，其父為廬江太守，其子或為常山太守，或為趙相。整體來看，郭丹與楊寶、桓榮，以及後文將提到的郅惲一樣，都是儒生以通經教授，且世代居官的世家。

　　兩漢之際通經教授、世代為官且有不仕紀錄的還有郅惲。郅惲於不受逯並[77]召，逯並為新莽大司馬，因日食策免就侯[78]，或於

---

[76] 南朝宋・范曄：《後漢書》，卷 37〈桓榮丁鴻列傳〉，頁 1263。

[77] 「逯並」於《漢書・外戚恩澤侯表》作「逯普」，平帝時封蒙鄉侯，稱「王莽篡位，為大司馬」清・王先謙補注：《漢書補注》，卷 18〈外戚恩澤侯表〉，頁 856。

此後任左隊大夫，即漢之潁川太守[79]，因此郅惲之不謁不受署，屬不仕王莽。其後任光武帝將軍傅俊之將兵長史立功，卻「恥以軍功取位」而辭歸，此為第一次不仕光武朝。其後任汝南太守歐陽歙功曹，與太守用人意見不合，又去官，此為第二次不仕。

郅惲「理《韓詩》、《嚴氏春秋》，明天文歷數」，曾經客居江夏教授，舉孝廉入京後，一度教授太子《韓詩》以及侍講殿中，晚年避地教授之外，可以說在朝中，在地方，都能以經學授徒。除此之外，郅惲有子郅壽，歷任冀州刺史、尚書令、京兆尹、尚書僕射等職，因此郅惲也是世家。

周黨為東漢初年隱逸的代表人物之一，但其出身背景與西漢早期以前的隱逸頗有不同。首先是周黨並非杖荷耦耕之類，其家產千金，又有宗族可依，雖然有「遇之不以理」、「不還其財」的情況，但亦可知其出身背景本身是具有厚實的社會基礎的。此外，周黨至長安遊學，雖然「輟講而還」，亦可稱為儒生。周黨出身富家豪族，又至長安遊學，與前述之應氏、班氏類似，可視為西漢末年常見的豪強儒家化現象。換句話說，在西漢末年隱逸與不仕兩種類型之間，周黨早年的背景更接近於那些重視去就之節，同時也願意世代官宦的世家。

周黨具有儒生背景，其「王莽竊位，託疾杜門」亦與當時眾多儒生不仕王莽者一致。然而周黨若類似於高詡、牟長、范升之

---

[78] 清・王先謙補注：《漢書補注》，卷99中〈王莽傳〉，頁6142、6145。
[79] 南朝宋・范曄：《後漢書》，卷29〈申屠剛鮑永郅惲列傳〉，頁1024，李賢注二。

類不事二姓的儒生，則當於光武中興之後，踏入仕途。但周黨在「徵為議郎，以病去職」之後，顯然做出了與其他儒生不同的政治抉擇，選擇了守志不仕的路線，這個志向甚至引起了范升的「奏毀」。周黨之不仕，不在欲得高位，在於願守所志，而范升不能見其絕塵不反的一面，以「私竊虛名，誇上求高」[80]毀之。事實上范升之奏，正表現出兩漢之際「不事二姓」與「絕塵不反」兩種不同類型在理念上的隔閡，而光武帝選擇同時表彰之，因此也開啟了東漢士人以「不就徵辟」凸顯自我價值、博取名聲的方式。范升之奏，雖於周黨並不相符，亦非無端之言，見下例王良。

《後漢書》稱周黨與譚賢、殷謨「守節不仕王莽世」，因此周黨先不仕王莽，後又不仕光武，符合本章不仕光武的意義而列入兩漢之際的案例之中。

王良習《小夏侯尚書》，又教授諸生千餘人，其為儒生而通經教授無疑。

王良從兩漢之際到東漢初年多次不仕，先是王莽時「寢病不仕」，後又拒絕不應吳漢之辟，其後多次稱病，又多次復徵，乃至於友人譏之：「何其往來屑屑不憚煩也？」此後方不再應徵。

范升毀周黨之奏中稱：「太原周黨、東海王良、山陽王成等，蒙受厚恩，使者三聘，乃肯就車」的行為是「誇上求高」。周黨後

---

[80] 《後漢書・逸民列傳》：「博士范升奏毀黨曰：『……伏見太原周黨、東海王良、山陽王成等，……黨等文不能演義，武不能死君，釣采華名，庶幾三公之位。……而敢私竊虛名，誇上求高，皆大不敬。』書奏，天子以示公卿。」南朝宋・范曄：《後漢書》，卷83〈逸民列傳〉，頁2762。

為隱逸，中間經過一番轉折，實際上並非范升所毀的對象，當因名高而見毀，而非因不應徵而名高。相反的，范升所批判的應該正是王良這種多次先不應徵，後居高官之類，范升所奏，正同王良友人所譏。范曄於王良傳後論曰：

> 夫利仁者或借仁以從利，體義者不期體以合義。季文子妾不衣帛，魯人以為美談。公孫弘身服布被，汲黯譏其多詐。事實未殊而譽毀別議。何也？將體之與利之異乎？宣秉、王良處位優重，而秉甘疏薄，良妻荷薪，可謂行過乎儉。[81]

　　范曄此傳多記「借仁以從利」之士，「行過乎儉」的批判堪稱委婉。事實上王良與東漢不仕之士之激詭者頗相似，可謂東漢士風之先聲。

　　逢萌與徐房、李曇、王尊齊名，有四子之稱，嵇康〈聖賢高士傳贊〉稱四子「不仕亂世」，由於逢萌與王尊皆有王莽時退身的紀錄，因此所謂不仕亂世皆以不仕王莽論。

　　如以《後漢書》之記載來看，逢萌於長安遊學通經，傳文不言是否拜官，即因王莽殺子而「解冠挂東都城門」。既稱「解冠」，則或已有職位而去官。光武時先入「琅邪勞山，養志脩道」，又「託以老耄，迷路東西」，最後「連徵不起」，不仕之意堅決。

---

[81] 南朝宋‧范曄：《後漢書》，卷27〈宣張二王杜郭吳承鄭趙列傳〉，頁933-934。

逢萌通《春秋》經，為儒生無疑，與周黨一樣，最終選擇絕塵不反，隱居不仕。不過《後漢書》稱逢萌「家貧」，與周黨出身富家不同。

向長前文曾經提過，其原本便隱居不仕，王莽大司空王邑連年招辟，曾短暫應徵，但隨即又「潛隱於家」，其後直至東漢都不曾再仕。由於向長隱逸正好橫跨了兩漢之際，將其以不仕光武之類列於此處。

《後漢書‧逸民列傳》稱向長「好通《老》、《易》」，雖然《易》屬儒家經典，但同時更是卜筮之書，從向長的事蹟來看，很難視之為儒生。此外，向長傳直稱其「貧無資食」，乃至於「好事者更饋焉」，多少是以其隱士之名而得支助，並以此為其社會基礎之一。從其後仍有男女娶嫁等「家事」來看，其家庭應有其他經濟來源而史料不載，所謂「遊五嶽名山」、「不知所終」等等，與傳統的道家型隱逸相當一致，是兩漢之際少數的類型。

《後漢書‧獨行列傳》記載向長有後日向栩，大約活躍於桓、靈時期，讀《老子》而不仕，狂生的姿態略同魏晉竹林之類。[82]因此向長所謂男女娶嫁之家事，理當逐漸形成了宗族的社會基礎。此處暫且以寬鬆的定義列為世家。

---

[82] 《後漢書‧獨行列傳》：「向栩字甫興，河內朝歌人，向長之後也。少為書生，性卓詭不倫。恆讀《老子》，狀如學道。又似狂生，好被髮，著絳綃頭。⋯⋯郡禮請辟，舉孝廉、賢良方正、有道，公府辟，皆不到。又與彭城姜肱、京兆韋著並徵，栩不應。」南朝宋‧范曄：《後漢書》，卷81〈獨行列傳〉，頁2693。

　　兩漢之際有二王霸，一為中興功臣潁川王霸元伯，其二為不仕之士太原王霸儒仲，此處自然是指太原王霸。王莽篡位時，王霸「棄冠帶，絕交宦」，與逢萌「解冠」記載一樣，當為有職而棄官的情況。其後王霸「徵到尚書」饒有意思，其「拜稱名，不稱臣」似乎有所不為，但卻又應徵而至。漢初表彰氣節，司徒侯霸因此欲讓位。這種「借仁以從利」的矯飾行為，引起了閻陽批判，稱之為「太原俗黨」。《漢書·地理志》云「太原、上黨又多晉公族子孫，以詐力相傾，矜夸功名」[83]，如此則閻陽之毀王霸，與范升之毀周黨相似，皆不滿其以退為進、誇上求高的行為。王霸因此以病歸，連徵不至。

　　〈逸民列傳〉不云王霸之家世，亦無父兄子孫任官的記載，但《新唐書·宰相世系表》敘太原王氏世系時，將王霸列為遠祖。《新唐書》之記載頗為可疑，《後漢書》稱王霸為太原廣武人，《新唐書》則稱居太原晉陽，似有牽合郡望之嫌。不過既入正史，姑且將其列之世家。

　　譚賢伯升、殷謨君長因不仕王莽，又不應光武朝之徵，與周黨同而附記於周黨傳中，除守節之外，無他記載。

　　以上既不仕王莽又不仕光武的 10 案例中，有 5 例是儒生，4 例為世家，郭丹與郅惲兩人同時為儒生與世家，因此兩者合計有 7 例，佔了 70%。儒生 5 例當中，只有逢萌欠缺記載，不在通經教授、世家、豪族等範圍內，以比例而言佔了 20%。相對於不仕

---

[83] 清·王先謙補注：《漢書補注》，卷 28 下〈地理志〉，頁 2840。

王莽之儒生 21 人，無有其他記載者為 8 人，佔 38%，比例較低。

　　此處不仕光武的案例通通也都是不仕王莽者，整體來說，案例統計的相關數據與前述兩漢之際不仕王莽的比例相當類似。但不仕光武的儒生中，無有教授或宗族勢力者相對較少，這或許與光武帝愛好經術，使儒生「抱負墳策，雲會京師」[84]有關。事實上在不仕光武的 5 例當中，如周黨、逢萌皆屬絕塵不反者，雖然案例不多，但可發現儒生於兩漢之際開始出現仕途之外不同抉擇的痕跡。

　　不仕光武的例子中，范升、閭陽的批判特別值得注意，因兩人對於不仕的批判，都指向了矯飾求高的現象。東漢名士多以不就徵辟以及禮讓父兄二事攫取高名，尤其東漢中期以後，案例之多，不勝枚舉。[85]究其始祖，則當起於兩漢之際，零星案例已見其徵，也不得不引起了同時代的批評或譏諷。如果再進一步分析的話，西漢末年王莽以偽飾而篡得天下，豈非風氣之先？王莽雖敗，但光武帝對氣節之表彰，卻無妨於這種「私竊虛名，誇上求高」的現象持續擴張，乃至於影響一代之士風，其來有自。

　　將不仕更始、公孫述、隗囂、竇融與不仕光武的案例合併起

---

[84] 南朝宋・范曄：《後漢書》，卷 79 上〈儒林列傳〉，頁 2545。

[85] 「不就徵辟」者皆為不仕之士，東漢此類不仕之士至少有兩百例，當另文述之。禮讓父兄則為東漢名士常見的激詭之行，范曄《後漢書・桓榮丁鴻列傳》論贊亦有批判：「故太伯稱至德，伯夷稱賢人。後聞其讓而慕其風，徇其名而昧其致，所以激詭行生而取與妄矣。至夫鄧彪、劉愷，讓其弟以取義，使弟受非服而己厚其名，於義不亦薄乎！」南朝宋・范曄：《後漢書》，卷 37〈桓榮丁鴻列傳〉，頁 1268。

來看，共有 22 例。其中儒生 12 例，占 55.5%，世家 7 例，佔 31.8%，其中有 5 例為儒生世家，因此合計為 14 例，佔 63.6%。不仕之士中，儒生與世家仍超過半數佔據了大部分，但比起單純不仕王莽的 78.2% 相比較低，由於不仕割據勢力的史料往往過於簡略，可能不具載其他守節之士的世家背景。除此之外，不仕眾割據勢力或不仕光武者，大多也不仕王莽，兩部分當合併分析，因此這個比較一來未必符合真實情況，二來不具太多意義。

22 例中其中同時不仕王莽的有 17 例，佔了 77.3%，有相當明顯的重疊。5 例並非不仕王莽的案例中，費貽、任永、馮信三者皆出身犍為，地處偏遠而不仕公孫述，由於記載簡略，不知西漢末年或新莽時期是否有仕宦或不仕的紀錄。任延於新莽時期年紀尚輕，沒有仕宦機會。因此 22 例中，可以確定仕於王莽的只有古文學者杜林一人。

兩漢之際是否有忠於王莽，以新莽遺民而拒仕他人的士人呢？從史料的耙梳來看，這個答案似乎是否定的，但這個現象毫無疑問的與東漢王朝表彰氣節的政策，以及史官對於史料的選擇有關。兩漢之際號令遞嬗，不仕王莽、不仕更始、不仕公孫述等，皆可謂明去就之節，乃至於不仕東漢，光武帝亦加以表彰。然而不仕東漢者，必然同時是不仕王莽者，如此方能由「不仕無道」轉稱其為「高尚其事」。因為如此，朝廷所欲表彰者，自然便能藉由史料傳世，而不欲表彰者，在史官無特殊蒐羅的情況下，久之自然湮沒無傳。

四、小結：兩漢之際不仕現象的發展與變化

　　以上統計兩漢之際的不仕之士，從第五章延續至本章，通算總計有 68 例。案例分為兩大部分，其一是不仕王莽，共有 46 例；其二是亂世到中興之間，包含不仕更始、公孫述、隗囂、竇融以及不仕光武的案例，共有 22 例（避亂隱居者 18 例不計入）。實際上第二部分不仕之士的案例中，有大量同時也是不仕王莽者，如將這些不仕王莽的案例合併看待的話，則兩漢之際因王莽而選擇不仕的，總共有 63 例。從秦到西漢末年大約二百年間，史料可見的不仕之士為 61 例，然而僅西漢末年王莽掌權到新朝興亡的這二十餘年之間，不仕之士的數量便超過了過往二百年的總和。

　　兩漢之際見諸史料的不仕之士，除去地處偏遠且史料過於精簡的數例之外，幾乎全都是以不仕王莽為主體構成的，堪稱質地相近且數量極多。如果將東漢以下大量出現不仕之士的原因，向前歸因於西漢末年以降王莽一人所推動的政治實驗，似乎也無不可。然而本書之所以耗費如此篇幅整理分析這麼多的案例，仍希望找出更多歷史變遷的深層原因。大量出現的不仕之士固然與王莽篡漢有關，然而如果考察其中不仕者的身分背景，不難發現：士的儒家化與世族化，相當明顯的影響了士面對政治變遷的抉擇，而此抉擇經過了東漢初年的表彰，加上世家現象更進一步的滲透、改造士群體，使不仕成為東漢士風相當重要的一部分。

　　以量化數據分析而言，相對於西漢以前的案例總數，68 例的

不仕之士以數量來說已然不少。現將相關數據繪製如下表，由於
不少身分的分類有所重疊，欄位略顯複雜還請見諒：

兩漢之際不仕之士分類統計表

		數量	分項比例	佔總數比例
儒生	儒生總數	33	100%	48.5%
	儒生教授	8	24.2%	11.7%
世家	世家	11	33.3%	16.1%
	儒生		39.3%	
	世家總數	28	100%	41.2%
儒生合併世家		50		73.5%
道家		3		4.4%
豪族		3		4.4%
守節		15		22.1%
總數		68		100%

　　兩漢之際不仕之士最特別的地方在於「守節」一類，如以「去
就」的意義來論，或許每個不仕者都可以稱之為明「去就之節」
的守節之士。然而兩漢之際號令幾度遞嬗，由大一統王朝歷經波
折再度回到劉姓天下，此意義因此特別被突顯出來，也造就了大
量的節士。由於本書五、六兩章的統計排除了跨朝代具有連續性
的傳統隱逸，因此選入兩漢之際不仕之士者，幾乎都具有「守節」
的性質。在分類上，本書將可辨識背景的一一歸類，而不可辨識
的部分則率皆列入守節之類。就此部分來說，「守節」一類 15 例
佔比 22.1% 的意義並不明顯，某種程度上甚至可以認為「守節」
是十分接近 100% 的。如要精確的予以分類，或許可就史料不明

確而目之以「其他」即可。

　　雖然如此，本書以「守節」稱呼這些無法辨識為其他分類的不仕之士，是必須突顯出兩漢之際特重節操的歷史意義。在西漢以及西漢以前，無法被分類的不仕之士，可能來自於零星且紛亂的各種可能，唯獨在兩漢之際這段時間之後，不仕之士被記入史籍，往往因為其重視「去就之節」的價值。若從史官書寫史料的角度來看待這時代，則「節士」，或稱清節、高節、氣節等，毫無疑問的已經可以成為對一個士人的綜合評價，值得純粹因這樣的評價而被書寫於史籍之中，獨立於儒生之「明經」等，或文吏之「清廉」等價值之外。由於有此一現象，本書以「守節」作為分類的小目，在眾多不仕之士的案例當中，有高達 15 例，佔 22.1% 的不仕之士是無法用其他分類概括的，更能突顯出節操特被重視，具有獨立價值的時代特色。

　　不過從上表可知，兩漢之際不仕之士最明顯突出的社會基礎，仍在於儒生與世家兩大部分。在 68 個案例當中，有 73.5% 不是儒生便是世家。儒生與世家的相對比例在不同的情況下略有起伏，如相較於單純不仕王莽者，不仕其他勢力的世家比例明顯較少。但如合併儒生與世家計算的話，則不論是不仕王莽、不仕割據勢力或不仕光武，比例都超過了半數。單純不仕王莽的話，合併比例更逼近了八成。此一趨勢其來有自，漢武帝以經術取士之後，便有此一傾向，為方便討論，將西漢時期不仕之士同樣表列如下：

西漢時期不仕之士分類統計表

		數量	分項比例	佔總數比例
儒生	儒生總數	19	100%	57.6%
	儒生教授	6	31.6%	18.2%
世家	世家	8	42.1%	24.2%
	儒生		72.7%	
	世家總數	13	100%	39.4%
儒生合併世家		24		72.7%
傳統隱逸		7		21.2%
豪族		2		6.1%
總數		33		100%

　　比較二表即可知，儒生合併世家計算的話，兩漢之際雖然案例更多，但在武帝到王莽秉政之前，二者合計便已經佔據了全部案例的 72.7% 了。比較一下其中的細節可發現，進入兩漢之際後，儒生的佔比下降了不少，從 57.6% 下降到 48.5%，而世家的佔比則略有上升。推敲其中原因或許有二：其一，在儒家化已相當普遍的情況下，兩漢之際史料記載不仕之士時，可能更著重於世代居官的部分，而未必強調士人的儒生背景，因此統計案例時世家的部分相對較多。其二，相對於西漢時期的承平，亂世之際若能擁有不同世代累積而來的宗族勢力，更有資本去選擇不仕。這個部分，可由避亂隱居的案例有高達 72.2% 為世家，僅 11.1% 為儒生得到印證。

　　承平時期與亂世之際對於不仕之士的影響，還可從儒生是否能從事教授活動看出。經術取士之後，隨著太學弟子數量的擴張，按理說儒生於民間教授的數量也會隨時間增加。[86]然而兩漢之際

儒生教授的比例反而下降了，從 18.2% 降至 11.7%。兩漢之際通經教授的比例因戰亂下降，與東漢中興之後四方學士「抱負墳策，雲會京師」的情況，正好形成明顯的對比。[87]

　　西漢時期傳統的道家型隱逸便有下降的趨勢，到了兩漢之際數量更進一步減少，由西漢時期的 21.2% 萎縮至兩漢之際的4.4%。不過道家型隱逸無論當政者是誰，本質上便拒絕仕宦，而如前所述，本書的統計排除了西漢以下具有延續性的不仕之士，因此這數據的下降與本書取捨史料有關，其數量是否持續減少，有待東漢前期不仕之士的案例統計之後方能進一步申論。

　　整體而言，兩漢之際的不仕之士延續著西漢時期儒家化與世族化的趨勢，儒生與世家佔據了不仕之士中的極大部分。不過受到亂世的影響，儒生較難擁有穩定的經學教授環境，雖然案例總數有所增加，但儒生當中教授的比例卻減少了。此外，由於累世居官的宗族擁有更厚實的社會基礎，因此不仕之士中的世家比例比起承平時期更高，而避亂隱居者更是以世家為多。傳統的道家

---

[86]　《漢書・儒林傳》：「為博士官置弟子五十人……昭帝時舉賢良文學，增博士弟子員滿百人，宣帝末增倍之。元帝好儒……更為設員千人，……成帝末，或言孔子布衣養徒三千人，今天子太學弟子少，於是增弟子員三千人。……」《後漢書・儒林列傳》：「本初元年，……自是遊學增盛，至三萬餘生。」清・王先謙補注：《漢書補注》，卷 88〈儒林傳〉，頁 5419、5423。南朝宋・范曄：《後漢書》，卷 79 上〈儒林列傳〉，頁 2547。按：西漢儒生教授子弟不過百餘人到數百人，而東漢教授動輒上千人。

[87]　《後漢書・儒林列傳》：「昔王莽、更始之際，天下散亂，禮樂分崩，典文殘落。及光武中興，愛好經術，未及下車，而先訪儒雅，採求闕文，補綴漏逸。先是四方學士多懷協圖書，遁逃林藪。自是莫不抱負墳策，雲會京師。」南朝宋・范曄：《後漢書》，卷 79 上〈儒林列傳〉，頁 2545。

型隱逸在西漢時期就已經式微了，但與混跡市井的類型一樣，還是能看見一些零星的個案，這些看似隨時代減少的舊時代隱士，與其說是逐漸凋零，不如說是史官在取材編纂的過程當中不再給予重視。

　　相對於依比例與前一個時間比較，兩漢之際的不仕之士最大的特點，應該還是在於數量上的明顯增加。同為亂世，戰國時代並非沒有拒絕仕宦的隱逸，但見諸史料的不過 20 例，就算考量到史料湮滅，恐怕仍遠遠不及兩漢之際短短數十年的數量。同樣處於大一統王朝興亡遞嬗之際，秦時的不仕之士 8 例，漢初不仕之士則為 24 例，秦漢之際的不仕之士數量也遠不如西漢末年的情況。士群體的組成同樣以儒生為主，但西漢時期的不仕之士不過 33 例，不及兩漢之際的半數。然而之所以在王莽之後爆發出如此多的不仕之士，卻不得不說其原因正來自於前述各種不同因素的交疊：以儒生為主的士群體，遇上了王朝的遞嬗，以及興亡之際的亂世，推高了總體不仕者的數量。

　　在進入東漢之後，兩漢之際不仕之士所表現出來的典型仍餘波蕩漾，古代中國的士風因此轉換到了下一階段。東漢以後，以不仕為志，既不隱其名，亦不逸其身，上與帝王高宦為友，下以潔身清高立身，堪稱魏晉隱君子之先祖，已然在兩漢之際誕生。而以東漢不應召聘求取高名，甚而企圖牟取高位的名士，其原型以及其批判者，也已現身於東漢初年。換言之，兩漢之際爆發出大量不仕案例，是中國古代士人累積了前面數百年的發展，同時又開啟了後世新士風演變的關鍵時刻。

第七章　仕途之外：士人的政治抉擇與隱逸典範變遷

一、先秦時期：從伯夷、叔齊到侯嬴、朱亥

本書以耙梳史料當中所見的「不仕之士」來申論先秦至兩漢之際時期的士人樣貌以及時代變遷。由於「不仕」乃士人的政治抉擇，而此政治抉擇又與「隱逸」有個理不清的關連性，東漢之後，先秦「隱逸」與西漢時期的「不仕」有了更直接的連結。東漢班固於《漢書‧王貢兩龔鮑傳》序中，並列了三組人物：

> 昔武王伐紂，遷九鼎於雒邑，伯夷、叔齊薄之，餓于首陽，不食其祿，周猶稱盛德焉。
>
> 自園公、綺里季、夏黃公、甪里先生、鄭子真、嚴君平皆未嘗仕，然其風聲足以激貪厲俗，近古之逸民也。若王吉、貢禹、兩龔之屬，皆以禮讓進退云。[1]

在這段長序當中，開頭的伯夷、叔齊代表著先秦傳統，可謂因「邦無道」而隱。而漢興之後的「四皓」則是「待天下之定」[2]，也就是倒過來等待「邦有道」而出。夷、齊與「四皓」，但因時代不同而各別做出了「先見後隱」與「先隱後見」的政治抉擇。再其後的王吉、貢禹、兩龔，則屬「禮讓進退」者，其政

---

[1] 東漢‧班固，清‧王先謙補注：《漢書補注》（上海：上海古籍出版社，2008年），卷72〈王貢兩龔鮑傳〉，頁4753、4757。

[2] 清‧王先謙補注：《漢書補注》，卷72〈王貢兩龔鮑傳〉，頁4754。

治抉擇無關於「隱」與「見」，而是「仕」或「不仕」，即使「不仕」王、貢、兩龔亦未有藏身不見的情況。

　　班固做傳自有其理路，然而先秦隱逸有溢於不仕者，漢之不仕者亦有隱逸無法概括之處。當時代流轉至東漢，社會將「不仕」者與古之「隱逸」並列乃至於等同時，或許代表了某種隱逸典範的變化已經悄然發生。

　　本書前面篇章以蒐集整理史料文獻中的不仕之士為主，透過量化的數據去論述：仕途之外的士人在不同時代大致表現出什麼樣的面貌，並且推論政治、社會變遷如何改變士人的政治抉擇，以及士人如何透過政治抉擇去推動政治環境向理想樣貌前進。在本書的最後一章，將放下這些量化的數據，重新檢視春秋以下至兩漢之際這段時間裡，士人離開政治權力的「典範」樣貌是什麼樣貌，東漢時代何以將「不仕」的士人與先秦的「隱逸」並列，其中是否有時代變遷的脈絡可循。

　　首先仍從春秋、戰國之間談起。春秋以前的隱逸大抵有幾個特色：其一，封建時代的知識掌握在貴族手上，因此早期著名的隱逸典範伯夷、叔齊，加上《左傳》中的介之推與《論語》中的諸位逸民，可能都是貴族。甚至諸如荷蓧丈人、長沮、桀溺等能與孔子或孔子弟子對談的隱者，從身處時代來看也極有可能是拋棄名與位的貴族隱士。其二，早期隱逸或有如柳下惠這般「降志辱身」而不去父母之邦者，但大體來說，隱逸者多逃居山林巖穴，以簡單的農漁生產活動為生。由於貴族本不事生產，因此隱逸往往陷入生活困頓的窘境。伯夷、叔齊本為孤竹君之子，先逃於周，

後又隱於首陽山而餓死[3]，不論在任何時代，都是先秦隱逸的典範，自無須多論。

　　戰國時期由於士階層擴大，沒落貴族與有知識之庶民匯合，早期隱逸的貴族特色於是逐漸湮歿。儘管如此，仍有部分士人的精神與行為追隨著伯夷、叔齊，如陳仲子（或稱於陵子）等[4]。亦有知識人不仕為民，以農漁生產為業者，如農家之許行、陳相[5]。或有不肯仕宦任職，逃隱海上者，如魯仲連[6]。雖然這些例子未必與春秋以前的隱逸典範相同或相似，但或多或少的延續著早期隱逸的部分特色。

　　然而整體而言，戰國時代的隱逸典範依舊有了程度不小的變化，如《史記》中記載的侯嬴、朱亥：

---

[3] 日・瀧川資言會注考證：《史記會注考證》（上海：上海古籍出版社，2015.04），卷61〈伯夷列傳〉，頁2727。

[4] 見《孟子》：「仲子，齊之世家也。兄戴，蓋祿萬鍾。以兄之祿為不義之祿而不食也，以兄之室為不義之室而不居也，辟兄離母，處於陵。」南宋・朱熹集注：《四書章句集注》（臺北：大安出版社，1999.12），《孟子集注》，卷6〈滕文公下〉，頁382。

[5] 見《孟子》：「有為神農之言者許行，自楚之滕，……其徒數十人，皆衣褐，捆屨、織席以為食。陳良之徒陳相與其弟辛，負耒耜而自宋之滕，……陳相見許行而大悅，盡棄其學而學焉。」南宋・朱熹集注：《孟子集注》，卷5〈滕文公上〉，頁359。

[6] 「魯仲連者，齊人也。好奇偉俶儻之畫策，而不肯仕宦任職。……平原君欲封魯連，魯連辭讓使者三，終不肯受。……歸而言魯連，欲爵之。魯連逃隱於海上。」日・瀧川資言會注考證：《史記會注考證》，卷83〈魯仲連鄒陽列傳〉，頁3195、3203、3208。

魏有隱士曰侯嬴，年七十，家貧，為大梁夷門監者。公子
聞之，往請，欲厚遺之。不肯受，曰：「臣修身絜行數十
年，終不以監門困故而受公子財。」公子於是乃置酒大會
賓客。坐定，公子從車騎，虛左，自迎夷門侯生。侯生攝
敝衣冠，直上載公子上坐，不讓，欲以觀公子。公子執轡
愈恭。侯生又謂公子曰：「臣有客在市屠中，願枉車騎過
之。」公子引車入市，侯生下見其客朱亥，俾倪故久立，
與其客語，微察公子。公子顏色愈和。當是時，魏將相宗
室賓客滿堂，待公子舉酒。市人皆觀公子執轡。從騎皆竊
罵侯生。侯生視公子色終不變，乃謝客就車。至家，公子
引侯生坐上坐，遍贊賓客，賓客皆驚。……於是罷酒，侯
生遂為上客。

　　司馬遷記載侯嬴為魏之「隱士」[7]，同時也是「夷門監」。監
門為戰國時代諸國變法後，位階最下層的小吏，先秦史料多以監
門為卑賤困頓之代表。[8] 雖然史料對於戰國官僚體系的記載極少，

---

[7] 戰國時期史料多亡於秦火，隱逸、不仕之人物資料多見《莊子》之類的子書
之中，其餘則或見《戰國策》，或出自《史記》，文字記載多少有可疑之處，
然而若一概以疑古之心態視之，則古代史幾全不可讀。侯嬴、朱亥乃戰國士
人之類型，故無可疑，然其於戰國時代是否有「隱」之名，則不得不從西漢
初年司馬遷之記載而定。

[8] 如韓非子云：「堯之王天下也，茅茨不翦，采椽不斲，糲粢之食，藜藿之羹，
冬日麑裘，夏日葛衣，雖監門之服養不虧於此矣。」戰國‧韓非；清‧王先
慎集解：《韓非子集解》（北京：中華書局，1998 年），卷 19〈五蠹〉，頁 442。

但既然擔任了監門，侯嬴便與仕途有所聯繫，未必能稱為「不仕」。侯生受魏將相宗室鄙視，非但不是貴族，其身分可能與夷門監一樣，屬於社會最下層。如侯嬴這般貧困而低賤的「隱士」，自然不同於伯夷、叔齊之類，辟逃名位的封建貴族。

　　除此之外，侯嬴之「隱」不在山澤，亦無農耕漁樵自給的生產活動。其生活於魏之首都，有來往而同「隱」之「客」，甚至能以自身之人脈，為魏公子進行盛大的政治表演。相較於伯夷、叔齊一再逃離原有的環境，侯嬴之「隱」反而是更認真的去經營人際關係與政治智慧。

　　戰國士人在「仕」與「不仕」之間可以有相當多的選擇，此為舊秩序崩毀之後而新秩序未及建立之前，戰國時期的一大特色。如侯嬴者，以其所擁有的知識及人脈，卻只能位居於官僚體系的邊緣，所「隱」的不是名聲也不是地位，而是己身的智慧。因此侯嬴仕為夷門監是「隱」，但離開具體官職成為公子賓客，反而是「顯」。

　　朱亥以客從侯嬴，是戰國隱者的另一類型：

> 侯生謂公子曰：「臣所過屠者朱亥，此子賢者，世莫能知，故隱屠間耳。」公子往數請之，朱亥故不復謝，公子怪之。……公子請朱亥。朱亥笑曰：「臣乃市井鼓刀屠者，而公子親數存之，所以不報謝者，以為小禮無所用。今公子有急，此乃臣效命之秋也。」遂與公子俱。

　　朱亥乃「市井鼓刀屠者」，古代社會宰殺大型牲畜以祭祀為多，因此屠者多半為貴族服務，可以視為一種在都會市井生存的「技藝者」。與侯嬴一樣，屠者的社會地位相當卑賤，而朱亥被侯嬴視為「賢者」，也是一種己身智慧或能力的「隱」。

　　侯嬴隱於監門，朱亥隱於屠間，二人不論是身分背景、藏身之地點或從事之工作，皆與春秋以前有土之士辟逃山澤，辛苦的以耕漁為生有極大的區別。戰國時代一方面延續著春秋以前的隱逸傳統，有陳相、魯仲連之類的隱逸，又有隱於卑職賤位的新典型，以及以技藝混跡市井的型態。成書於戰國後期的《莊子》一書，相當具體的表現出戰國時代對於隱逸、高士的多元想像。其中有身在江海之上的萬乘公子魏牟[9]，有春耕秋收的善卷[10]，有為黃帝解惑的牧馬小童[11]，有道進乎技的庖丁。[12]由於《莊子》不以

---

[9]　《莊子‧讓王》：「中山公子牟謂瞻子曰：『身在江海之上，心居乎魏闕之下，奈何？』……魏牟，萬乘之公子也，其隱巖穴也，難為於布衣之士，雖未至乎道，可謂有其意矣。」郭慶藩集釋：《莊子集釋》（臺北：萬卷樓圖書公司，2007年再版），卷9下〈讓王〉，頁1072-1074。

[10]　《莊子‧讓王》「舜以天下讓善卷，善卷曰：『余立於宇宙之中，冬日衣皮毛，夏日衣葛絺；春耕種，形足以勞動；秋收斂，身足以休息；日出而作，日入而息……』遂不受。於是去而入深山，莫知其處。」清‧郭慶藩集釋：《莊子集釋》，卷9下，〈讓王〉頁1058。

[11]　「至於襄城之野，七聖皆迷，無所問塗。適遇牧馬童子，問塗焉……小童曰：『夫為天下者，亦奚以異乎牧馬者哉？亦去其害馬者而已矣。』」清‧郭慶藩集釋：《莊子集釋》，卷8中〈徐無鬼〉頁908-912。

[12]　《莊子‧養生主》：「庖丁為文惠君解牛，……文惠君曰：『譆！善哉！技蓋至此乎？』庖丁釋刀對曰：『臣之所好者道也，進乎技矣。……』」清‧郭慶藩集釋：《莊子集釋》，卷2〈養生主〉，頁130-137。

禮制名位來決定人的價值，因此作為一本記載知識的子書，卻特別重視基層庶民的生活，彰顯這些隱身卑職賤位的有道之士，甚至隱隱將技藝視為「道術」的重要組成。撇開目的不論，《莊子》之文字，實與魏公子之訪賢無異。

　　相較於《左傳》、《論語》中的隱逸，戰國時代由於百家爭鳴，加上士群體急速膨脹，上層社會的沒落貴族或棄名隱身之逸民，與基層社會因技藝或特定知識而能為王侯提供某種建言或貢獻的庶民，在這個秩序混亂的時代中，匯流於士與庶民的模糊地帶。逸民之「超逸」，在春秋時期是與貴族上層社會相較而言，但戰國時期對比的對象則不得不包含了大量的庶眾。

　　簡而言之，先秦時期封建秩序崩毀前後，士的政治抉擇與隱逸典範也有了一些差別，在未有「仕」觀念之前，早期的「隱」，是一種抗拒封建秩序的手段，必須以逃離、退出其名位來顯示自我的政治抉擇。戰國時期由於封建崩毀，士固然可選擇早期隱逸的模式，但也擁有了更多選擇，而藏身卑職，以及以技藝混跡市井，便加入了隱逸的典範之中。

二、秦至西漢：從四皓到韓福

　　漢初的隱逸，有延續戰國風氣以技藝混跡市井的司馬季主，可謂舊隱逸典範的延續。然而若論漢初隱逸的代表，從東漢以下多半先稱「四皓」[13]。「四皓」或稱「商山四皓」或「南山四皓」，即漢初高祖廢立太子風波時，張良向呂后等建言，由太子請之於

山中的四人：

> 留侯曰：「此難以口舌爭也。顧上有不能致者，天下有四
> 人。四人者年老矣，皆以為上慢侮人，故逃匿山中，義不
> 為漢臣。然上高此四人。今公誠能無愛金玉璧帛，令太子
> 為書，卑辭安車，因使辯士固請，宜來。來以為客，時時
> 從入朝，令上見之，則必異而問之。問之，上知此四人賢，
> 則一助也。」
>
> ……四人從太子，年皆八十有餘，鬚眉皓白，衣冠甚偉。
> 上怪之，問曰：「彼何為者？」四人前對，各言名姓，曰：
> 「東園公，甪里先生，綺里季，夏黃公。」上乃大驚，曰：
> 「吾求公數歲，公辟逃我，今公何自從吾兒游乎？」四人
> 皆曰：「陛下輕士善罵，臣等義不受辱，故恐而亡匿。竊聞
> 太子為人仁孝，恭敬愛士，天下莫不延頸欲為太子死者，
> 故臣等來耳。」上曰：「煩公幸卒調護太子。」
>
> 四人為壽已畢，趨去。上目送之，召戚夫人指示四人者曰：
> 「我欲易之，彼四人輔之，羽翼已成，難動矣。呂后真而
> 主矣。」戚夫人泣。[14]

---

[13] 《史記》不言「四皓」，而並稱之「四人」，「四皓」之稱或起於西漢末年之揚
雄，此處以東漢以後習見之四皓並稱之。揚雄《法言》曰：「或問「賢」。曰：
「為人所不能。」「請人。」曰：「顏淵、黔婁、四皓、韋玄。」」見西漢・揚
雄著，汪榮寶義疏：《法言義疏》（北京：中華書局，1987 年），卷 13〈重
黎〉，頁 399。

[14] 日・瀧川資言會注考證：《史記會注考證》，卷 55〈留侯世家〉，頁 2613–2617。

〈留侯世家〉所記載的這一段文字，表現出一種融合多重先秦特色的隱逸樣貌。首先是四人不滿當政者之表現，因而逃匿山中而不出，此與介子推、伯夷、叔齊相同。其次四人稱號不似原名，顏師古云：「四皓稱號，本起於此，更無姓名可稱知。此蓋隱居之人，匿跡遠害，不自標顯，祕其氏族」[15]，可見四人之稱號，近乎長沮、桀溺，或《莊子》書中伯昏無人之類，因隱而棄其氏族姓名。

四皓因高祖輕士善罵而匿，又因太子為人仁孝而出，與孔子云「有道則見，無道則隱」之原則一致，可謂之「時隱」。先秦隱逸常見先「見」後「隱」者，但原隱居山澤後從遊君王之先「隱」後「見」者，則相當罕見。較為近似者為呂尚以漁釣干周西伯之上古傳說[16]，但《史記》所見載之呂尚故事充滿了戰國色彩，即令太史公亦不得不多用「或曰」以疑傳疑。其餘隱其名姓之山澤逸民皆未有出者。真正先隱後見之類，多為混跡市井以待其人的游士，如前述之侯嬴、朱亥。

四皓的故事看似延續著先秦隱逸的傳統，但實際上是一種混合了遠古傳說與戰國環境的新樣貌，既有游士成為帝師功成名就的想像，也有隱於市井待時而出的現實環境。漢初面臨政治權力的轉換時，賢才成為新權力必要的象徵，而四個真假難辨的山中

---

[15] 東漢・班固，清・王先謙補注：《漢書補注》，卷72 〈王貢兩龔鮑傳〉，頁4754。

[16] 日・瀧川資言會注考證：《史記會注考證》，卷32 〈齊太公世家〉，頁1752–1753。

隱逸，竟可成為繼任皇帝的關鍵要素，這在後世是極為罕見的情
況。正由於其牽涉權力中樞的交接，而隱逸竟干預了重大的政治
事件，因此歷來多有疑四皓身分的，如司馬光直斥四皓故事「非
事實」[17]。

　　雖然如此，不論四皓故事是真是假，在歷經了戰國末年以降
連年戰爭之後，漢初山中隱士的存在絕非無稽之談。東方朔云：
「古之人，乃避世於深山中」[18]，由於伯夷、叔齊所建立的舊時
隱逸典範使然，山中隱士自然會於都城中、朝廷中，若隱若現的
傳聞著。再加上權力交接需要「羽翼已成」的輔助，使呂后等效
法侯嬴之類，悄悄的為太子進行了一場政治表演，並催生出了如
四皓這般，為了政治權力而出現，混合交錯想像與現實的政治隱
逸。

　　從侯嬴到四皓，可以發現戰國以下得賢才相助與政治權力的
鞏固，二者之間頗有關連。由於國君需要更多賢才來適應快速變
動的戰國情勢，在國家無良善的人才培育以及選拔機制之前，同
類型的政治表演並不罕見[19]，因此有田子方所謂之 「貧賤者驕
人」[20]的情況。但是進入大一統王朝之後，士的政治抉擇由多元

---

[17] 北宋・司馬光編著；元・胡三省音注：《資治通鑑》（北京：中華書局，1956
年），卷12〈漢紀〉4（高帝11年），頁399–400。

[18] 日・瀧川資言會注考證：《史記會注考證》，卷126〈滑稽列傳〉，頁4197。

[19] 如郭隗之與燕昭王，西漢王生之於張釋之等，見日・瀧川資言會注考證：《史
記會注考證》，卷34〈燕召公世家〉，頁1874–1875；卷102〈張釋之馮唐列
傳〉，頁3580。

[20] 日・瀧川資言會注考證：《史記會注考證》，卷44〈魏世家〉，頁2297。

而逐漸限縮，在諸侯列國、公子權貴之間遊走的可能性大減。社會對於「士」的期待也越見集中，雞鳴狗盜之徒未必能如戰國般獲得政治機會。換言之，雖然四皓的「隱」與「見」在漢初的政壇上發揮了關鍵的作用，但隨著漢朝統治基礎的鞏固，士人政治抉擇所帶來的影響力，可能遠遠不如漢朝政治權力所施加給士人的壓力。

政治權力給予的壓力凌駕於士的去就抉擇之上，在漢代幾乎與四皓同時登場。《史記》記載高祖西都關中之後，張良隨即因多病而修道「杜門不出歲餘」，後又明白表示「願棄人間事，欲從赤松子游」而辟穀，可見頗有隱退之意。然而欲退身的張良，先受高祖囑託「彊臥而傅太子」，後又受呂后「彊食之」[21]，可謂政治壓力下未盡的隱逸。

張良所受到的政治壓力在於君王尊寵，而其所欲在於棄人間事而隱，原則上仍屬「尚賢」的戰國風貌。武帝之後，政治權力賦予士人的壓力更甚，因畏罪、懼禍而不仕才是政治壓力的正常樣貌。如董仲舒：

> 先是遼東高廟、長陵高園殿災，仲舒居家推說其意，中稾未上，主父偃候仲舒，私見，嫉之，竊其書而奏焉。上召視諸儒，仲舒弟子呂步舒不知其師書，以為大愚。於是下

---

[21] 日・瀧川資言會注考證：《史記會注考證》，卷55〈留侯世家〉，頁2615–2621。

仲舒吏，當死，詔赦之。仲舒遂不敢復言災異。

仲舒為人廉直。是時方外攘四夷，公孫弘治《春秋》不如仲舒，而弘希世用事，位至公卿。仲舒以弘為從諛，弘嫉之。膠西王亦上兄也，尤縱恣，數害吏二千石。弘乃言於上曰：「獨董仲舒可使相膠西王。」膠西王聞仲舒大儒，善待之，仲舒恐久獲皐，病免。凡相兩國，輒事驕王，正身以率下，數上疏諫爭，教令國中，所居而治。及去位歸居，終不問家產業，以修學著書為事。[22]

先秦儒生周遊不得仕，居家著述立說，未必藏身隱居，但與畏罪去位歸居的意義截然不同。在大一統王朝政治壓力下，董仲舒無處可周遊，雖受朝廷重視，倍受尊敬，卻有憂讒畏譏之苦。董仲舒的政治抉擇與張良一樣，都受到了強力的政治壓力影響，但張良是受壓力而不得隱，而董仲舒則是受壓力而主動不仕。

董仲舒既無伯夷、叔齊這般對君王或政局的強烈不滿，也非長沮、桀溺這般無心於人群世道，更不是身處社會基層透過打磨技藝而窺探道術者。其言行非隱逸之類，內在亦無隱逸之心。作為儒者，董仲舒也不是如孔、孟這般，歷經周遊因不得行道而退者。事實上，董仲舒完全稱不上懷才不遇，武帝的諸項變革皆起自他，已為古來儒生所欽羨。然而董仲舒先後受主父偃、公孫弘嫉妒陷害，只能「恐久獲罪」而主動去位不仕。若身在戰國時代，

---

[22] 清‧王先謙補注：《漢書補注》，卷56〈董仲舒傳〉，頁4053–4054。

諸侯當爭相禮聘，如有招嫉，或去國遠就，或受陷而死，可能很
難有「不仕」這樣的結果。董仲舒的政治抉擇與結果，乃至於其
學說，都與身處之時代密切相關。

　　尤其值得留意的，是董仲舒雖不仕，卻非隱居。朝廷對董仲
舒的政治意見仍相當重視，而董仲舒亦對之「有明法」：

> 仲舒在家，朝廷如有大議，使使者及廷尉張湯就其家而問
> 之，其對皆有明法。……家徙茂陵，子及孫皆以學至大
> 官。[23]

　　董仲舒雖然不仕居家，卻仍受到朝廷的重視，其子孫之仕途
也沒受到負面的影響。相反的，董仲舒的政治主張得到了實踐，
其宗族內的學術傳承造就了高官，換言之其「不仕」的最終結果，
反而是既「見」且「顯」，幾乎與隱遁、辟逃截然相反。

　　這種拒絕仕途同時也非隱遁的政治抉擇，可謂漢代士風中的
新型態。然而董仲舒畢竟受到了政治壓力，因恐獲罪而不仕，或
可稱為先驅，不能視之為典範。真正因「不仕」被視為典範，進
而開啟一代士風的，當為至昭帝時的韓福。《漢書・昭帝紀》元鳳
元年三月記云：

> 賜郡國所選有行義者涿郡韓福等五人帛，人五十匹，遣歸。

---

[23] 清・王先謙補注：《漢書補注》，卷56〈董仲舒傳〉，頁4055。

　　詔曰：「朕閔勞以官職之事，其務修孝弟以教鄉里。今郡縣
　　常以正月賜羊酒。有不幸者賜衣被一襲，祠以中牢。」[24]

　　韓福事蹟在史料中並不多，但從兩《漢書》所見資料來看，
韓福雖然不仕，卻願意遠至京師接受朝廷的賞賜。其在鄉里亦非
以隱遁不見為志，相反的，其肩負著「務修孝弟以教鄉里」的期
待。

　　四皓以及更早的士人，由於國君對於賢才有迫切的需求，因
此士人仕宦與否會引起當權者的重視，少數士人甚至可透過其隱
居或現身的政治抉擇，成為權力轉移其間的關鍵因素。到了武帝
時代，董仲舒雖以其學識改變了整個中國歷史，但其懼禍不仕的
抉擇未必能造成政局波瀾，不仕對於其聲望以及子孫的庇蔭也無
有影響。董仲舒之不仕尚有某種政治壓力，韓福之不仕則無，甚
且透過其不仕，反而受到了朝廷的表彰，因其不仕而賜帛。韓福
之後純以「不仕」為個人理念之展現者，日益增多，且多依韓福
故事作為一種典範，並由政府表彰這些重視行義、名節的不仕者。
如平帝王莽秉政時，便以「韓福故事」表彰年老而不仕之人。[25]
又東漢章帝以「夫孝，百行之冠」為理由表彰以孝著稱且不仕的
江革[26]，其相關措施亦與韓福故事一致。由此可知，在魏晉以後

---

[24] 清・王先謙補注：《漢書補注》，卷7〈昭帝紀〉，頁320–321。

[25] 清・王先謙補注：《漢書補注》，卷72〈王貢兩龔鮑傳〉，頁4786–4787。

[26] 東晉・袁宏著，周天游校注：《後漢紀校注》（天津：天津古籍出版社，1987
年），卷11〈後漢孝章皇帝紀上〉，頁303。

不甚著名的不仕之士韓福，實際上是漢代一種「不仕亦不隱」的新典範。

　　韓福這樣的新典範具有幾個特色：其一，其不仕未必與當政者或時局有直接關連，更大成分來自於對自我生活形態的抉擇，或對自我「名節」的要求。如伯夷、叔齊這般，是基於外在政治環境的樣貌來決定隱居；而如侯嬴、朱亥這般，則是等待知己而出者；但韓福型的不仕者，其去就政治抉擇的關鍵，不出於外而出於內，與政局或執政者未必有關連。

　　其二，韓福雖抗拒仕途，卻不抗拒君王之表彰，也無意藏身不現。相反的，其願意成為朝廷「禮賢下士」的標誌，遠赴京師接受賞賜，並於居家期間作為鄉里教化之表率。換言之，韓福這類型的不仕者，並非四皓這般，以己身之「隱」與「現」作為籌碼，去影響政治環境的發展；也非如張良、董仲舒這般，在政治壓力影響下無法擁有自主性的政治抉擇。韓福之不仕，其實是一種政治權力與個人意志的妥協，在不同的個案中，朝廷與士人必須做出不同程度的退讓，尋求雙方都遂其所願的平衡。

　　韓福型的士人在東漢蔚為風潮，與光武中興之後刻意表彰氣節有直接關連。其形成風氣或在東漢初年，但其典範以及零星個案，在西漢後期已然出現。如龔舍：

　　　　兩龔皆楚人也，勝字君賓，舍字君倩。二人相友，並著名節，故世謂之楚兩龔。少皆好學明經，勝為郡吏，舍不仕。龔舍以龔勝薦，徵為諫大夫，病免。復徵為博士，又病去。

　　頃之，哀帝遣使者即楚拜舍為太山太守。舍家居在武原，
　使者至縣請舍，欲令至廷拜授印綬。舍曰：「王者以天下為
　家，何必縣官？」遂於家受詔，便道之官。既至數月，上
　書乞骸骨。上徵舍，至京兆東湖界，固稱病篤。天子使使
　者收印綬，拜舍為光祿大夫。數賜告，舍終不肯起，乃遣
　歸。

　　舍亦通五經，以《魯詩》教授。舍、勝既歸鄉里，郡二千
　石長吏初到官皆至其家，如師弟子之禮。[27]

　　兩龔的政治抉擇看似相似，實際上在西漢末年各自有其代表
性，龔舍較接近韓福型士人，龔勝稍後還會再述。龔舍少時不仕，
後陸續為諫大夫、博士、太山太守等職，皆以病或其他理由去官。
從《漢書》的記載來看，龔舍在最後一次徵召決定「終不肯起」
之前，往往依違於仕與不仕之間。可見韓福型的士人在「不仕」
此一抉擇被廣泛接受之前，不得不承受著入仕的壓力。

　　儘管如此，最終政治權力依舊與龔舍取得了平衡，龔舍能居
家不仕，在鄉里以《魯詩》教授。不受官場仕途紛擾的同時，地
方長吏初到官亦皆先至其家「如師弟子之禮」，一方面朝廷能藉此
機會請益學問與治術，如張湯之問董仲舒；另一方面也藉此表現
出禮賢下士的樣貌，如魏公子之訪侯生。龔舍雖不仕，卻非隱姓

---

[27] 清‧王先謙補注：《漢書補注》，卷72〈王貢兩龔鮑傳〉，頁4782、4787-
　　4788。

埋名，甚至透過了經學教授與地方長吏之拜訪，進而獲得更多的名聲。

　　值得注意的是，先秦儒生汲汲營營於求用，西漢儒生同樣具有強烈的用世之心，但自董仲舒以下，由於士階層中儒生比例大增，儒生不仕的情況也明顯有增加的趨勢。韓福雖然無法確定是否是儒生，但「務修孝弟以教鄉里」仍符合儒家教化的理想。而龔舍以《魯詩》教授，其為儒生無疑，其搖擺於仕與不仕之間的生活，或許亦與「不仕無義」的內在掙扎不無關係。

三、兩漢之際：從龔勝到周黨

　　從西漢末年王莽秉政到篡漢立新的這段期間裡，士人掀起了一股「不仕王莽」的浪潮，這個浪潮加上兩漢之際的劇烈變動，又使士人的政治抉擇出現了新的變化。《漢書》所見的龔舍因其原本就有不仕的傾向，並非因王莽而不仕，因此不在這個浪潮當中，但與龔舍齊名並稱之龔勝，雖早有乞骸骨致仕的打算，但真正歸家，則與王莽秉政有關。而王莽遣龔勝歸鄉，正是以「韓福故事」為由：

　　　　王莽秉政，勝與漢俱乞骸骨。自昭帝時，涿郡韓福以德行徵至京師，賜策書束帛遣歸。詔曰：「朕閔勞以官職之事，其務修孝弟以教鄉里。……」於是王莽依故事，白遣勝、漢。策曰：「惟元始二年六月庚寅，光祿大夫、太中大夫者

艾二人以老病罷。太皇太后使謁者僕射策詔之曰：蓋聞古者有司年至則致仕，所以恭讓而不盡其力也。今大夫年至矣，朕愍以官職之事煩大夫，……皆如韓福故事。所上子男皆除為郎。」於是勝、漢遂歸老于鄉里。[28]

如不論宰制朝政者為誰，王莽依韓福故事遣龔勝、邴漢歸老鄉里，並大張旗鼓的詔策賞賜，毫無疑問此時龔勝當屬前述韓福型之不仕者：亦即朝廷與士人各自退讓，並各自取得了所需的部分。然而王莽篡國之後，由於得位頗受爭議，士不仕甚至隱遁他處的浪潮來到了高峰，因此王莽亟需具有聲望之民間賢才給予支持，來加強政權的正當性，猶如漢惠帝之需四皓一般。在這樣的情況之下，王莽不得不打破原本「韓福故事」所帶來的平衡，激烈的要求龔勝入仕，也引起了龔勝的強烈反抗。《漢書》記載：

莽既篡國，遣五威將帥行天下風俗，將帥親奉羊酒存問勝。明年，莽遣使者即拜勝為講學祭酒，勝稱疾不應徵。後二年，莽復遣使者奉璽書，太子師友祭酒印綬，安車駟馬迎勝，……勝對曰：「素愚，加以年老被病，命在朝夕，隨使君上道，必死道路，無益萬分。」使者要說，至以印綬就加勝身，勝輒推不受。……使者五日壹與太守俱問起居，為勝兩子及門人高暉等言：「朝廷虛心待君以茅土之封，雖

[28] 清・王先謙補注：《漢書補注》，卷72〈王貢兩龔鮑傳〉，頁4786–4787。

疾病，宜動移至傳舍，示有行意，必為子孫遺大業。」暉
等白使者語，勝自知不見聽，即謂暉等：「吾受漢家厚恩，
亡以報，今年老矣，旦暮入地，誼豈以一身事二姓，下見
故主哉？」……遂不復開口飲食，積十四日死，死時七十
九矣。使者、太守臨斂，賜複衾祭祠如法。[29]

　　王莽當政之後，忠於漢室且激烈抵抗者不在少數，但這些士
人未必有引退之意，王莽也與這些反對勢力對抗，往往案治誅
殺。[30]龔勝不任王莽的講學祭酒、太子師友祭酒等職位，除了本
有致仕之心以外，更重要的主要原因在於不願「一身事二姓」。但
龔勝卻不直言而拒，反覆的以「素愚」、「年老被病」婉言拒絕，
顯然仍欲維持「韓福故事」以自保。也因為如此，需人孔急的王
莽也步步進逼，最終打破了這種政治權力與個人不仕意志的平衡，
使龔勝最終以絕食明志收場。

　　政治上的巨變使得士人的政治抉擇變得複雜起來，不仕王莽
者除了龔勝、何武、鮑宣[31]等以死明志者之外，還有不少士人選

<hr>

[29] 清・王先謙補注：《漢書補注》，卷72〈王貢兩龔鮑傳〉，頁4788-4789。

[30] 相關記載俱見《漢書・王莽傳》，此處僅舉王莽初擅權一事為例：「莽因是誅
滅衛氏，窮治呂寬之獄，連引郡國豪桀素非議己者，內及敬武公主、梁王立、
紅陽侯立、平阿侯仁，使者迫守，皆自殺。死者以百數，海內震焉。」見清・
王先謙補注：《漢書補注》，卷99上〈王莽傳〉，頁6066-6067。

[31] 《漢書・王貢兩龔鮑傳》：「平帝即位，王莽秉政，陰有篡國之心，乃風州郡
以罪法案誅諸豪桀，及漢忠直臣不附己者，宣及何武等皆死。」清・王先謙
補注：《漢書補注》，卷72〈王貢兩龔鮑傳〉，頁4799。按：《後漢書》述及不
附王莽而死者，多有以龔勝、何武、鮑宣作為代表者，如〈陳寵傳〉：「莽因

擇不與王莽政權正面對抗，以隱遁、辟逃的傳統方式覓處容身，
如劉宣、[32]高容、高詡父子[33]等。除此之外，王莽篡國之後，內政
外交皆有失誤，導致天下盜賊蜂起，亂世綿延十數年。因此士人
除不仕王莽而逃之外，又有避亂離鄉者，二者合流，雖不如東漢
末年與西晉永嘉時期那樣造成士人遷徙狂潮，但由於避亂他鄉者
不得不團結宗族自保，原本世代居官的宗族可能因此更強化了自
身的社會基礎，多少加速了士族在東漢更強力的佔據官僚體系。
如赫赫有名的弘農楊氏，從高祖定天下以軍功封侯起，至楊惲治
產業而有財，再到東漢時期楊震通經教授，並恃之出入仕途內外，
逐步擴大了家族在官場與社會上的立足基礎。其中楊震之父楊寶
身處西漢末年，在亂世之中非但未受影響，反而在避亂隱居之後，
透過父子皆明習《歐陽尚書》而快速崛起於東漢仕途，無疑是楊
氏綿延不絕的一大憑藉。[34]

呂寬事誅不附己者何武、鮑宣等。」又〈徐璆傳〉：「龔勝、鮑宣，獨何人哉？
守之必死！」見南朝宋・范曄：《後漢書》，卷46〈郭陳列傳〉，頁1547；卷
48〈楊李翟應霍爰徐列傳〉，頁1621。

[32] 《後漢書・卓魯魏劉列傳》：「劉宣字子高，安眾侯崇之從弟，知王莽當篡，
乃變名姓，抱經書隱避林藪。」南朝宋・范曄：《後漢書》，卷25〈卓魯魏劉
列傳〉，頁872。

[33] 《後漢書・儒林列傳》：「詡以父任為郎中，世傳《魯詩》。以信行清操知名。
王莽篡位，父子稱盲，逃，不仕莽世。」南朝宋・范曄：《後漢書》，卷79下
〈儒林列傳〉，頁2569。

[34] 《後漢書・楊震列傳》：「楊震字伯起，弘農華陰人也。八世祖喜，高祖時有
功，封赤泉侯。高祖敞，昭帝時為丞相，封安平侯。父寶，習《歐陽尚書》。
哀、平之世，隱居教授。居攝二年，與兩龔、蔣詡俱徵，遂遁逃，不知所處。
光武高其節。……震少好學，受《歐陽尚書》於太常桓郁，明經博覽，無不

　　兩漢之際的士人因抗拒，或失去了仕途舞臺，避亂之時只能潛心讀書，教育子弟與徒眾。東漢中興之後，這些通經之家再度活躍於政壇，而宗族連結更強，也擁有更多社會資源與政治權力分庭抗禮。除了弘農楊氏這種原本就基礎雄厚的之外，不少士人如能平安度過此亂世，其宗族往往變得極具韌性。代表者可舉桓榮為例：

> 桓榮字春卿，沛郡龍亢人也。少學長安，習《歐陽尚書》，事博士九江朱普。貧窶無資，常客傭以自給，精力不倦，十五年不闚家園。至王莽篡位乃歸。會朱普卒，榮奔喪九江，負土成墳，因留教授，徒眾數百人。莽敗，天下亂。榮抱其經書與弟子逃匿山谷，雖常飢困而講論不輟，後復客授江淮閒。建武十九年，年六十餘，始辟大司徒府。……榮卒，帝親自變服，臨喪送葬，賜冢塋于首山之陽。除兄子二人補四百石，都講生八人補二百石，其餘門徒多至公卿。
>
> 論曰：……中興而桓氏尤盛，自榮至典，世宗其道，父子兄弟代作帝師，受其業者皆至卿相，顯乎當世。[35]

───────────

窮究。」南朝宋・范曄：《後漢書》，卷 54〈楊震列傳〉，頁 1759–1760。楊惲治產業有方，見清・王先謙補注：《漢書補注》，卷 66〈公孫劉田王楊蔡陳鄭傳〉，頁 2890、2894–2897。

[35] 清・王先謙：《漢書補注》，卷 36〈桓榮丁鴻列傳〉，頁 1249–1250、1253、1261。

　　桓榮本為「貧窶無資」的寒士，年少時遊學長安，不得不客傭自給求生存。其後亂世起，或教授於九江，或逃匿山谷講論，或客授江淮間，皆無仕宦機會。然而一旦亂世結束，桓榮藉著這般數十年講誦不衰的經歷，身為帝師，且綿延子孫受業，成為東晉著名士族譙國桓氏之遠祖[36]。

　　後世士族祖譜溯源，有避難遷徙紀錄於兩漢之際者不少。如本書第六章所整理，除了桓氏之外，《晉書》中范平之先范馥避王莽之亂適吳；西漢疏廣之後疏孟達避難徙居沙鹿山南，改姓為束，其後束皙亦入《晉書》。《新唐書・宰相世系表》中，避王莽亂者有沈氏、韓氏、田氏等等[37]。光武重建漢家政權的過程頗受士族大姓之助，歷來已有不少論述[38]，然而士人有相助政權之成立者，亦有以自保為要，於動盪中辟逃不出者。史料當中避亂隱居於兩漢之際的士人，如非本有世代居官的背景，便是在政局穩定之後從此形成新士族，在「見」與「隱」兩端，都能發現亂世加強了士族崛起的痕跡。

　　而本書尤其關注的部分是：那些在兩漢之際因亂世而斷絕仕途的士人，既然能在如此惡劣的環境中生存，便也不急著重新走上舊有的利祿之途，對「不仕」顯得更理直氣壯些。換言之，當外在環境壓力解除，政治權力與士人的去就抉擇要重新取得平衡

---

[36] 《晉書・桓彝傳》：「桓彝字茂倫，譙國龍亢人，漢五更榮之九世孫也。」唐・房玄齡等撰：《晉書》（北京：中華書局，1974 年），卷 51〈桓彝〉，頁 1939。

[37] 以上諸例，詳見本書第六章第一節。

[38] 舉一例如余英時：〈東漢政權之建立與士族大姓之關係〉，見余英時著：《士與中國文化》，頁 193–247。

時，需要「得天下賢才相助」的政治權力相對顯得氣弱。雖然絕大多數儒生士人在「不仕無義」的儒門教訓以及光武帝的號召之下，紛紛重新回到政治權力的懷抱之中。但亂世過後依舊選擇不仕者，使東漢朝廷被迫選擇了另一種策略與其共存，也就是表彰所謂的守節之士。

東漢表彰氣節，當以卓茂為代表。卓茂原為西漢丞相府史，後先不仕王莽，又不仕更始，因此而「名重當時」。[39]光武詔曰：

> 前密令卓茂，束身自修，執節淳固，誠能為人所不能為。夫名冠天下，當受天下重賞，故武王誅紂，封比干之墓，表商容之閭。今以茂為太傅，封褒德侯，……[40]

光武將卓茂比擬為比干、商容，一方面以周武王自比，另一方面乃欲以卓茂為守節士人之模範，吸引舊時不仕王莽之賢才出仕。事實上卓茂不是什麼博士鴻儒[41]，亦非才能卓越之士[42]，范曄論曰：「卓茂斷斷小宰，無它庸能」[43]，而光武帝「首加聘命，優

[39] 南朝宋・范曄：《後漢書》，卷 25〈卓魯魏劉列傳〉，頁 869、871-872。

[40] 南朝宋・范曄：《後漢書》，卷 25〈卓魯魏劉列傳〉，頁 871。

[41] 卓茂可謂執節表率，卻非光武訪「儒」之代表，《後漢書・儒林列傳》：「光武中興，愛好經術，未及下車，而先訪儒雅，……，莫不抱負墳策，雲會京師，范升、陳元、鄭興、杜林、衛宏、劉昆、桓榮之徒，繼踵而集。」南朝宋・范曄：《後漢書》，卷 79 上〈儒林列傳〉，頁 2545。

[42] 光武帝詔書中稱卓茂「斷斷無他」，見東漢・劉珍等著，吳樹平校注：《東觀漢記校注》（北京：中華書局，2008.11），卷 13，頁 472。

[43] 南朝宋・范曄：《後漢書》，卷 25〈卓魯魏劉列傳〉，頁 872。

辭重禮」[44]的目的，正在於以名重天下的卓茂作為模範，引來蘊憤歸道之賓。此為東漢表彰守節之士的重要原因，如戰國燕昭王之重賞郭隗一樣，同樣是以求賢為目的的政治表演，只是東漢初年所求之「賢」，刻意的著重那些「守節」之士。

堅持信守承諾皆可稱之為「守節」，盡忠於特定君主，謹守去就，至死不渝，如荀息死奚齊，可謂之「荀息式守節」[45]。去就之節本為古代士人政治抉擇的重要部分，西漢末年大量士人不仕王莽，站在漢家劉姓立場，光武帝自然要特加表彰。然而光武中興之後有士人依舊選擇不仕，若仍以去就之節表彰，豈非表示光武帝得位不正或德不配位？在這樣的情況之下，所謂的名節自然不能僅限於「去就之節」。《左傳》中季札無論如何堅不受君位，去而不就，或可稱為「季札式守節」[46]。光武帝本欲求「荀息式守節」的士人，以招來歸道之士，卻不得不因此同時表彰那些「季札式守節」的士人，如此一來，「去就之節」便催化出了「絕塵不反」。范曄〈逸民列傳〉序云：

> 漢室中微，王莽篡位，士之蘊藉義憤甚矣。是時裂冠毀冕，相攜持而去之者，蓋不可勝數。……光武側席幽人，求之若不及，旌帛蒲車之所徵賁，相望於巖中矣。若薛方、逢萌聘而不肯至，嚴光、周黨、王霸至而不能屈。群方咸遂，

---

[44] 南朝宋・范曄：《後漢書》，卷 25〈卓魯魏劉列傳〉，頁 872。
[45] 見第五章第二節注 35、36。
[46] 見第五章第二節注 37。

志士懷仁，斯固所謂「舉逸民天下歸心」者乎！肅宗亦禮
鄭均而徵高鳳，以成其節。……蓋錄其絕塵不反，同夫作
者，列之此篇。[47]

　　從王莽篡位而士人「裂冠毀冕，相攜持而去」，到諸逸民「聘
而不肯至」、「至而不能屈」之間，正是東漢士人由重「去就」轉
出「絕塵不反」的重要變化。范曄做《後漢書》，將〈周黃徐姜申
屠列傳〉識去就出處之士獨立於〈逸民列傳〉之外，其史識極為
精當。將其與韓福型的不仕相比，西漢韓福故事所彰顯的，是致
仕、修孝悌於鄉里為理由的不仕，亦即其不仕仍必須具有需負擔
教化等政治目的，然而東漢絕塵不反者，則更重視其內在動機。
亦即士人其「不仕之心」本身足以說服政治權力，而政治權力此
方則收穫尊隱、重守節之氣度，期待能有「舉逸民天下歸心」的
效果。
　　東漢這種由重去就轉而絕塵者，當以〈逸民列傳〉中的周黨
為代表：

周黨字伯況，太原廣武人也。家產千金。少孤，為宗人所
養，而遇之不以理，及長，又不還其財。黨詣鄉縣訟，主
乃歸之。既而散與宗族，悉免遣奴婢，遂至長安遊學。
初，鄉佐嘗眾中辱黨，黨久懷之。後讀春秋，聞復讎之義，

---

[47] 南朝宋‧范曄：《後漢書》，卷83〈逸民列傳〉，頁2756–2757。

便輟講而還……敕身脩志，州里稱其高。

及王莽竊位，託疾杜門。自後賊暴從橫，殘滅郡縣，唯至廣武，過城不入。

建武中，徵為議郎，以病去職，遂將妻子居黽池。復被徵，不得已，乃著短布單衣，穀皮綃頭，待見尚書。及光武引見，黨伏而不謁，自陳願守所志，帝乃許焉。

……黨遂隱居黽池，著書上下篇而終。邑人賢而祠之。

初，黨與同郡譚賢伯升、鴈門殷謨君長，俱守節不仕王莽世。[48]

周黨故事本書前章已略有論述，為求此章脈絡之完整，仍整理此案例幾個特色如下：其一，周黨出身於富裕的宗族之內，其至長安遊學，又讀《春秋》明復讎之義，乃家產豐厚的儒生，即使「少孤」亦不害其財富，直至其散與宗族為止。其二，周黨原本便居家「敕身脩志」，然而仍與譚賢、殷謨並列稱「守節不仕王莽世」，與當時常見的儒生不仕王莽一致，可能也受到了新室的邀請而拒絕了。其三，東漢初年不少儒生重新踏上仕途，多是典型的以「不事二姓」擇其去就者；然而周黨卻在面見光武帝之後，在強大的入仕壓力之下，依舊選擇了「自陳願守所志」而隱居黽池。其四，周黨自始至終都不是隱姓埋名，藏身不現之類的隱士，相反的，其在家「州里稱其高」，乃至於盜賊過廣武而不入；隱居

---

[48] 南朝宋・范曄：《後漢書》，卷83〈逸民列傳〉，頁2761–2762。

黽池期間，著書存跡，甚而「邑人賢而祠之」。另有一事頗值得留意，周黨本為太原廣武人，其家位處北疆，地近匈奴，而周黨亂世不去，中興之後卻與妻子居於黽池。黽池屬弘農郡，就在雒陽西側不遠處。是則周黨所謂「隱居」，反而不若「歸家」之遠，其隱居亦不過「不仕」而已。

　　雖然如此，周黨在東漢初年仍被視為隱逸，其明明出身有財之儒，卻以「短布單衣，穀皮綯頭」的形象面見皇帝，顯然有明隱逸之志的企圖。如周黨這般，既不仕，亦非傳統隱遁不見的新隱逸典範，在當時便引起了儒生的批判：

> 博士范升奏毀黨曰：「臣聞堯不須許由、巢父，而建號天下；周不待伯夷、叔齊，而王道以成。伏見太原周黨、東海王良、山陽王成等，蒙受厚恩，使者三聘，乃肯就車。及陛見帝廷，黨不以禮屈，伏而不謁，偃蹇驕悍，同時俱逝。黨等文不能演義，武不能死君，釣采華名，庶幾三公之位。臣願與坐雲臺之下，考試圖國之道。不如臣言，伏虛妄之罪。而敢私竊虛名，誇上求高，皆大不敬。」書奏，天子以示公卿。詔曰：「自古明王聖主必有不賓之士。伯夷、叔齊不食周粟，太原周黨不受朕祿，亦各有志焉。其賜帛四十匹。」[49]

---

[49] 南朝宋・范曄：《後漢書》，卷 83〈逸民列傳〉，頁 2761–2762。

　　博士范升之「奏毀」，已經將周黨型的「不仕」者，與許由、巢父，以及伯夷、叔齊之類的「隱逸」相對照，從而提出「私竊虛名，誇上求高」的嚴厲批判。可見當時周黨這種以不仕為隱逸的新典範，蔚為潮流，卻非守舊者所願接受。然而光武帝之詔，卻更明白的將周黨「不受朕祿」等同於伯夷、叔齊，連韓福故事裡的「務修孝弟以教鄉里」都免了，直認同其志，並賜帛表彰。

　　從〈逸民列傳〉所見周黨的生命歷程來看，周黨應該是真心以不仕為志，只是同時也無有傳統的隱遁不見之意，未必是為了「釣采華名」、「誇上求高」。然而范升之奏也非無的放矢，其所毀三人中，山陽王成無傳，東海王良則可見於《後漢書》：

> 王良字仲子，東海蘭陵人也。少好學，習小夏侯尚書。王莽時，寢病不仕，教授諸生千餘人。
>
> 建武二年，大司馬吳漢辟，不應。三年，徵拜諫議大夫，……遷沛郡太守。至蘄縣，稱病不之府，官屬皆隨就之，良遂上疾篤，乞骸骨，徵拜太中大夫。
>
> 六年，代宣秉為大司徒司直。在位恭儉，妻子不入官舍，布被瓦器。時司徒史鮑恢以事到東海，過候其家，而良妻布裙曳柴，從田中歸。……
>
> 後以病歸。一歲復徵，至滎陽，疾篤不任進道，乃過其友人。友人不肯見，曰：「不有忠言奇謀而取大位，何其往來屑屑不憚煩也？」遂拒之。良慚，自後連徵，輒稱病。詔以玄纁聘之，遂不應。後光武幸蘭陵，遣使者問良所苦疾，

不能言對。詔復其子孫邑中傜役，卒於家。[50]

　　兩漢之際到東漢初年之間，王良反覆多次不仕：其一王莽時
寢病不仕；其二大司馬吳漢辟不應；其三遷沛郡太守稱病不之府；
其四沛郡官屬隨就，王良又上疾篤乞骸骨；其五任大司徒司直以
病歸；其六復徵疾篤不任進道。多次不仕，又多次復徵，乃至於
其友人譏之：「何其往來屑屑不憚煩也？」至此方不復應徵。

　　王良與西漢之龔舍相當類似，然而龔舍之時，不仕之風未曾
如此熾烈，朝廷對不仕者的尊寵亦遠不如東漢。光武帝著力表彰
守節，而士風以不仕為隱逸，不應徵則名更高，已並列等同於伯
夷、叔齊。在這種情況下，王良一再稱病而取高位，居家行儉過
分，無怪乎友人拒之，儒生毀之，所謂「私竊虛名，誇上求高」
自非無端之言。故范曄論曰：

> 夫利仁者或借仁以從利，體義者不期體以合義。季文子妾
> 不衣帛，魯人以為美談。公孫弘身服布被，汲黯譏其多詐。
> 事實未殊而譽毀別議。何也？將體之與利之異乎？宣秉、
> 王良處位優重，而秉甘疏薄，良妻荷薪，可謂行過乎儉。[51]

---

[50] 南朝宋・范曄：《後漢書》，卷27〈宣張二王杜郭吳承鄭趙列傳〉，頁932-
933。

[51] 南朝宋・范曄：《後漢書》，卷27〈宣張二王杜郭吳承鄭趙列傳〉，頁933-
934。

　　在「借仁以從利」的情況下，同一事實往往獲得不同的評價，所謂「事實未殊而譽毀別議」者，或許也是龔舍與王良之別。東漢後世激詭之行越演越烈，各種以退為進，乃至於以乖張不似人情之行來搏取高名者，紛然而出。東漢初年周黨型隱逸的風氣初起，此時帝王之表彰有其不得不然的政治目的，而范升見其弊端，所奏不免激切。相較之下，范曄稱王良「行過乎儉」，可謂委婉至極了。

　　政治權力與不仕者之間的平衡以韓福為元祖，在龔勝之時被打破，再到周黨時被重建，其中的意義已然不同。從韓福到龔舍，可以看出政治權力較為強勢，對不仕者賦予了務修孝弟於鄉里之類的教化任務，而不仕者亦無隱逸之高名。但王莽時打破了此一平衡，龔勝等士人以死明志，更有大量士人攜宗族辟逃遠去。歷經亂世的磨練，光武帝側席幽人之時，不仕者隱隱有凌駕政治權力之勢，名重當時，家產自足，卻享隱逸之高名，甚且與伯夷、叔齊並列。周黨型新隱逸典範出現，表現出士人能更自主的、由心而不由環境的，去掌握自身的政治抉擇，為漢末士之自覺奠定了基礎。但這種基礎建立的同時，釣采華名的批判也不得不隨之而來，東漢一朝士風之激昂與矯飾，已可預見之。

　　必須一提的是，隱逸典範或有創新，但舊時代的隱逸並未消逝。西漢末年嚴君平之卜筮於成都，延續著戰國時期以下，以技藝混跡市井的傳統[52]；兩漢之際向長不仕王莽，後遊五嶽名山不

---

[52] 清‧王先謙補注：《漢書補注》，卷72〈王貢兩龔鮑傳〉，頁4755。

知所終，亦存乎古人隱遁山澤之風[53]；嚴光於光武即位之後，先變名姓隱身不見，後不得已入朝，止於與天子共臥，耕於富春山而終於家，雖不復藏身，仍有古隱逸之風範。這些舊時的隱逸典範，與隨時而變的新典範，往往同時並存，只是若要說真正推動時代變遷的，往往來自於新典範的出現或演化，這也是歷史發展的常見樣貌。

四、結論：再論「隱逸」與「不仕」

探究所謂的「隱逸」，實際上便是一個挖掘古代中國士人如何遊走於政治秩序內外，且如何做出抉擇的論題。早期或許「士」或「仕」等觀念都尚未出現，政治權力的樣貌也歷經變化，但知識人的政治抉擇總是「隱逸」論題的一大關鍵。中國的隱逸大盛於漢末魏晉，不但隱士風度翩翩令人嚮往，更有大量的詩賦別傳隨之問世，相形之下，先秦至東漢初年早期隱逸的發展與變化，少了強調風姿度量的六朝思潮，也欠缺文人雅士的文學歌頌，許多細節與脈絡往往因此埋沒。

從封建秩序到禮壞樂崩，再從大一統王朝的崛起、覆滅到中興，古代士人的政治抉擇出現了許多適應時代的新樣貌。封建時代的「隱」與「見」相對，選擇離開政治者，不得不將其名、位、身一併隱藏拋棄，其志向與隱遁的不同程度，可以區分出伯夷、

---

[53] 南朝宋・范曄：《後漢書》，卷83〈逸民列傳〉，頁2758–2759。

叔齊或長沮、桀溺等不同典範。到了戰國時代，除了「隱」與「見」之外，尚有「仕」與「不仕」的選擇，士人的政治抉擇顯得更加多元，隱士未必逃離一切，亦可如侯嬴、朱亥一樣，以技藝混跡市井，待知己而現顯於世。

士人的政治抉擇與政治權力的互動，是另一個必須被關注的重點。戰國時代各國人才培育與拔擢機制不夠完備，而天下形勢瞬息萬變，不得不透過養士、食客的方式來尋覓人才。民間賢才相助政治權力，甚至可左右當時的國際局勢，因此出現了為求增加政治聲望的政治表演。戰國士人的政治抉擇往往凌駕於政治權力之上，其影響所至，則如「四皓」鞏固了漢惠帝的岌岌可危的太子接班局面。然而與「四皓」同時登場的，正是政治權力加強了對士人政治抉擇的干預，張良成了未盡的隱逸。而其後的董仲舒，則在擁有學術聲望與朝廷尊寵的情況下，因懼禍而不仕，成了不仕亦不隱的先驅。

董仲舒雖不仕，卻仍持續發表政治主張，是政治權力接納「不仕」這種新抉擇的開端。但論其典範，則昭帝時的韓福更能表現這種政治權力與士人政治抉擇的平衡。韓福在自主的意願之下選擇不仕，而朝廷則以致仕退休為理由，在賞賜不仕之士的同時，也要求韓福型士人務修孝弟於鄉里，達成教化的目的。韓福型的士人與朝廷雙方，各自獲得了一部分的需求，並形成了西漢延續至東漢的一種慣例。

然而這種平衡很快的被王莽打破了，西漢末年的龔勝與許多當代士人一樣決意不事二姓，但龔勝欲守韓福故事求自保於亂世，

卻受王莽逼迫絕食而死。士人在亂世求生存的情況下，加速了經學化與宗族化的發展，也厚實了面對政治權力的社會基礎。東漢初年，光武帝面臨「舉逸民天下歸心」的政治需求，一方面獲得了大量不仕王莽者的支持，卻也面對了一部分決意從此不仕的政治抉擇。在社會普遍的將不仕卻也不棄名藏身的士人視為隱逸，並與伯夷、叔齊並列的情況下，東漢朝廷將「去就之節」與「絕塵不反」兩種守節同時表彰，來爭取更高的政治聲望，因此誕生了周黨這樣的新隱逸典範。而東漢士風的激詭樣貌，也在此刻可被預期了。

　　先秦到東漢初年這段時間，歷經各種不同政局的變化，士人離開政治權力的抉擇，有一個從「隱逸」到「不仕」，再到「以不仕為隱逸」的過程。伯夷、叔齊與周黨、王良並非相同類型的士人，卻在歷史中被並列，同享隱逸之名。在本書的耙梳之下，略有一脈絡可循。要再次強調的是，古代士人的樣貌由先秦到秦漢，其變遷趨勢大抵上是由多元而走向一致，從百家爭鳴，士庶雜處，逐漸形成儒家化、宗族化、官僚化的士族樣貌。但在這趨向一致的過程中，由於士人在政治及社會上不斷的疊加更多豐厚的基礎，也使得士人的政治抉擇可以在舊有的基礎上，演變出更多樣化的新樣態。

　　若歸納於一言，則舊時典範仍不絕如縷，新起典範多挾時而變，或近是。

引用書目

一、古籍

經部

西漢・毛公傳，東漢・鄭玄箋，唐・孔穎達疏：《詩經注疏》，臺北：藝文印書館，1976 年，據阮元校刻《十三經注疏附校勘記》影印

東漢・鄭玄注；唐・孔穎達疏：《禮記正義》，上海：上海古籍出版社，2008 年 9 月。

楊伯峻注：《春秋左傳注》，臺北：洪業出版社，1993 年 5 月。

三國魏・何晏集解，北宋・邢昺疏：《論語注疏》，臺北：藝文印書館，1976 年，據阮元校刻《十三經注疏附校勘記》影印

程樹德集釋：《論語集釋》，北京：中華書局，1990 年 8 月。

黃懷信等彙校集釋：《論語彙校集釋》，上海：上海古籍出版社，2008 年 8 月。

劉寶楠正義：《論語正義》，北京：中華書局，1990 年 3 月。

錢穆：《論語新解》，臺北：東大圖書公司，2021 年 5 月。

南宋・朱熹集注：《四書章句集注》，臺北：大安出版社，1999 年

史部

謝祖耿編撰：《戰國策集注匯考》，南京：鳳凰出版社，2008 年 12
月。

西漢・司馬遷著；日・瀧川資言會注考證：《史記會注考證》，上
海：上海古籍出版社，2015 年 4 月。

東漢・班固等著；清・王先謙補注：《漢書補注》，上海：上海古
籍出版社，2008 年 12 月。

東漢・劉珍等著，吳樹平校注：《東觀漢記校注》，北京：中華書
局，2008 年 11 月。

東漢・荀悅著：《漢紀》，北京：中華書局，2002 年 6 月。

西晉・陳壽著，南朝宋・裴松之注，盧弼集解：《三國志集解》，
上海：上海古籍出版社，2009 年 6 月。

西晉・皇甫謐：《高士傳》，上海：商務印書館《叢書集成初編》
據《古今逸史》影印，1937 年 6 月。

西晉・皇甫謐：《高士傳》，臺北：中華書局據《漢魏叢書》本校
刊，1978 年 7 月。

東晉・葛洪著；胡守為校釋：《神仙傳校釋》，北京：中華書局，
2010 年 9 月。

東晉・袁宏著，周天游校注：《後漢紀校注》，天津：天津古籍出
版社，1987 年 12 月。

東晉・常璩，任乃強校注：《華陽國志校補圖注》，上海：上海古
籍出版社，1987 年 7 月。

南朝宋・范曄著，唐・李賢等注：《後漢書》，北京：中華書局，

1965 年 5 月。

南朝宋·范曄著，清·王先謙集解：《後漢書集解》，北京：中華書局據 1915 年盧受堂刊本影印，1984 年 2 月。

周天游輯注：《八家後漢書輯注（修訂本）》，上海：上海古籍出版社，2020 年 9 月。

唐·魏徵、令狐德棻等著：《隋書》，北京：中華書局，1973 年 8 月。

唐·房玄齡等撰：《晉書》，北京：中華書局，1974 年 11 月。

北宋·歐陽修、宋祁著：《新唐書》，北京：中華書局，1975 年

北宋·司馬光編著；元·胡三省音注：《資治通鑑》，北京：中華書局，1956 年 6 月。

南宋·鄭樵著：《通志二十略》，北京：中華書局，1995 年 11 月。

南宋·談鑰纂修：《嘉泰吳興志》，北京：中華書局《宋元方志叢刊》，1990 年 5 月。

南宋·晁公武，孫猛校證：《郡齋讀書志校證》，上海：上海古籍出版社，1990 年 10 月；2006 年 6 月重印

清·惠棟等著：《後漢書補注等四書》，臺北：鼎文書局，1977 年 8 月。

清·趙翼著，王樹民校證：《廿二史劄記校證（訂補本）》，北京：中華書局，1984 年 1 月。

清·王鳴盛著：《十七史商榷》，上海：上海古籍出版社，2013 年 8 月。

清·孫星衍等輯：《漢官六種》，北京：中華書局，1990 年 9 月。

子部

戰國‧莊子，清‧郭慶藩集釋：《莊子集釋》，臺北：萬卷樓圖書公司，2007 年 7 月再版。

戰國‧莊子等著，王叔岷校詮：《莊子校詮》，臺北：中央研究院歷史語言研究所，1988 年。

戰國‧韓非；清‧王先慎集解：《韓非子集解》，北京：中華書局，1998 年 7 月。

戰國‧韓非；陳啟天校釋：《增訂韓非子校釋》，臺北：臺灣商務印書館，1969 年 5 月。

戰國‧呂不韋，陳奇猷校釋：《呂氏春秋新校釋》，上海：上海古籍出版社，2002 年 4 月。

西漢‧劉安，張雙棣校釋：《淮南子校釋》，北京：北京大學出版社，1997 年 8 月。

西漢‧韓嬰著；許維遹集釋：《韓詩外傳集釋》，北京：中華書局，1980 年 6 月。

西漢‧劉向，清‧王照圓補注：《列女傳補注》，上海：華東師範大學出版社，2012 年 4 月。

西漢‧劉向，向宗魯校證：《說苑校證》，北京：中華書局，1987 年 7 月。

西漢‧揚雄著，汪榮寶義疏：《法言義疏》，北京：中華書局，1987 年 3 月。

東漢‧王充著，黃暉校釋：《論衡校釋》，北京：中華書局，1990 年 2 月。

東漢・王符著，胡楚生集釋：《潛夫論集釋》，臺北：鼎文書局，
　　1979 年 11 月。

東漢・應劭著，王利器校注：《風俗通義校注》，北京：中華書局，
　　1981 年 1 月。

傅亞庶校釋：《孔叢子校釋》，北京：中華書局，2011 年 6 月。

王卡點校：《老子道德經河上公章句》，北京：中華書局，1993 年
　　8 月。

南朝宋・劉義慶著，南朝梁・劉孝標注，余嘉錫箋疏：《世說新語
　　箋疏》，北京：中華書局，2007 年 10 月二版

北魏・酈道元注，楊守敬、熊會貞疏，楊甦宏、楊世燦、楊未冬
　　補：《水經注疏補・中編》，北京：中華書局，2016 年 3
　　月。

隋・巢元方等編著，丁光迪等校注：《諸病源候論校注》，北京：
　　人民衛生出版社，2013 年

北宋・李昉等編：《太平御覽》，臺北：臺灣商務印書館，據《四
　　部叢刊》三編子部，靜嘉堂文庫藏南宋蜀刊本影印，1967
　　年 11 月。

明・顧炎武著：《原抄本日知錄》，臺北：明倫出版社，1970 年 10
　　月三版

明・王夫之：《莊子解》，北京：中華書局，《老子衍莊子通莊子
　　解》合印，2009 年 5 月。

清・趙翼著：《陔餘叢考》，南京：鳳凰出版社《趙翼全集》，2009
　　年 12 月。

集部

三國魏・嵇康著，張亞新校注：《嵇康集詳校詳注》，北京：中華書局，2021 年 2 月。

三國魏・嵇康著，戴明揚校注：《嵇康集校注》，北京：中華書局，2014 年 4 月。

東晉・陶潛著，楊勇校箋：《陶淵明集校箋》，臺北：正文書局，1999 年 1 月。

南朝梁・蕭統編，唐・李善等六臣注：《文選》，臺北：藝文印書館，2003 年 3 月初版 14 刷

劉子瑞主編：《顏真卿書法全集》，天津：天津人民美術出版社，2009 年 8 月。

北宋・王安石：《王臨川集》，臺北：臺灣商務印書館，1968 年 9 月。

清・董誥等編：《全唐文》，臺北：大通書局，1979 年 7 月四版

清・嚴可均輯：《全上古三代秦漢三國六朝文》，北京：中華書局，1958 年 12 月。

二、近人著作（依姓名筆畫排列）

專著

Aat Vervoorn （文青雲）：《巖穴之士：中國早期隱逸傳統》，濟南：山東畫報出版社，2009 年

于迎春：《秦漢士史》，北京：北京大學出版社，2000 年。

毛漢光：《中國中古社會史論》，臺北：聯經出版社，1988 年 2
　　月。

王仁祥：《先秦兩漢的隱逸》，臺北：國立臺灣大學出版委員會，
　　1995 年 5 月。

王文進：《仕隱與中國文學——六朝篇》，臺北：臺灣書店，1999
　　年 3 月。

余英時：《士與中國文化》，上海：上海人民出版社，2003 年 1
　　月。

李開元：《漢帝國的建立與劉邦集團：軍功受益階層研究》，北京：
　　生活・讀書・新知三聯書店，2000 年 3 月。

胡翼鵬：《中國隱士：身份建構與社會影響》，北京：社會科學文
　　獻出版社，2011 年 12 月。

張立偉：《歸去來兮：隱逸的文化透視》，北京：生活・讀書・新
　　知三聯書店，1995 年 9 月。

許尤娜：《魏晉隱逸思想及其美學意涵》，臺北：文津出版社，
　　2001 年 7 月。

許建平：《山情逸魂：中國隱士心態史》，北京：東方出版社，
　　1999 年 6 月。

黃一農：《制天命而用：星占、術數與中國古代社會》，成都：四
　　川人民出版社，2018 年 12 月。

黃俊傑主編：《中國文化新論思想篇一：理想與現實》，臺北：聯
　　經出版社，1982 年 10 月。

劉笑敢：《莊子哲學及其演變》，北京：中國人民大學出版社，

2010 年 12 月。

劉榮賢：《莊子外雜篇研究》，臺北：聯經出版社，2004 年 4 月。

蔡萬進：《尹灣漢墓簡牘論考》，臺北：臺灣古籍出版社，2002 年 5 月。

蔣波：《秦漢隱逸問題研究》，湘潭：湘潭大學出版社，2014 年

蔣星煜：《中國隱士與中國文化》，上海：生活・讀書・新知三聯書店，1988 年 2 月。

蔣英炬、吳文祺：《漢代武氏墓群石刻研究（修訂本）》，北京：人民美術出版社，2014 年 1 月。

錢穆：《中國學術思想史論叢（一）》，臺北：東大圖書公司，2021 年 12 月。

錢穆：《中國學術思想史論叢（二）》，臺北：東大圖書公司，2021 年 12 月。

錢穆：《國史大綱》，臺北：聯經出版社《錢賓四先生全集》第 27 冊，1994 年 9 月。

韓兆琦：《中國古代隱士》，北京：商務印書館，1996 年 7 月。

顧頡剛：《史林雜識初編》，北京：中華書局，《顧頡剛全集》冊 31，《顧頡剛讀書筆記》卷 16，2010 年 12 月。

期刊論文

王繼訓：〈試論兩漢隱逸之風〉，《青島大學師範學院學報》第 22 卷第 1 期，2005 年 3 月，頁 73–80。

朱錦雄：〈東漢末年「黃憲現象」所展現的隱逸型態與理想人格〉，

《嘉大中文學報》第 3 期，2010 年 3 月，頁 43–66。

洪安全：〈兩漢儒士的仕隱態度與社會風氣〉，《孔孟學報》第 42
　　期，1981 年 9 月，頁 115–139。

晁福林：〈戰國時期隱士生活狀況及隱逸理念考析——《莊子‧讓
　　王》篇發微〉，《中華文化論壇》，2002 年 1 月，頁 50–53。

郜積意：〈漢代隱逸與經學〉，《漢學研究》第 20 卷第 1 期，2002
　　年 6 月，頁 27–54。

章義和：〈試論漢魏六朝的隱逸之風〉，《中國文化月刊》 第 170
　　期，1993 年 12 月，頁 88–101。

學位論文

白品鍵：《士與漢代文化摶成研究——儒學、吏事與方術的揉合與
　　實踐》，臺北：國立臺灣大學中國文學系博士論文，2014
　　年 1 月。

易天任：《先秦知識分子——「士」階層研究》，高雄：國立高雄
　　師範大學國文學系博士論文，指導教授：周虎林，2010 年
　　7 月。

林育信：《先秦隱逸論及審美意識之形成》，新竹：國立清華大學
　　中國文學系碩士論文，指導教授：蔡英俊，2000 年 7 月

劉增貴：《漢代豪族研究——豪族的士族化與官僚化》，臺北：國
　　立臺灣大學歷史學研究所博士論文，指導教授：韓復智，
　　1985 年

謝承諭：《《莊子》內篇中的隱逸人物之研究》，臺中：國立中興大

學中國文學系碩士論文，指導教授：林文彬，2015 年 1月。

魏敏慧：《東漢隱逸風氣探析》，臺北：國立政治大學中文研究所碩士論文，1990 年 6 月。

詩經研讀指導

裴普賢／著

本書為裴教授指導學生研讀《詩經》的專著，乃其講授《詩經》積十年之經驗所寫成。舉凡研讀《詩經》之目的與方法，研讀詩經應有知識之具備，均有精確之說解。而於《詩經》的時、地、字、詞、詩旨、作者以及名物等各方面的探討，亦均有範作以示例。其中，詩經研讀法及六義之興義發展的探討，深具價值，實屬《詩經》導讀佳構，亦為不可多得之一本《詩經》學的著作。

唐人小說──閑觀傳奇話古今

柯金木／著

本書共分為五個單元，收錄十四篇唐人小說，各篇均有導讀、正文、眉批、注釋、譯文、析評、問題與討論等七個部分，作為基本閱讀、研習的依據。本書的內容編排，特別重視即知即用，除了多向互動的學習觀點，引導讀者思考，更有個別獨立的章旨討論、網絡串聯的單元分析表，可激發閱讀興趣、效益，讀者不妨多加留意。

唐詩主題與心靈療養

侯迺慧／著

本書透過主題學與心理學的理論，深討唐詩某些主題世界中，詩人隱微細膩的情意心理，與轉化負面情緒的自我治療歷程。其中包含了李白、杜甫、白居易等大詩人等最具典型的詩歌主題，也包含了一些超越個別詩人、以全唐詩的重要主題為研究對象的篇章，解析唐代詩人們共有的心理困境或憂傷。讓我們了解唐代整個時代共有的文化心理，同時貼近古代文人生命的自覺與安頓心靈的動人情懷。

宋代園林及其生活文化

侯迺慧／著

宋代園林——中國園林史上進入高峰的藝術成就，與宋人生活密不可分。富豪權貴經營廣大宏偉的山水環境，普通的市井小民、乃至貧賤之家在房屋周圍種植花木，以盆山盆池布置成簡易小園。在這種生活環境籠罩下的種種人文活動，都可能在無形之中受到山水氛圍的移化，產生文化意義上的深刻影響。

國學常識

邱燮友、張學波、田博元、張文彬、馬森、李建崑／編著

前人對中國歷史，有「一部二十五史，從何說起」的浩歎。實際上國學的範圍，比起中國歷史的範圍更廣，所以一般初學者常常望之卻步，不免錯失許多先人智慧的結晶。本書從國學的名稱與範圍開始，詳細介紹各類經史子集的經典，加上語文、文法修辭等文學常識，還另闢一章，介紹重要的經學家、史學家、思想家、文學家的傳略和軼事，了解古人才情、際遇與貢獻。

國家圖書館出版品預行編目資料

仕途之外：先秦至西漢不仕之士研究／白品鍵著.－
－初版一刷.－－臺北市：三民，2022
　　面；　公分.－－（文苑叢書）

　ISBN 978-957-14-7422-9 （平裝）
　1. 士 2. 先秦 3. 西漢

546.1135　　　　　　　　　　　111003315

仕途之外──先秦至西漢不仕之士研究

作　　者	白品鍵
責任編輯	廖彥婷
美術編輯	江佳炘

發 行 人	劉振強
出 版 者	三民書局股份有限公司
地　　址	臺北市復興北路 386 號 (復北門市)
	臺北市重慶南路一段 61 號 (重南門市)
電　　話	(02)25006600
網　　址	三民網路書店 https://www.sanmin.com.tw

出版日期	初版一刷 2022 年 7 月
書籍編號	S821160
I S B N	978-957-14-7422-9

三民書局